消防监督管理及模式创新研究

赵 静 朱小彤 李 娜 著

燕山大学出版社
·秦皇岛·

图书在版编目（CIP）数据

消防监督管理及模式创新研究 / 赵静，朱小彤，李娜著. —秦皇岛：燕山大学出版社，2023.5
ISBN 978-7-5761-0433-2

Ⅰ. ①消… Ⅱ. ①赵… ②朱… ③李… Ⅲ. ①消防—监督管理—研究—中国 Ⅳ. ① D631.6

中国版本图书馆 CIP 数据核字（2022）第 244094 号

消防监督管理及模式创新研究

XIAOFANG JIANDU GUANLI JI MOSHI CHUANGXIN YANJIU

赵　静 朱小彤 李　娜 著

出 版 人：陈　玉
责任编辑：孙志强　　策划编辑：孙志强
责任印制：吴　波　　封面设计：刘馨泽
出版发行：燕山大学出版社 YANSHAN UNIVERSITY PRESS　　地　　址：河北省秦皇岛市河北大街西段 438 号
邮政编码：066004　　电　　话：0335-8387555
印　　刷：廊坊市印艺阁数字科技有限公司　　经　　销：全国新华书店

开　　本：710mm×1000mm 1/16　　印　　张：16.75
版　　次：2023 年 5 月第 1 版　　印　　次：2023 年 5 月第 1 次印刷
书　　号：ISBN 978-7-5761-0433-2　　字　　数：244 千字
定　　价：67.00 元

序　言

消防监督管理是《中华人民共和国消防法》赋予公安消防部门的行政职权，是公安行政管理工作的重要组成部分。

消防监督管理是政府的职能之一，在我国，指各级政府所属的消防救援机构根据法律赋予的职权，依据有关消防法律、法规、规范、标准，对法律授权监督范围内的单位或个人的消防安全工作实施监察督导等管理活动。它是各级政府为了更好地实施消防安全管理，保证各项消防安全措施的落实而采取的行政干预手段，属于消防安全管理的范畴。

近年来，随着我国社会主义市场经济体制的初步建立和改革开放的不断深化，尤其是我国加入世贸组织后政府职能的转变，消防监督管理机制发生了较大变化。因此，为适应我国消防工作的改革和发展，满足新形势下人民群众对消防工作的新期待和新要求，培养适应消防监督执法和公共消防安全事务管理的高素质人才，我们以公安机关消防机构消防监督管理法定职责为基础，以国家最新颁布的消防法律、法规和消防技术标准以及公安部关于执法规范化建设的要求为依据，结合消防监督管理工作的改革与实践，融汇了国内外本学科领域先进的科研成果，总结教学和实际工作经验，编著了这部《消防监督管理及模式创新研究》。

本书共分为七章，第一章为消防监督管理概论，第二章为建设工程消防监督管理，第三章为消防监督检查，第四章为常见场所的消防监督检查，第五章为消防产品监督管理，第六章为火灾事故原因调查，第七章为消防监督技术装备。

本书约 24 万字，第五章、第六章、第七章约 10 万字，由赵静编写；第一章、第二章约 8 万字，由朱小彤编写；第三章、第四章约 6 万字，由李娜编写。

本书可为公安消防监督人员，各级政府、各个部门和行业及社会各单位等主管消防的人员提供理论指导和实践参考。

由于编著者水平所限，书中难免出现错误和不妥当之处，敬请广大读者批评指正。

目　　录

第一章　消防监督管理概论

火灾是不受时间、空间限制，发生频率最高的一种灾害。因此，以防范和治理火灾为目标的消防工作也就应运而生，与人类结下不解之缘，并将伴随着人类社会的发展而日臻完善。对消防工作实施监督管理是《中华人民共和国消防法》（以下简称《消防法》）赋予公安机关消防机构的重要法定职责。通过监督管理，预防、制止、纠正消防违法，使全社会的公民、法人和其他组织遵守消防法律、法规，从而达到预防火灾发生、减少火灾危害，保护人身、财产安全，维护公共安全的目的。

第一节　消防监督管理概述

《消防法》第2条明确规定，消防工作的方针是“预防为主，防消结合”。火灾预防工作既是消防工作的重点，也是做好消防工作的基础。火灾预防工作涉及政府和有关部门，关系全社会每个单位和公民，具有广泛的社会性。为了充分体现“政府统一领导、部门依法监管、单位全面负责、公民积极参与”的消防工作原则，落实建立健全消防社会化工作网络的要求，同时鉴于公安派出所是公安机关深入农村乡镇、城镇社区的基层派出机构，与广大群众接触面广、联系紧密，具有点多面广、底数清、情况明的工作优势，《消防法》明确将消防监督管理纳入公安派出所防范、管理和服务群众的新型警务之中，与其他公安工作同部署、同落实、同检查，有效延伸了消防监督管理工作的触角。

一、消防监督管理的含义和特征

（一）消防监督管理的含义

消防监督管理，是指消防监督管理主体依法对公民、法人和其他组织遵守消防法律、法规和消防技术标准的情况进行监督、检查、指导，并督促其履行消防安全义务的行为。

（二）消防监督管理的特征

消防监督管理是政府社会性监管的重要组成部分，或者说是政府公共行政的组成部分。消防监督管理既有权力行为，也有非权力行为。消防监督管理活动中大部分是执法行为，即权力行为，通常又称为监督执法；而消防监督管理活动中的非权力行为，主要是指消防行政指导、消防宣传教育等。实施消防监督管理的主体是享有消防监督管理权的组织，既包括公安机关及其消防机构，也包括地方县级以上各级人民政府、政府有关部门以及法律授权的其他组织。消防监督管理的依据是消防法律、法规、规章和消防技术标准。

二、消防监督管理的内容

根据《消防法》的相关规定，消防监督管理的内容主要包括：建设工程消防监督管理、消防监督检查、消防产品质量监督管理、火灾事故调查与火灾统计管理、社会消防技术服务监督管理、消防违法行为查处与督促火灾隐患整改、城乡消防规划与建设管理以及消防宣传教育与培训等。

（一）建设工程消防监督管理

建设工程消防监督管理，是指依法对按照国家工程建设消防技术标准，需要进行消防设计的新建、扩建、改建（含室内外装修、建筑保温和用途变更）等大型人员密集场所和特殊建设工程实施消防设计审核、消防验收，对其他建设工程实施消防设计备案、抽查和竣工验收消防备案、抽查的监管活动。建设工程消防监督管理是消防监督工作的重要组成部分，也是消防工作的基础性工作，可以有效杜绝建筑防火设计缺陷，从源头上防止出现先天性火灾隐患。

（二）消防监督检查

消防监督检查，是指消防监督检查主体依法对公民、法人或者其他组织遵守消防法律、法规、规章情况所进行的检查、了解，并督促其履行义务的执法行为。消防监督检查是政府对社会单位消防安全实施监控的主要手段。多年的实践证明，这一监管手段对于维护社会的公共消防安全及减少火灾的发生效果明显。

（三）消防产品质量监督管理

消防产品质量监督管理，是指以工商行政管理部门、产品质量监督部门、公安机关消防机构等为主体的公共行政部门，依法对消防产品的生产、销售、使用等各个环节实施监督和管理的活动。由于消防产品自身安全性和完好有效性与社会经济建设和人民的生命财产安全息息相关，其质量直接关系到火灾预防和火灾控制中消防产品能否有效地发挥作用，因此消防产品质量也是消防监督管理的重要内容之一。

（四）火灾事故调查与火灾统计管理

火灾事故调查，是指火灾发生后，对火灾发生发展过程进行全面调查，查明火灾原因、认定火灾责任、总结火灾教训、提出火灾防控措施的过程。火灾统计管理，是指通过火灾基本信息的汇总和统计分析，进而研判消防安全形势，为开展消防工作提供决策依据的活动。

（五）社会消防技术服务监督管理

社会消防技术服务监督管理，是指对消防技术服务机构及其从业人员进行的监督管理，具体内容包括对消防技术服务机构实施资质许可管理和对社会消防技术服务活动的监督管理。社会消防技术服务机构是随着我国市场经济发展、行政审批制度改革以及政府职能的转变应运而生的消防中介组织之一，为规范其合法、规范、有序运营，《消防法》赋予了公安机关消防机构对其进行监管的法定职责。

（六）消防违法行为查处与督促火灾隐患整改

消防违法行为查处与督促火灾隐患整改，是指在实施消防监督管理过程中，对发现的违反消防法律、法规的行为和火灾隐患，通过责令改正违法行为、行政处罚、行政强制和其他手段纠正违法行为和消除火灾隐患，督促全社会的公民、法人和其他组织遵守消防法律、法规，从而达到预防火灾发生、减少火灾危害、保护人身和财产安全、维护公共安全的目的。

（七）城乡消防规划与建设管理

城乡消防规划与建设管理，是指依照消防法规和公共政策，根据城乡总体规划确定的发展目标、性质、规模和空间发展形态，按照功能分区、各类用地分布状况、基础设施配置情况和地域特点，在分析城乡火灾事故现状和发展趋势的基础上，对城乡火灾风险作出综合评估，确定城乡消防安全总体目标，对城乡消防安全布局、公共消防基础设施及消防装备建设等进行科学合理的规划，提出总体的建设标准、实施措施，并予以落实和维护管理的过程。城乡消防规划与建设管理对建立和完善城乡消防安全体系，提高城乡抗御火灾和处置各种灾害事故的整体能力具有十分重要的作用。

（八）消防宣传教育与培训

消防宣传教育，是指消防宣传教育主体以提高公民消防法制观念、消防安全意识和消防安全素质为目的，运用各种宣传教育形式，面向全社会普及消防法律、法规和安全知识，提高全社会消防安全素质的行为。消防安全培训是对培训对象进行消防法律、法规和专业知识培训，使其掌握从事本岗位工作必备的消防知识和技能。消防宣传教育与培训不仅是消防工作的重要组成部分，同时也是消防监督管理的主要内容之一。广泛开展消防宣传教育与培训对于强化全民消防意识、提高职工消防安全素质、增强全社会抗御火灾能力，最大限度地防止和减少火灾危害，确保人民群众生命财产安全，促进社会和谐稳定具有十分重要的意义。

三、消防监督管理主体

消防监督管理主体，是指享有消防监督管理权，能以自己的名义从事消防监督管理活动，并能独立承担由此产生的法律责任的组织。根据国家有关法律、法规的规定，消防监督管理的主体包括以下六类。

（一）人民政府

消防工作是人民政府提供社会管理和公共服务的重要内容，是社会稳定、经济发展的重要保障，人民政府应当履行消防工作的领导责任。《消防法》第3条规定：“国务院领导全国的消防工作。地方各级人民政府负责本行政区域内的消防工作。”《消防法》第 52 条规定：“地方各级人民政府应当落实消防工作责任制，对本级人民政府有关部门履行消防安全职责的情况进行监督检查。”《消防法》第 55 条规定：“公安机关消防机构在消防监督检查中发现城乡消防安全布局、公共消防设施不符合消防安全要求，或者发现本地区存在影响公共安全的重大火灾隐患的，应当由公安机关书面报告本级人民政府。接到报告的人民政府应当及时核对情况，组织或者责成有关部门、单位采取措施，予以整改。”

（二）公安机关

《消防法》第 4 条规定：“国务院公安部门对全国的消防工作实施监督管理；县级以上地方人民政府公安机关对本行政区域内的消防工作实施监督管理。”同时，还规定了公安机关的消防行政处罚权，如行政拘留处罚由县级以上公安机关依照《中华人民共和国治安管理处罚法》（以下简称《治安管理处罚法》）的有关规定决定。

（三）公安机关消防机构

公安机关消防机构是公安机关内设的职能部门之一，专门行使消防监督管理职能，以自己的名义独立执法。《消防法》第 4 条规定：“县级以上地方各级人民政府公安机关对本行政区域内的消防工作实施监督管理，并由本级人民政府公安机关消防机构负责实施。”《消防法》第 53 条规定：“公安机关消防机构应当对机关、团体、企业、事业等单位遵守消防法律、法规的情况依法进行监督检查。”

（四）公安派出所

公安派出所是公安机关的派出机构，设置在乡镇、街道、社区、村庄，是公安机关的基层组织。《消防法》第 53 条规定：“公安派出所可以负责日常消防监督检查职责，开展消防宣传教育。”

（五）法律授权的其他有关主管部门

《消防法》第 4 条规定：“军事设施的消防工作，由其主管单位监督管理，公安机关消防机构协助；矿井地下部分、核电厂、海上石油天然气设施的消防工作，由其主管单位监督管理。”这表明，上述这些单位、场所的主管部门在特定领域享有消防监督管理权。

（六）政府有关部门

《消防法》第 4 条规定："县级以上人民政府其他有关部门在各自的职责范围内，依照本法和其他相关法律、法规的规定做好消防工作。"《消防法》第 25 条规定："产品质量监督部门、工商行政管理部门、公安机关消防机构应当按照各自职责加强对消防产品质量的监督检查。"这表明，政府有关职能部门在一定范围内实施消防监督管理权，具有消防监督管理主体资格。

四、消防监督管理相对人

消防监督管理相对人，是指在消防监督管理活动中与消防监督管理主体相对应的处于被监督管理地位的公民、法人和其他组织。按照《消防法》的规定，消防监督管理相对人包括以下两类。

（一）个人

消防监督管理工作中所称的"个人"，既包括我国公民，也包括在我国境内的外国人。

1. 我国公民

我国公民是指具有我国国籍并根据我国法律规定享有权利、承担义务的自然人。公民在消防行政法律关系中是十分重要的相对人，《消防法》中对公民应享有的权利和应承担的义务均有明确规定。

2. 外国人

外国人是指在我国境内的外国人，包括外国公民和无国籍人。《中华人民共和国宪法》（以下简称《宪法》）第 32 条规定："中华人民共和国保护在中国境内的外国人的合法权利和利益，在中国境内的外国人必须遵守中华人民共和国的法律。"作为消防监督管理相对人的外国人与我国公民在消防监督管理活动中的法律地位是平等的。

（二）单位

单位是个笼统的说法，具体指机关、团体、企业、事业单位。

1. 机关

机关是指国家依法设立的代表国家依法行使立法、行政、审判、检查和军事等权力的组织。

2. 团体

团体是指由公民自愿组成，为实现会员共同意愿，按照其章程开展活动的非营利性组织。

3. 企业

企业是指从事商品生产和经营活动，并以营利为目的的经济组织。

4. 事业单位

事业单位是指国家为了社会公益目的，由国家举办或者其他组织利用国有资产举办的，从事教育、科技、文化、卫生等活动的社会服务性组织。

五、公安派出所及其相关人员的消防监督管理职责

公安派出所既是公安机关最基层的战斗实体，也是火灾防控的最坚实基础。1995 年颁布的《中华人民共和国警察法》第 6 条规定：“公安机关的人民警察按照职责分工，依法履行组织、实施消防工作，实行消防监督的职责。”2008 年修订的《消防法》以及公安部发布施行的《消防监督检查规定》和《火灾事故调查规定》两部配套规章，均对公安派出所参与日常消防监督管理工作作了进一步的明确和规范。

（一）公安派出所的消防监督管理职责

1. 实施日常消防监督检查

《消防法》第 53 条规定：“公安机关消防机构应当对机关、团体、企业、事业等单位遵守消防法律、法规的情况依法进行监督检查。公安派出所可以负责日常消防监督检查、开展消防宣传教育，具体办法由国务院公安部门规定。”该规定从法律上明确了公安派出所消防监督检查的主体责任。也就是说，公安派出所在辖区进行日常消防监督检查是《消防法》赋予的法定职能之一，同时也是扩大消防监督检查覆盖面、全面构建消防工作社会化网络的有效途径。

2. 查处消防违法行为

针对消防监督检查和群众举报发现的消防违法行为，公安派出所根据各地方消防条例规定的权限和程序可以责令改正违法行为、进行消防行政处罚或将违法案件移交公安机关消防机构。

3. 开展消防宣传教育

《消防法》第53条指出，公安派出所可以开展消防宣传教育。这从法律上明确了公安派出所消防宣传教育的主体地位。公安派出所要定期对管辖内的单位、物业服务企业等开展消防法律、法规和消防安全常识宣传，普及消防知识，指导和督促辖区单位与居民落实消防安全措施。

4. 协助火灾事故调查

与《消防法》配套的《火灾事故调查规定》第5条规定："公安派出所应当协助公安机关火灾事故调查部门维护火灾现场秩序、保护现场，控制火灾肇事嫌疑人。"某些地方的规范性文件还进一步细化了公安派出所履行该职责的具体内容。如《江苏省公安派出所消防监督管理工作规定》规定："公安派出所应协助公安机关消防机构开展火灾事故调查处理，并对公安机关消防机构委托的无人员伤亡、直接经济损失1万元以下且不涉及第三方的火灾进行调查处理和统计上报。"

（二）公安派出所相关人员的消防监督管理职责

公安派出所消防监督管理工作实行所长负责制。公安派出所确定一名所领导分管消防工作，并明确一名专（兼）职消防民警具体负责有关消防监督管理业务工作；责任区民警负责本责任区的消防监督管理工作。

1. 公安派出所所长的消防监督管理职责

公安派出所所长应具体履行下列消防工作职责：

（1）认真贯彻执行消防法律、法规和上级有关消防工作指示，部署公安派出所的消防监督工作；

（2）掌握辖区消防工作情况，定期分析消防安全形势，制定消防工作措施并督促落实；

（3）明确本单位有关民警的消防监督工作职责，定期检查、考评工作任务完成情况；

（4）组织开展消防监督检查，督促整改火灾隐患，依法查处消防安全违法行为；

（5）组织开展消防宣传教育活动，提高辖区公众的消防安全意识；

（6）辖区发生火灾后，协助公安机关消防机构开展火灾事故处置及调查工作；

（7）按照权限审批消防监督法律文书；

（8）组织完成上级交办的其他工作任务。

2. 分管消防工作副所长的消防监督管理职责

公安派出所分管副所长应履行下列消防工作职责：

（1）领导和组织开展本辖区消防监督工作，确定工作目标，制订工作计划，并组织实施；

（2）明确人员分工，督促本单位民警落实消防监督工作职责；

（3）定期召开消防监督工作会议，及时研究、部署和总结工作，定期组织检查与考核；

（4）组织消防监督业务学习，提高民警的消防监督业务素质；

（5）组织开展消防宣传教育活动，提高辖区公众的消防安全意识；

（6）按照权限审核消防监督法律文书；

（7）定期向所长报告消防监督工作情况；

（8）辖区发生火灾后，协助公安机关消防机构开展火灾事故处置及调查工作；

（9）完成上级交办的其他工作任务。

3. 专（兼）职消防民警的消防监督管理职责

公安派出所应指定民警从事消防监督工作，并应当经过县级以上公安机关消防业务培训合格后持证上岗。专（兼）职消防民警应具体履行以下消防工作职责：

（1）正确执行国家有关的消防法律、法规和规章，按照上级规定和有关部署做好各项消防监督工作；

（2）收集、整理、统计、上报有关消防工作资料，管理消防监督工作档案；

（3）及时掌握消防监督管理范围内各类单位场所的基本情况，制订开展日常消防监督检查和消防监督抽查工作方案；

（4）结合火灾规律和特点，在农业收获季节、重大节（假）日、乡村民俗活动以及火灾多发季节期间，制订开展有针对性的消防监督检查工作方案；

（5）受理有关消防违法行为举报、投诉；

（6）制订开展消防宣传教育培训工作方案；

（7）协助公安机关消防机构开展火灾事故调查；

（8）指导治安、责任（社）区民警开展消防工作；

（9）应用消防业务信息系统办理消防监督业务，建立消防监督工作档案和台账；

（10）辖区内有重大火灾隐患的，应及时向公安机关消防机构和辖区政府报告；

（11）完成上级交办的其他工作任务。

4. 责任区民警消防监督管理工作职责

公安派出所应定期组织治安民警和管段民警学习消防业务知识，并将消防监督执法知识纳入民警晋级、岗位轮训等学习培训内容。责任区民警应履行以下消防工作职责：

（1）负责开展责任区内的消防宣传教育工作；

（2）开展日常消防监督检查、火灾多发季节消防监督抽查，协助开展火灾事故调查和消防行政处罚工作；

（3）及时制作消防监督档案；

（4）完成上级交办的其他工作任务。

第二节　消防监督管理的基本原则

消防监督管理的基本原则是贯穿于全部消防监督管理活动之中，调整和决定消防监督管理主体全部行为，判断消防监督管理行为是否正确、合理的基本法则和标准。它与消防工作的原则不同，消防工作原则是指导包括政府在内的社会所有成员如何开展消防工作的指南，而消防监督管理的原则是规范消防监督管理主体如何实施消防监督管理行为的法则或标准。

一、依法监督原则

依法监督原则是指消防监督管理活动必须依据法律、法规的规定，超越法定权限的行为无效。依法监督是消防监督管理的首要原则，是消防行政执法的核心。消防监督管理权是行政权的组成部分，行政受制于法、从属于法。其主要内容包括以下三个方面。

（一）监督职权法定

消防监督管理权必须基于法律的授予才能存在。其包括三个方面含义：首先，从对消防监督管理权来源的要求上看，职权法定要求消防监督管理权的取得和存在必须有法律、法规依据，没有法律、法规依据的权力实际上就是非法权力；其次，从对消防监督管理权行使的要求来看，职权法定要求消防监督管理主体只能行使由法律、法规确定的职权，而且行使权力的程序也必须是符合法律要求的；最后，职权法定还要求消防监督管理主体必须在法定权限之内作出监督管理行为，不得越权。一切越权行为都不具有法律效力。

（二）监督内容法定

消防监督管理的内容法定，即消防监督执法行为的内容必须是法律、法规和规章的规定，无法律、法规和规章规定的内容为不合法，尤其是行政许可、行政处罚、行政强制的有关内容，必须是法律规定的内容，不得擅自增减。

（三）监督程序法定

消防监督程序法定，即消防监督管理主体作出任何监督执法行为，在程序上都必须符合法律、法规的规定，既不能随意增加程序，也不得随意省略程序。在法律没有明确规定程序的情况下，消防监督管理主体自行采用的程序也必须遵循贯彻法律的一般原则和精神。

职权法定、内容法定和程序法定构成了依法监督原则完整而丰富的内涵，是缺一不可的。

二、独立监督原则

独立监督是指消防监督管理主体在实施监督管理中独立行使监督管理权力，只对法律、法规负责，而不受其他机关的干扰和控制。其主要内容包括以下两个方面。

（一）消防监督管理部门不受其他政府部门的非法干扰与控制

消防监督管理主体的监督管理权是法律、法规赋予的，必须依法实施。其他部门尤其是政府及其有关部门不得随意干扰消防监督管理主体的消防监督管理活动。同时，消防安全是经济、社会发展的有力保障，消防监督管理要为经济建设服务。消防监督管理主体独立行使监督管理权，并不是说可以享有法外特权、不接受政府的监督管理。

（二）消防监督管理部门不受利益集团的制约与控制

消防监督管理主体不能用公权力去换取利益、擅自接受社会单位的赞助，更不能主动拉赞助，不能参股办公司、企业，不能插手消防产品的生产销售、消防设备安装以及消防工程施工企业的招投标，否则将受到利益集团的控制，成为利益集团的工具。这一点是对消防监督管理主体的特别要求。

三、公平公正原则

“公平”是就行政相对人而言的，公平最重要的价值是保障法律面前人人平等和机会均等，避免歧视对待。“公正”是相对于行政机关而言的，它维护正义和中立，防止徇私舞弊。消防监督管理主体实施监督管理，应当公平、公正，平等对待消防监督管理相对人，不偏私、不歧视。消防监督管理主体行使裁量权应当符合法律目的，排除不相关因素的干扰，所采取的措施和手段应当必要、适当，避免采用过度损害相对人权益的方式。其主要内容包括以下三个方面。

（一）平等对待

平等对待是宪法原则中的“平等原则”在消防监督管理中的具体化，是消防监督管理主体针对多个相对人实施监督管理行为时应遵循的规则。其具体包括三种情形：一是同等对待规则，要求消防监督管理主体在同时面对多个相对人时应当一视同仁，反对歧视；在先后面对多个相对人时应当前后一致，反对反复无常。二是区别对待规则，要求消防监督管理主体在实施监督行为时应当认真区别各相对人的具体情况。三是比例对待规则，要求消防监督管理主体应当按不同情况的比重来设定相对人的权利义务。在同一案件和法律事实中，这种比例往往与各相对人所起作用的大小、情节的轻重相一致。

（二）正当裁量

从裁量过程进行考量，主要考察在行政裁量决定作出的过程中有没有追求不适当的目的，或有没有考虑不相关的因素，或是否考虑了相关因素等。具体要求：一是目的适当。任何法律的制定都是基于一定的社会需要，为了达到某种社会目的，而法律授予消防监督管理主体某种权力或规定某种行政行为的具体内容，均是为了实现该项立法目的，消防监督管理主体运用权力时必须符合法律目的。法律赋予消防监督管理主体裁量权正是为了实现立法目的。如果执法背离法律目的而追求部门利益或个人利益，显然不能作出正当裁量，属于不合理。二是合理考虑相关因素。合理考虑相关因素是指在作出行政裁量决定时，该考虑的因素必须考虑，如果不考虑，就会造成不合理。例如，对行政处罚案件，要考虑是否有法律规定从轻、减轻处罚的情节，如果有而没有考虑，显然是不合理的。对于不该考虑的因素就不能考虑，如果考虑了，也是不合理的。例如，执法人员与某相对人是同学或朋友关系，在作出行政裁量决定时，如果考虑此关系就属于考虑了不该考虑的因素。

（三）比例原则

比例原则是消防监督管理主体实施监督管理时，应当全面权衡有关公共利益与个人利益，采取对公民权益造成限制或者损害尽可能小的行政措施，并且使监督措施造成的损害与所追求的监督目的相适应。比例原则可进一步划分为以下三个子原则。

1. 适当性原则

适当性原则又称妥当性原则，是指消防监督管理主体所采用的措施必须能够实现监督管理目的或至少有助于监督管理目的达成并且是正确的手段。也就是说，在目的与手段的关系上，必须是适当的。这个原则体现了目的导向。不适当的情况主要有：一是手段对目的来说存在不足，即采取的手段无法实现目的；二是手段所追求的目的超出了法定目的；三是对相对人施加的手段是法律上不可能或事实上不可能；四是违反法律规定，所采取的手段是法律禁止的。

2. 必要性原则

必要性原则又称最少侵害原则或不可替代性原则，是指在前述适当性原则已获肯定后，在能达成法律目的的诸方式中，应选择对公民权利最小侵害的方式。这里实际包含两层意思：其一，存在多个能够实现法律目的的行为方式，否则必要性原则将没有适用的余地；其二，是在能够实现法律目的的诸方式中，选择对公民权利侵害最轻的一种。例如，在消防监督检查实践中，对于存在重大火灾隐患逾期不整改的情况，根据《消防法》的有关规定，电气、燃气系统不符合消防技术标准的，责令限期改正；逾期不改正的，责令停止使用，可以并处罚款。如果仅责令停止使用就能达到目的，就没有必要再处罚款，否则，就违反必要性原则。

3. 狭义比例原则

狭义比例原则又称相称性原则、均衡原则或禁止过度原则，即消防监督管理主体所采取的措施与其所达到的目的之间必须成比例或相称。它要求消防监督管理措施对公民造成的损害不得过分大于给社会带来的利益，即消防监督管理的投入与产出应当成比例，杜绝执法成本投入过大而效益不佳的监督管理行为。

在比例原则中，适当性原则要求手段有助于目的的实现；必要性原则要求实现目的的手段是最小侵害；而狭义比例原则是通过对手段负面影响的考量，要求目的本身的适当、不过分。总而言之，比例原则的这三项子原则分别从“目的取向”“法律后果”“价值取向”上规范了行政权力与其行使权力之间的比例关系。三者相互联系、不可或缺，构成了比例原则完整而丰富的内涵，同时也是公平公正原则的重要内容。

四、公开透明原则

公开透明原则是指消防监督管理主体在实施监督管理时，除涉及国家秘密、商业秘密或者个人隐私的信息外，应当一律向消防监督管理相对人和社会公开。通过公开，保障消防监督管理相对人的参与权和知情权；同时，通过公开，社会单位和公民可以监督消防监督管理主体的行为。公开透明是现代法治政府的必然要求。其主要内容包括以下三个方面。

（一）监督管理依据公开

监督管理依据公开就是指行使消防监督管理权的依据必须公开，未经公布的，不得作为监督管理的依据。

（二）监督管理程序公开

监督管理程序公开就是要求消防监督管理主体将整个监督管理过程向社会公开，把监督管理行为放在阳光之下，尤其是作出影响消防监督管理相对人权益的决定，应当让消防监督管理相对人了解监督管理过程。

（三）行政决定公开

消防监督管理主体作出对消防监督管理相对人的合法权益有影响的行政决定，必须及时以法定形式向消防监督管理相对人公开，从而使消防监督管理相对人获得行政救济的机会。对于应当公开的行政决定如果没有公开，该行政决定就不能产生法律效力，不具有法律执行力。

公开相关信息是消防监督管理主体的义务和责任。但是，如果涉及国家安全、商业秘密或个人隐私，应该成为公开原则的例外。当然，哪些属于例外必须要有法律的明确规定，不能由消防监督管理主体自己确定。

五、高效便民原则

消防监督管理主体开展监督管理活动，应当遵守法定时限，积极履行法定职责，提高办事效率，提供优质服务，方便公民、法人和其他组织。这是服务型政府的必然要求。其主要内容包括以下三个方面：

（1）消防监督管理主体在办理各种监督管理业务时，要严格按法定的时限要求及时处理，不拖延。

（2）消防监督管理主体在日常消防监督管理中，要尽可能为消防监督管理相对人提供方便，不得设置障碍，不得随意增加条件或随意提高标准。

（3）消防监督管理主体要努力利用现代科学技术手段提高执法效率，积极利用、推行电子政务，实施网上审批等。

六、权责统一原则

消防监督管理主体依法履行消防监督管理职责，由法律、法规赋予其相应的执法手段（或权力）是完全必要的，如果没有这些权力与手段，就很难实现其对社会的有效管理。但是，权力和责任应当是对等的，如果只有权力而没有责任，权力就可能被恣意滥用。因此，消防监督管理主体违法或者不当行使职权，应当依法承担法律责任，以实现权力和责任的统一。其主要内容包括以下三个方面：

（1）消防监督管理权力的配置应当切实满足消防监督管理主体履行法定

职责的需要。否则，消防监督管理主体就难以完成日益繁杂的消防监督管理活动，不能有效地保障公共消防安全。

（2）法律在为消防监督管理主体配置权力的同时，必须设定相应的责任，而且，职权愈大，责任愈大，如果有违法行为，其法律后果将愈严重，追究责任的法律制裁也愈严厉，以实现权力与责任的统一。如果只配置权力，不设定责任，势必将导致权力滥用，使公民的权利得不到保障。

（3）建立实现责任的法律制度，违法行使职权必须受到追究。权责统一不仅要求有权者必须有法定的责任，而且要求有实现这些责任的法律制度。一旦消防监督管理主体的活动违反法律规定，责任即从法律规定转化为实际状态。诸如行政诉讼制度、行政复议制度、行政赔偿制度以及执法过错追究制度，都是实现权责统一必要的法律制度。

第三节　消防监督管理的基本方法

消防监督管理的基本方法，是指消防监督管理主体及其工作人员在实施监督管理过程中采用的措施、办法和技术、手段的总称。

一、传统的消防监督管理方法

（一）行政方法

行政方法是指依靠行政机构和领导者的权威，通过行政组织系统，采用命令、指示、规定、指令性计划、规章制度等行政手段，对管理对象发生影响和进行控制的管理方法。行政方法以权威和服从为基本原则。

行政方法的具体方式是行政命令。行政命令泛指政府及其有关部门的一切决定或措施。通常又分为两种：一种是对社会不确定的相对人普遍适用的抽象性的行政命令；另一种是对具体相对人适用的具体性行政命令。行政命令一般表现为决定、通告、通知等。我国开展的火灾隐患专项治理，即属于行政方法。

（二）法律方法

法律方法是指消防监督管理主体依照法定职权和程序，将国家法律、法规实施到具体的消防行政事务中，以达到依法行政的目的，具有权威性、强制性、规范性、稳定性等特点。

消防监督管理中的法律方法主要包括：消防行政许可、消防监督检查、消防行政处罚、消防行政强制措施等。

（三）经济方法

经济方法是指国家行政机关根据客观经济规律，运用物质利益原则，利用各种不同的经济杠杆，来调节多方的经济利益关系或刺激社会成员的积极性的一种管理方法。

消防监督管理中运用经济方法，可以达成两个方面的目的：一是可以通过调节经济杠杆和影响社会组织的活动，改变组织要素的组合方式，提高组织的工作效率，促进社会经济的发展和公共消防安全；二是可以用经济杠杆影响社会公民和行政人员的思想和行为，促进其改进工作，提高效率。其具体运用主要体现在以下四个方面。

1. 减免税收或补贴制度

税收制度可以体现国家的政策导向，对于国家鼓励的事项可以减免税收，而对于国家限制的事项可以增加税收。在消防监督管理中，政府可以通过税收政策鼓励或者引导企业积极履行消防安全职责，并为企业的发展直接或者间接提供一定的物质支持。

2. 完善消防行政补偿制度

消防行政补偿是指消防行政主体在行使职权过程中因合法行为给相对人的合法权益造成损害，或者公民个人协助消防行政主体执行公务或灭火而使个人利益遭受损害时，由消防行政主体依法对相对人给予相应的利益补偿的制度。从法律上讲，消防行政补偿是社会公共负担平均分担的一种体现，不能让没有义务的人承担公共义务，也不能让个人或少数人承担应当由大多数人承担的义务。否则，就会造成不公平。从管理上讲，消防行政补偿也是管理的一种经济手段，利用得好，可以鼓励社会成员积极参与消防工作。

3. 建立消防基金制度

重大火灾隐患久拖不改已经成为制约消防安全管理的瓶颈，其中资金不足又是制约隐患整改的客观因素。因而，建立消防基金制度可以有效解决这一难题。消防基金可以通过以下手段筹集：一是由政府财政提供一部分。如果存在重大火灾隐患的单位是关乎国计民生的企业，自身无力解决，又不能关停，政府可以提供一定的资金支持。二是消防行政处罚的罚款。可以把消防罚款用于支持那些确实无力整改而又关系国计民生的企业。

4. 充分发挥保险机制

保险作为一种市场化的风险转移机制、社会互助机制和社会管理机制，与消防工作关系十分密切。充分利用保险，可以有效促进消防工作的开展，并成为消防监督管理的重要手段。因此，国家鼓励、引导公众聚集场所和生产、储存、运输、销售易燃易爆危险品的企业投保火灾公众责任保险，鼓励保险公司承保火灾公众责任保险。

（四）引导性方法

引导性方法是一种以人为中心的人本主义管理方法，它利用非强制手段使社会成员自觉自愿地去从事政府所鼓励的工作或活动。其包括行政指导方法和行为激励方法。

1. 行政指导方法

行政指导是消防监督管理主体为实现消防管理目标，在其职权或事项范围内，以建议、辅导、劝告、引导、指示、协助、示范、鼓励、发布官方信息等手段或方式，使消防监督管理相对人接受管理并付诸实施（包括作为和不作为）的行政活动。消防行政指导是一种非强制式行政管理手段，它的功能主要表现在提高行政效率、弥补消防法律体系的不足、发挥协调平衡作用、提高消防监督管理相对人的地位、增进行政民主等方面。消防宣传教育方法是最常见的行政指导方法，对于提高公民消防安全素质有着重要意义。

2. 行为激励方法

行为激励方法是通过有目的地设置一定的条件和刺激，使人们的行为动机激发起来，从而产生某种特定的行为反应。行为激励的实质在于激发人的动力，其目的在于使人产生某种行为以实现行政工作预定的目标。

二、现代的消防监督管理方法

现代的消防监督管理方法，是以完善和发展中国特色社会主义制度、推进国家治理体系和治理能力现代化的总目标为依据，将消防安全建设纳入社会综合治理中，把建立消防安全治理体系和治理能力现代化作为消防工作的一项重要工作来抓。

（一）建立消防安全治理法律制度体系

推进消防安全治理体系和治理能力现代化，要更新治理理念、深入改革治理体制、丰富完善治理体系、努力提高治理能力，形成办事依法、遇事找法、解决问题用法、化解矛盾靠法的良好法治环境，在法治轨道上推动各项工作。

1. 建立国家消防安全治理法律制度

健全形成以《消防法》为基本法律，与消防行政法规、规章，消防技术规范标准和地方性消防法规、规章，地方消防标准相配套的具有中国特色的消防法律、法规体系，对政府领导职责、相关部门监管职责、单位主体责任、公民参与责任进一步明确细化，坚持主体履职到位，追责到人；按照市场经济运行规则，明确界定社会消防组织和消防执业人员在社会消防治理中的职能作用、服务范围以及承担的责任，保障规范运行和健康发展；将建设工程消防质量终身负责制纳入消防法规；明确公安机关消防机构监督管理责任及追责、免责的具体规定，既要让消防监督执法人员明确工作责任，又要保障其相关权益。

2. 加强地方消防立法

我国地域特点分明，经济发展不平衡，地方可以结合本地火灾防控实际需要，在其法定权限内制定地方性法规和地方消防技术标准。

3. 修改完善法规要形成制度

建立火灾事故消防技术调查制度和公正的第三方消防技术调查机构；发生大火后，要及时启动消防技术调查，总结火灾教训，及时修改完善法律、法规和消防技术标准，保障火灾防控工作的需要。

（二）建立消防安全治理标准规范体系

国家可以鼓励非官方机构参与制定法律、法规和消防技术标准，鼓励地方结合实际补充创新国家标准。要实现消防治理规范化，应当建立以下四个方面的标准规范。

1. 完善消防安全准入技术标准规范

各类建筑、场所在投入使用前要设置火灾防范和灭火设施应当遵循的准则，抓好消防安全源头关。主要建立各类工程建设消防设计、施工、监理标准，消防验收技术标准；新材料、新工艺、新设备使用消防技术标准；消防技术论证、性能化评估标准；易燃易爆企业、人员密集场所投入使用前的消防安全检查标准；等等。

2. 建立消防安全操作规程

各类消防安全责任主体在实施消防安全管理过程中应当建立明确的消防安全操作规程，主要是各级政府、职能部门建立消防安全责任制落实标准；各类社会单位制定消防安全操作规程运行标准；各类社会消防中介组织开展消防技术服务的操作规程等。

3. 建立消防安全评价标准

各类消防安全主体在消防安全治理进程中，是否达到标准规范的要求，应当进行定性与定量的评价，切实、及时调整和纠正消防安全治理过程中存在的问题，保持消防安全的连续有序运行。主要是各级政府、职能部门消防安全责任落实情况评价标准；城市、区域消防安全评估标准；各类社会单位消防安全评估标准；大型活动消防安全评估标准等。

4. 建立消防监督管理标准

政府及其有关监督管理部门、公安机关及其消防机构实施监督管理职责，在法律、法规规定程序的基础上，应当建立消防监督管理准则，明确监督管理的范围边界和工作标准，保障消防监督管理的规范运行。主要建立建设工程消防监督管理标准；消防监督检查标准；消防行政审批标准；火灾事故调查标准；消防宣传教育培训标准等。

（三）建立社会消防安全治理体系

1. 社区、村庄实行消防安全网格化管理

消防网格化管理就是以乡镇、街道为单元，划分成大、中、小三级网格。街道、乡镇为大网格，成立由主要领导负责，安监办、综治办、工商所、公安派出所参加的防火安全委员会，对辖区进行消防管理；以社区和行政村为中网格，由居民委员会和村民委员会负责，落实辖区内的消防工作，并组织开展经常性的消防检查和宣传；以居民楼院、村组、生产经营单位为小网格，由社区组织、村民小组负责，组成群众性自治组织，进行自我宣传、自我检查、自我管理，构建横向到边、纵向到底、责任明确、监管到位的全覆盖的消防管理网络，实现社会面消防安全“有人抓、有人管”“无盲区、全覆盖”的工作局面。

2. 消防安全重点单位实行“户籍化”管理

重点单位消防安全“户籍化”管理，就是重点单位在互联网社会单位消防安全信息系统设置专用账号，建立消防安全“户籍化”管理档案。建立消防安全重点单位“户籍化”管理档案，可以通过其自动统计分析功能反映出工作中的薄弱环节和问题；可以将其消防工作定期向当地公安机关消防机构报告备案；公安机关消防机构也可以对相关单位消防安全实行动态监管，定期统计分析本地区单位消防安全管理情况，有针对性地开展消防监督检查，提高消防监督工作的效能。

3. 建立“智慧消防”

建立“智慧消防”，可以通过智慧城市管理平台，运用互联网、云计算、物联网等技术实现对城市消防供水、消防通信、消防车通道、消防装备等公共消防基础设施，火灾高危单位、消防安全重点部位、消防安全设施等进行可视图像和感应式报警动态管理，及时发布火灾预警信息，提示采取相应措施，提高城市消防安全防控综合能力。

4. 建立完善公民参与社会消防管理的激励机制，让参与社会消防管理的公民得到社会的尊重和政府的奖励

建立“96119”火灾隐患举报、投诉中心，实行火灾隐患有奖举报，广泛发动公民发现并举报身边的火灾隐患；建立消防志愿者队伍，发动志愿者参与单位、社区、村庄、居民楼院消防宣传和消防巡查；用好、用足国家“119”消防奖，每年对积极参与社会消防管理的社会组织和个人进行表彰奖励，激发全民参与消防工作的积极性。

（四）建立社会消防组织，完善社会消防自我管理功能

1. 培育发展非政府组织的消防中介机构

推动完善社会消防组织扶持政策，大力培育和发展符合产业导向、参与基层管理的消防技术咨询、消防安全评估论证、消防设施检测维护、建设工程消防设计技术审查和消防竣工技术验收等消防技术服务机构，并通过发展各种协会、产业委员会等行业管理职能，引导消防技术服务机构健康发展。

2. 培育发展各类行业消防协会

市场经济体制下的消防安全工作，应当充分发挥市场消防安全自我调节、自我完善、自我管理的作用，防止已有的行业和新兴行业发生消防安全滞后的问题。主要建立制造业、电力、燃气的生产和供应业，交通运输、仓储业，批发和零售业，租赁和商务服务业，居民服务和其他服务业，卫生、社会保障和社会福利业，公共管理和社会组织，信息产业等方面的行业消防组织，建立消防安全管理规范和自我管理标准。

3. 完善建立消防职业资格制度

社会消防组织参与消防安全治理需要专门的消防技术和管理人员。建立消防安全管理人员资格、消防技术服务人员资格制度，鼓励消防管理和操作工种职业人员、注册消防工程师从事建设工程消防设计技术审查、消防设施检测和维护保养及消防安全评估、消防设施技术验收等工作；扶持成立注册消防工程师等技术人员团体，推动注册消防工程师走上良性发展道路。

（五）探索建立消防监督管理新模式

1. 重点单位实行年检制度

对消防安全重点单位按照其性质和规模进行科学分类，按照类别制定重点单位消防安全管理标准。公安机关消防机构实行总队、支队、大队三级消防监督责任制，落实“户籍化”管理，重点单位每半年要向消防监督管理部门报告一次工作，公安机关消防机构每年对重点单位进行一次综合检查评定并向社会公布，消防安全评定结果不合格的要强化其消防安全主体责任的落实。

2. 一般单位实行动态监督管理制度

在推动消防安全“网格化”、单位“四个能力”建设常态化的同时，县级公安机关消防机构应当建立消防管理预警机制，定期分析、评估消防安全形势；对火灾多发、消防安全管理存在问题多的区域和行业系统，及时发出火灾预警信息，提示加强消防安全管理；适时组织消防监督抽查，督促单位落实火灾防范措施。

3. 实行技术审查与行政审批相分离的消防行政审批制度

实行建设工程消防行政审批，把好消防安全“源头关”，可采取社会消防技术服务机构负责技术审查、公安机关消防机构实施形式审查的方式进行。公安机关消防机构作出的行政许可决定，要向社会公开审批过程和结果并接受社会监督，以解决既当“运动员”又当“裁判员”，建设工程消防审查验收质量和效率不高、以权谋利的问题。

4. 建立火灾隐患排查治理体系

建立火灾隐患排查治理体系，最大限度地降低隐患存量和火灾风险。对带有普遍性、影响全局性的消防安全问题开展全国集中整治行动，并适时进行分层次、分区域、分行业的指导调度。指导火灾多发的地方，按照“什么问题突出，就整治什么问题；什么地方不放心，就整治什么地方”的原则，开展常态化专项整治。同时，要建立火灾隐患排查治理标准、落实排查治理责任，巩固治理成果的长效管理机制。

（六）建设消防安全文化

1. 推行消防终身化教育

科学布局集消防宣传、教育、文化于一体的消防博物馆、防灾减灾馆；借力社区学校、培训机构等，将消防安全纳入基础义务教育、社区学校、党政干部及公务员培训内容，打造市民消防终身教育体系。

2. 强化职业化培训

加强对企事业单位从业人员的强制性消防培训，落实持证上岗和职业鉴定制度，提高单位员工消防素质。创新消防培训供给方式，逐步推行并开展由社会组织和机构承担的消防培训任务。

3. 消防专业教育

要鼓励各类大学设置消防专业课程，广泛开展消防专业教育，为社会提供大量的消防专业人才。

（七）建立消防信用体系

建立消防安全“黑名单”制度，将社会单位、社会组织、消防技术服务机构及其从业人员不守法、不依法履行消防管理职责、违法生产经营的行为列入“黑名单”，纳入国家诚信体系。加强与工信、住建、工商、金融、保险等部门建立信息互通、互认机制，推动工商、安监部门在实行行政许可、市场监管时将消防安全不良行为信息作为重要参考；推动住建部门在资质监管、招标投标、工程监管等环节将消防安全不良行为信息作为重要条件；推动银行将消防安全不良行为信息纳入征信系统，与单位和个人信用挂钩；推动证监、保监部门在上市企业监管，保险产品开发、管理、理赔时参考消防安全不良行为信息。通过市场经济信用激励、失信惩戒、严重失信淘汰的运行机制，促进社会单位和从业人员遵守消防法规，履行消防安全职责，减少消防违法行为。

第四节　消防监督程序

一、消防监督程序的概念与特征

消防监督程序是指实施消防监督行为时必须遵守的方式、步骤、空间、时限。从其实质上看，监督程序反映了监督权的运行过程，是监督行为空间和时限表现形式的有机结合。其特征如下。

（一）消防监督程序是消防监督权的运转过程

消防监督的程序具有很强的国家权力性。消防监督是消防行政活动，消防监督权是消防行政权之一，消防监督主体实施消防行政行为，就是基于消防行政权。消防行政权是消防行政行为的效力依据，没有行政权的行政行为，是没有效力的行政行为。因此，消防监督程序就是具体体现消防监督权的实施过程。如果消防监督程序不合理或行使消防监督权时不遵守法定程序，就会侵害消防监督相对人的合法权益。

（二）消防监督程序具有形式性

任何消防监督活动都有反映在时间和空间上的形式。监督程序是监督行为的空间和时间表现形式。所谓空间形式，是指消防监督过程的表现形式，如口头形式、书面形式、动作形式等。所谓时间形式，是指消防监督行为过程的先后顺序以及所必须履行的每个环节和每种形式的时间限制。

（三）消防监督程序具有参与性

凡是以民主为旗帜或以民主作为标榜的国家，都不能忽视相对人对行政过程的参与。参与是民主的体现，是保护相对人权利、实现行政公平公正的必然要求。没有相对人的参与就没有真正的民主。消防监督也不例外。

（四）消防监督程序具有法定性

消防监督属于国家行政，必须遵循国家有关行政程序的法律规范要求，即行政程序的法定性。行政程序的法定性，决定了行政主体和行政相对人在进行法律活动时必须严格遵守法定程序，其行为的步骤和方法受法定程序的制约，违反法定程序将会招致不利的法律后果。尤其是对于消防监督主体来说，依法监督原则不仅要求其在监督活动中要符合实体法的要求，而且必须符合法定程序，两者不可偏废。

二、消防监督程序的作用

（一）约束行使消防行政权的随意性

依法监督的原则，要求消防监督主体行使职权时不仅要严格遵守实体法的规定，而且还要严格遵守程序法的规定。只有这样才能规范消防监督主体执法行为的实施，控制消防监督权的运行，防止消防监督主体在监督过程中失职、越权或滥用职权等各种现象的发生。如果没有程序要求，消防监督主体在行使职权的过程中，就会出现随意性。而不按程序执法，或没有相应的程序恰恰是产生腐败的重要原因之一。所以，设置合理的程序并严格遵守也是防止腐败产生的有效手段。

（二）保证相对人的合法权益不受侵害

消防监督的目的在于预防火灾和减少火灾危害，保护公民人身和财产以及公共财产的安全，维护公共安全。虽然实体法也注意到保护消防行政相对人的合法权益，但是为了消防监督的顺利进行，法律赋予了消防监督主体较多的权利，而为相对人设定了较多的义务，这就实际上造成了行政主体与相对人之间的权利义务的不平等。如果没有正当的程序规定，相对人的合法权益就容易遭受消防行政主体的侵害。而法律规定了消防监督（行政）程序，恰好能弥补这一缺陷。通过设定各种程序，控制、规范消防行政主体的行为，从而保护消防行政相对人的合法权益。

（三）提高行政效率

消防行政程序为消防行政权的运行设定了必要的方式、步骤，并且具有明显的期限限制。方式、步骤不可以简化，否则会欲速则不达，背离行政目的，甚至造成行政行为无效。期限限制不可突破，否则影响行政效率。

三、消防监督程序的种类

（一）按消防业务种类分类

1. 监督检查程序

监督检查程序是指消防监督检查的方式、方法、内容、步骤以及空间和时限。消防监督检查的程序由《消防监督检查规定》规定。

2. 建筑工程消防审核程序

建筑工程消防审核程序是指建筑工程消防审核的方式、内容、步骤和时限。建筑工程消防审核程序由《建筑工程消防审核管理规定》规定。

3. 建筑工程消防验收程序

建筑工程消防验收程序是指建筑工程消防验收的方式、内容、步骤和时限。建筑工程验收程序也由《建筑工程消防审核管理规定》规定。

4. 火灾调查程序

火灾调查程序是指火灾事故调查处理的方式、内容、步骤和时限。火灾调查程序由《火灾事故调查管理规定》规定。

5. 消防行政处罚程序

消防行政处罚程序是指消防行政处罚的方式、内容、步骤和时限。消防行政处罚的程序由《行政处罚法》和《消防法》规定。

6. 其他消防行政程序

其他消防行政程序如消防行政复议程序和消防行政强制程序等。

（二）按消防监督行为与相对人的关系分类

按消防监督行为与相对人的关系，消防监督程序分为内部程序和外部程序。内部程序是消防监督主体的内部工作程序，从行政法治要求看，也应当由法律规范规定，消防监督主体必须遵守。但其目前主要由消防监督主体自己规定。内部程序主要包括内部审核审批和决定程序。外部程序是影响相对人权利义务的行政行为程序，如行政处罚的调查、告知、听证程序，火灾调查中的调查、取证程序等。

四、消防监督程序的基本原则

消防监督程序主要包括以下基本原则。

（一）程序法定原则

程序法定原则是指消防监督活动的主要程序必须由法律规范加以规定，消防监督主体在实施消防监督时必须严格遵守，不得违反法定程序。程序法定原则是依法监督原则在消防监督程序上的具体化。程序法定原则的具体内容包括以下几个方面：

（1）消防监督活动的主要程序必须由法律规范加以规定。这里所说的主要程序是指涉及相对人的权利义务的事项的程序，如消防行政许可事项的程序、消防行政处罚的程序以及制定行政法规、规章的程序等，必须由法律规范加以规定，不能由消防监督主体自己制定。

（2）消防监督主体实施消防监督活动时必须按照消防法律规范所规定的方式、步骤进行，不得违反，也不得擅自改变。

（3）任何违反法定程序的行为都是违法行为，应予撤销。

（4）违反法定程序的消防监督主体，应承担相应的法律责任，给相对人造成损失的，还应负赔偿责任。

（二）相对人参与原则

相对人参与是相对人管理国家事务的重要保证，是民主的基本要求。参与原则的基本内涵是：消防行政主体在进行行政决策、制定规范性文件和制定行政计划以及作出具体行政决定时，应尽可能地听取和尊重相对人的意见，要给利害关系人发表意见和建议的机会，并赋予利害关系人以申请发布、修改或者废除某项规章的权利以及申辩的权利。对于具体的消防行政行为，在作出决定之前，应给予相对人申辩、听证的权利。为了保证这一原则的贯彻落实，通常以下列制度作保障：信息公开制度、听证制度、告知制度、咨询制度等。

（三）程序公正、公平原则

程序公正、公平原则是指消防监督主体在消防监督活动过程中，在程序上平等对待所有相对人，避免和排除可能不平等或不公正的因素。相对人无论是个人还是单位，无论是国家机关还是企业或事业单位，无论是国有企业还是私有企业，也无论是中国企业还是外资企业，统统一样对待。保证程序公正原则实现的制度主要有：申辩制度、回避制度、职能分离制度等。

（四）公开原则

公开原则是指消防监督过程的每一阶段和步骤都应以相对人和社会公众看得见的方式进行。尤其是涉及相对人权利义务监督事项，如消防行政许可、消防行政处罚等，必须公开实施。就消防监督权的整个运行过程而言，要公开的内容包括事前公开有关依据，如许可的条件、收费标准、处罚依据等；事中公开决定过程，允许其申辩、陈述或举行听证等；事后公开决定结论，如是否许可、处罚决定等。信息公开制度、听证制度就是保障行政公开原则的主要程序制度。

（五）效率原则

效率原则是指消防监督执法程序的制定与执行都应当以有利于提高行政执法效率为目标。过分地追求公正、公平而不讲效率，不利于公共利益的实现，也不利于社会的发展与进步。但效率也不能以损害相对人的权益为代价。时效制度、简易程序、紧急处置制度以及行政处罚在复议、诉讼期间不停止执行制度都是在体现效率原则。

五、消防监督程序的基本制度

消防监督程序的基本制度是指在消防监督程序中相对独立、对整个监督程序具有重要影响的规则体系。消防监督程序的基本制度具有较强的规范性、明确性和可操作性。违反这些制度将会直接导致法律后果。消防监督程序的基本制度与消防监督程序的基本原则不同，基本原则并非法律规范，而基本制度却是具体法律规范条款。

我国的消防监督程序的基本制度尚未完善，根据上述程序原则要求和有关行政法规定，已有的和应当建立的程序制度主要包括以下几个。

（一）信息公开制度

信息公开又称情报公开，是指凡是涉及消防监督相对人权利、义务的行政信息资料，除法律规定须保密的以外，消防监督管理主体应依法向社会公开，任何相对人均可依法查阅或复制。其主要内容包括：法律依据、适用范围、信息公开的形式、申请获得信息的程序、信息公开的例外、行政救济制度等。

（二）职能分离制度

1. 完全职能分离

完全职能分离是指行政案件的调查、审查与裁决，或者决定与执行，分别由两个完全相互独立的机关来行使。如行政处罚罚款的罚缴分离制度、行政强制的执行由人民法院执行等。这种程序制度在我国还有待进一步完善。

2. 内部职能分离

内部职能分离是指在同一行政主体内部，将某些相互联系的职能加以分离，由不同的部门或人员分别行使，从而防止权力过分集中。这有利于防止腐败，也有利于行政决定的公正、准确。如建筑工程消防监督管理中的审验分离制度、行政处罚的调查与审核分离制度等。

（三）回避制度

回避制度是国际上普遍采用的一项法律原则。我国的《行政处罚法》《行政许可法》和《公安机关办理行政案件程序规定》对回避制度有明确规定。消防法规中只有《火灾事故调查规定》有关于回避的规定。回避制度是指在消防监督活动中，在处理具体案件时，与案件、事件有利害关系的消防监督人员应当回避，不得参与案件的处理。有利害关系是指消防监督人员是当事人的近亲属或仇敌；或者虽然不是当事人的近亲属或仇敌，但与本案有其他关系足以影响案件的公正处理。如果消防监督人员与当事人有直接利害关系，就可能出现偏袒，或者先入为主，不能实事求是地秉公执法，无法公正地处理案件。如果消防监督人员与当事人有利害关系而不回避，仍然参加案件的调查、处理，那么，即使该监督人员素质较高，能够排除个人私利的干扰，实事求是、秉公执法，确实做到全面、客观、公正，从实体法的角度来看，是无可非议的；但若以程序法的原理分析，由于其欠缺公正的“外观”，因而难以消除当事人及一般公民对该消防监督人员的怀疑，从而影响调查证据和处理结果的权威性。实行回避制度，对于防止消防监督人员碍于亲情困扰而不能公正地处理案件以及消除当事人的思想疑虑，使消防监督人员取信于民，提高公安消防机构的威信，都具有十分重要的意义。

（四）告知制度

告知制度是指消防监督主体在监督过程中将有关情况告诉相对人的制度。法律上通常要规定要告知的内容、时间和形式。告知的内容通常包括以下方面。

1. 相对人的权利

如申辩的权利、听证的权利、救济的权利以及救济的途径等。

2. 行政决定的内容以及所作决定的依据

这项内容实际上是说明理由，所以说明理由不是一项单独的程序制度。

3. 其他应当告知的事项

其他应当告知的事项主要指当事人不知道，但有可能影响其权利的事项。如在消防监督检查中发现的火灾隐患，除责令其限期改正外，还要告知其不改正应承担的法律责任；火灾扑救后要告知受灾户申请调查火灾原因、核查火灾损失的权利；等等。

（五）听证制度

听证制度是指消防监督主体在作出有关行政决定之前听取相对人的陈述、申辩、质证的程序。实行听证制度有利于实现公平、公正，是法治国家的重要特征。

（六）表明身份制度

表明身份是指消防监督人员在监督过程中向相对人出示证件，以证明自己有行政执法权和资格的程序制度，这是现代行政执法共同的要求。尤其是依职权行为，必须表明身份。《消防监督检查规定》对此作了明确规定。

表明身份制度的意义，在于它体现了执法程序的公开原则，通过执法人员公开身份，一方面可以防止假冒、诈骗，另一方面也可以防止执法主体越权或滥用职权。

（七）时效制度

时效制度是指各种消防监督行为都必须遵循法定的时间限制，否则应承担相应的法律责任的制度。它是消防监督效率原则所要求的一项基本制度，如《消防监督检查规定》《建筑工程消防监督审核管理规定》和《火灾事故调查规定》都作了相应的规定。

（八）合议制度

合议制度是指在消防监督管理中，对一些重要的行政决定应当由行政组织的有关人员集体讨论，不能由少数领导或个别执法人员说了算，以防止出现偏差的一项制度。如确定重大火灾隐患、确定较大数额的罚款处罚和停产停业处罚等。

（九）传唤制度

传唤制度是指消防监督过程中，为实现某一行政目的，消防监督主体要求相对人在指定的时间内前往指定的地点接受询问（或讯问）的一种程序制度。《消防监督检查规定》和《火灾事故调查规定》都规定了这一制度。传唤制度也是效率原则所要求的。

第二章 建设工程消防监督管理

建设工程是指土木工程、建筑工程、线路管道和设备安装工程及装修工程。为确保建设工程消防安全，使其达到消防法律、法规和国家工程建设消防技术标准的要求，从根本上消除先天性的火灾隐患，《消防法》赋予了公安机关消防机构建设工程消防监督管理的法定职责。我国的建设工程消防监督管理工作开始于20世纪50年代，经过发展，现已建立了一套较为完善的监督管理制度。

第一节 建设工程消防监督管理概述

一、建设工程消防监督管理的含义、任务及性质

（一）建设工程消防监督管理的含义

建设工程消防监督管理，是指公安机关消防机构依法对按照国家工程建设消防技术标准需要进行消防设计的新建、扩建、改建（含室内外装修、建筑保温和用途变更）等的大型的人员密集场所和特殊建设工程实施消防设计审核、消防验收，对其他建设工程实施消防设计备案、抽查和竣工验收消防备案、抽查的消防行政执法行为。

（二）建设工程消防监督管理的任务

公安机关消防机构实施建设工程消防监督管理的任务主要包括以下三个方面。

1. 建设工程消防设计审核

建设工程消防设计审核是消防监督管理的基础性和源头性的工作，不仅是

建设工程消防监督的首要环节，同样也是国家建设工程项目审批制度中的重要环节。公安机关消防机构通过对新建、扩建、改建（含室内外装修、建筑保温和用途变更）等的大型的人员密集场所和特殊建设工程进行消防设计审核，监督检查建设与设计单位执行消防技术标准的情况，可以从源头上消除火灾隐患。

2. 建设工程消防验收

建设工程消防验收是法律赋予公安机关消防机构的又一项法定职责。通过对新建、扩建、改建（含室内外装修、建筑保温和用途变更）等的大型的人员密集场所和特殊建设工程竣工进行消防验收，可以防止形成先天性火灾隐患，最大限度地确保建设工程消防安全。

3. 建设工程消防设计和竣工验收消防备案抽查

建设工程消防设计和竣工验收的消防备案抽查是《消防法》设立的一项建设工程消防监督管理制度，其目的是为适应政府职能转变和国家行政审批制度改革的需求，按照突出重点、兼顾一般的原则，将大型的人员密集场所和特殊建设工程等发生火灾可能造成重大人员伤亡、巨大经济损失和重大社会影响的建设工程，列入消防行政许可的监督管理范围。同时，对按照国家工程建设消防技术标准需要进行消防设计的其他建设工程，要求建设单位应当自依法取得施工许可之日起 7 个工作日内，将消防设计文件报公安机关消防机构备案，公安机关消防机构进行随机抽查。其建设工程竣工，建设单位在验收后应当报公安机关消防机构备案，公安机关消防机构进行随机抽查。该备案抽查制度的实施，缩小了事前审批范围，加大了事中、事后监督检查力度，有利于建设、设计、施工、工程监理等单位及其相关人员树立主体责任意识，自觉履行消防安全职责。

（三）建设工程消防监督管理的性质

从行政执法行为的性质方面看，消防设计审核、消防验收属于依申请而为的消防行政许可行为；消防设计备案、抽查和竣工验收消防备案、抽查是依职权而为的消防行政检查行为。

二、建设工程消防监督管理的特点

建设工程消防监督管理具有以下特点。

（一）强制性

凡是新建、改建、扩建、内部装修以及变更用途的建设工程项目的消防设计图纸和资料，都必须按规定报请管辖的公安消防部门进行消防监督审核，经审核合格的设计，方可交付施工，竣工以后，经消防验收合格方可投入使用。否则，不能交付施工或投入使用，没有商量的余地。

（二）专门性

有关消防法律法规规定，建设工程消防监督管理必须由法定的公安消防部门及其具备相应工程技术专业知识并取得建审资格的消防监督人员进行，并且根据建设工程的大小和消防安全要求的高低，分别由市（地）或者由县（市）两级公安消防部门进行实施，跨省、跨地区的建设工程消防监督则由公安部或者省级公安消防部门负责实施。这种法定的专门机构，既不能由别的机构替代，也不能越权越级审核。

（三）技术性

建设工程消防监督涉及大量的消防工程技术问题，不同于公安机关对国籍加入、出入境、户口登记、居民身份证申领、车辆登记证等的审核，如在对建设工程进行消防设计审核消防验收时，不仅包括建筑防火、电气防火，同时包括消防给水和固定灭火设施、火灾自动报警系统、防排烟设施等方面的内容。因此，建设工程消防监督管理具有较强的技术性。

三、建设工程消防监督的意义

众所周知，人类生产、文化及政治、经济、文化等活动大多是在建筑物内进行的。建筑物内用火、用电，使用易燃、可燃物品又是必不可少的。稍有不慎，难免发生火灾。如果在建筑物建设期间不重视防火设计，防火和灭火措施不落实，留下先天性的火灾隐患，一旦起火条件具备就会酿成火灾，造成惨重的人员伤亡和经济损失。因此，公安消防部门对建设工程依法严格实施消防监督管理，是十分重要的。第一，能督促建设工程建设、设计、施工单位在工程建设过程中，认真执行国家消防法规和技术规范，加强对建筑防火工作的管理；第二，能有效地落实建设工程中的各项防火措施，预防建筑火灾发生或有效地防止火灾蔓延，为及时扑灭火灾创造有利条件；第三，能及时发现并消除建设工程中的火灾隐患。为保卫和促进经济建设作出积极的贡献。

四、建设工程消防监督管理的任务和范围

（一）建设工程消防监督管理的任务

建设工程消防监督管理是国家建设工程项目审批制度中的一个重要环节，主要任务包括：建设工程消防设计审核、施工检查、工程竣工消防验收。

（二）建设工程消防监督管理的范围

建设工程消防监督管理的具体范围是指下列工程项目：

（1）新建的建设工程；

（2）扩建的建设工程；

（3）改建的建设工程；

（4）建筑内部装修工程；

（5）用途变更的建设工程。

五、建设工程消防监督管理的依据

建设工程消防监督管理的依据是现行消防法律、法规，国家工程建设消防技术标准和其他相关技术标准。其在法定职责上，主要依据《消防法》，该法有关条款对建设工程消防监督管理主体的法定职责及法律责任，以及建设、设计、施工、工程监理等单位在建设工程的消防设计、施工、验收中的责任和义务及法律责任等作了明确规定；在程序上，主要依据《建设工程消防监督管理规定》，该规定明确了公安机关消防机构实施建设工程消防设计审核、消防验收和备案抽查的程序、内容及要求；在内容上，主要依据《建筑设计防火规范》《建设工程消防验收评定规则》等国家工程建设消防技术标准和其他相关技术标准。

六、建设工程消防监督管理实行的制度

为贯彻落实党中央、国务院关于深化行政审批制度改革和创新社会管理的精神，加强消防安全源头管控，切实提高建设工程消防监督管理质量和效率，我国建设工程消防监督管理实行技术审查与行政审批分离制度、建设工程消防

质量终身负责制度和消防安全不良行为公布制度。

（一）消防技术审查与行政审批分离制度

在《消防法》确定的建设工程消防设计审核、消防验收行政审批制度框架下，实行消防技术审查与行政审批分离制度。

1. 消防技术审查检测制度

技术审查检测制度，即将依法应当进行消防设计审核的建设工程的消防设计文件委托施工图审查机构审查；将依法应当进行消防验收的建设工程由建设单位组织设计、施工、工程监理单位自查验收，消防设施委托消防设施检测机构现场检查测试。

2. 消防行政审批

公安机关消防机构对建设单位申请消防行政审批的申报材料、社会技术服务机构提交的技术报告进行形式审查，并对消防设计审查、自查验收、消防设施检测质量实行监督抽查，作出消防行政许可决定。

（1）建设工程消防设计审核

公安机关消防机构对建设单位提交的建设工程消防设计审核申请材料、施工图审查机构出具的消防设计文件审查合格书进行形式审查，主要审查资料是否齐全、是否符合法定形式，消防设计文件审查合格书内容是否全面、审查单位和人员是否盖章签字。对施工图消防技术审查报告意见为合格，且形式审查合格、需要监督抽查经抽查为合格的，公安机关消防机构应作出消防行政许可。

（2）建设工程消防验收

公安机关消防机构对建设单位提供的建设工程消防验收申请材料、消防自验收报告、消防设施检测报告进行形式审查，主要审查资料是否齐全、是否符合法定形式，消防自验收报告、消防设施检测报告内容是否全面、审查单位和人员是否盖章签字。现场抽查建设单位自验收是否符合国家工程建设消防技术标准和经审核合格的施工图消防设计文件。对消防自验收报告、消防设施检测报告为合格，且形式审查合格、现场抽查合格的，公安机关消防机构应作出消防行政许可。

（3）建设工程消防设计和竣工验收消防备案检查

依法需要进行建设工程消防设计和竣工验收消防备案检查的建设工程，经依法确定的施工图审查机构审查为合格的、建设单位消防自验收为合格的、消防设施检测报告为合格的，作出备案检查合格意见。

（二）建设工程消防质量终身负责制度

依照有关法律、法规规定，建设工程的建设、设计、施工、监理单位及施工图审查机构、消防技术服务机构，按照各自的职责对建设工程消防质量负终身责任。建设工程的建设、设计、施工、监理单位及施工图审查机构、消防技术服务机构的法定代表人、工程项目负责人、工程项目技术负责人、注册执业人员、施工图审查人员、技术服务从业人员，按照各自职责对工程在设计使用年限内的消防质量负终身责任。

依法实施建设工程消防设计审核、消防验收和备案抽查的公安机关消防机构行政审批负责人及相关工作人员，对建设工程的消防设计审核、消防验收和备案、抽查结果负终身责任。

（三）消防安全不良行为公布制度

消防安全不良行为，是指单位和个人违反法律、法规，经县级以上公安机关消防机构查实并受到消防行政处罚的行为。当建设工程的建设、设计、施工、监理单位，以及为建设工程消防设计、竣工验收提供图纸审查、安全评估、检测等消防技术服务的机构和人员，违反法律、法规及消防技术标准，受到消防行政处罚的，将其不良行为记录并向社会公布，同时通告住建、工商、税务、银行、质检等部门纳入诚信体系。建立消防安全不良行为公布制度，通过市场经济管理手段，对单位和个人消防安全违法行为进行社会监督和制约，增加违法成本，有助于强化社会单位和从业人员遵守消防法规，履行消防安全职责，减少消防安全违法行为。

七、建设工程消防监督管理主体及其责任

公安机关消防机构是建设工程消防监督管理的主体，依法实施建设工程消防设计审核、消防验收和备案、抽查，对建设工程进行消防监督。

（一）监管职责

（1）大型的人员密集场所和其他特殊建设工程，建设单位应当将消防设计文件报送公安机关消防机构审核。公安机关消防机构依法对审核的结果负责；

其建设工程竣工，建设单位应当向公安机关消防机构申请消防验收。

（2）按照国家工程建设消防技术标准需要进行消防设计的建设工程（大型的人员密集场所和其他特殊建设工程除外），建设单位应当自依法取得施工许可之日起7个工作日内，将消防设计文件报公安机关消防机构备案，公安机关消防机构应当进行抽查；建设单位在其建设工程验收后应当报公安机关消防机构备案，公安机关消防机构应当进行抽查。

（3）公安机关消防机构接到公民、法人和其他组织有关建设工程违反消防法律、法规和国家工程建设消防技术标准的举报，应当在法定时限内组织人员核查，核查处理情况应当及时告知举报人。

（二）法律责任

公安机关消防机构的人员玩忽职守、滥用职权、徇私舞弊，构成犯罪的，依法追究刑事责任。有下列行为之一，尚未构成犯罪的，依照有关规定给予处分。

（1）对不符合法定条件的建设工程出具消防设计审核合格意见、消防验收合格意见的；

（2）对符合法定条件的建设工程消防设计、消防验收的申请，不予受理、审核、验收或者拖延时间办理的；

（3）指定或者变相指定设计单位、施工单位、工程监理单位的；

（4）指定或者变相指定消防产品品牌、销售单位或者技术服务机构、消防设施施工单位的；

（5）利用职务接受有关单位或者个人财物的。

八、大型的人员密集场所及特殊建设工程的界定

人员密集场所，是指公众聚集场所，医院的门诊楼、病房楼，学校的教学楼、图书馆、食堂和集体宿舍，养老院，福利院，托儿所，幼儿园，公共图书馆的阅览室，公共展览馆、博物馆的展示厅，劳动密集型企业的生产加工车间和员工集体宿舍，旅游、宗教活动场所等。公众聚集场所，是指宾馆、饭店、商场、集贸市场、客运车站候车室、客运码头候船厅、民用机场航站楼、体育场馆、会堂以及公共娱乐场所等；劳动密集型企业，是指生产主要依靠大量使

用劳动力，而对技术和设备的依赖程度低的企业。

（一）大型的人员密集场所的界定

具有下列情形之一的，属于大型的人员密集场所：

（1）建筑总面积大于 20000m^2 的体育场馆、会堂，公共展览馆、博物馆的展示厅；

（2）建筑总面积大 15000m^2 的民用机场航站楼、客运车站候车室、客运码头候船厅；

（3）建筑总面积大于 10000m^2 的宾馆、饭店、商场、市场；

（4）建筑总面积大于 2500m^2 的影剧院，公共图书馆的阅览室，营业性室内健身、休闲场馆，医院的门诊楼，大学的教学楼、图书馆、食堂，劳动密集型企业的生产加工车间，寺庙、教堂；

（5）建筑总面积大于 1000m^2 的托儿所、幼儿园的儿童用房，儿童游乐厅等室内儿童活动场所，养老院、福利院，医院、疗养院的病房楼，中小学校的教学楼、图书馆、食堂，学校的集体宿舍，劳动密集型企业的员工集体宿舍；

（6）建筑总面积大于 500m^2 的歌舞厅、录像厅、放映厅、卡拉 OK 厅、夜总会、游艺厅、桑拿浴室、网吧、酒吧，具有娱乐功能的餐馆、茶馆、咖啡厅。

需要指出，建筑总面积是指上述每项所涉及的场所在同一单体建筑物内建筑面积的总和。

（二）特殊建设工程的界定

具有下列情形之一的，属于特殊建设工程：

（1）设有上述（一）所列的人员密集场所的建设工程；

（2）国家机关办公楼、电力调度楼、电信楼、邮政楼、防灾指挥调度楼、广播电视楼、档案楼；

（3）第一项、第二项规定以外的单体建筑面积大于 40000m^2 或者建筑高度超过 50m 的公共建筑；

（4）国家标准规定的一类高层住宅建筑；

（5）城市轨道交通、隧道工程，大型发电、变配电工程；

（6）生产、储存、装卸易燃易爆危险物品的工厂、仓库和专用车站、码头，易燃易爆气体和液体的充装站、供应站、调压站。

第二节 建设工程消防安全责任主体及其责任

根据《消防法》等法律、法规的规定，建设、设计、施工、工程监理等单位是建设工程质量责任主体，对建设工程消防设计、施工质量和安全负责。

一、建设单位的质量责任和法律责任

（一）质量责任

建设单位对建设工程消防安全质量起着决定性作用。因此，要求建设单位不得要求设计、施工、工程监理等有关单位和人员违反消防法规和国家工程建设消防技术标准，降低建设工程消防设计、施工质量，并承担下列消防设计、施工的质量责任：

（1）依法申请建设工程消防设计审核、消防验收，依法办理消防设计和竣工验收消防备案手续并接受抽查；

（2）建设工程内设置的公众聚集场所未经消防安全检查或者经检查不符合消防安全要求的，不得投入使用、营业；

（3）实行工程监理的建设工程，应当将消防施工质量一并委托监理；

（4）选用具有国家规定资质等级的消防设计、施工单位；

（5）选用合格的消防产品和满足防火性能要求的建筑构件、建筑材料及装修材料；

（6）依法应当经消防设计审核、消防验收的建设工程，未经审核或者审核不合格的，不得组织施工；未经验收或者验收不合格的，不得交付使用。

（二）法律责任

当建设单位违反消防法规和国家工程建设消防技术标准等有关规定，有下列行为之一的，依照《消防法》等有关法律规定给予行政处罚；构成犯罪的，依法追究刑事责任；造成危害后果的，除依法给予行政处罚或者追究刑事责任外，还应当依法承担民事赔偿责任：

（1）依法应当经公安机关消防机构进行消防设计审核的建设工程，未经依

法审核或者审核不合格，擅自施工的；

（2）消防设计经公安机关消防机构依法抽查不合格，不停止施工的；

（3）依法应当进行消防验收的建设工程，未经消防验收或者消防验收不合格，擅自投入使用的；

（4）建设工程投入使用后经公安机关消防机构依法抽查不合格，不停止使用的；

（5）未依照有关规定将消防设计文件报公安机关消防机构备案，或者在竣工后未依照有关规定报公安机关消防机构备案的；

（6）要求建筑设计单位或者建筑施工企业降低消防技术标准设计、施工的；

（7）人员密集场所使用不合格的消防产品或者国家明令淘汰的消防产品的；

（8）在申请消防设计审核、消防验收时，提供虚假材料的。

二、设计单位的质量责任和法律责任

（一）质量责任

建设工程消防设计责任主体是设计单位，其应当承担下列消防设计的质量责任：

（1）根据消防法规和国家工程建设消防技术标准进行消防设计，编制符合要求的消防设计文件（指消防设计文件应当符合国家消防法规、工程建设消防技术标准、建设部关于建设工程设计文件编制深度的规定以及公安部关于消防设计文件申报要求的规定），不得违反国家工程建设消防技术标准强制性要求进行设计；

（2）在设计中选用的消防产品和具有防火性能要求的建筑构件、建筑材料、装修材料，应当注明规格、性能等技术指标，其质量要求必须符合国家标准或者行业标准；

（3）参加建设单位组织的建设工程竣工验收，对建设工程消防设计实施情况签字确认。

（二）法律责任

设计单位有下列行为之一的，依照《消防法》等有关法律规定给予行政处罚；构成犯罪的，依法追究刑事责任；造成危害后果的，除依法给予行政处罚或者追究刑事责任外，还应当依法承担民事赔偿责任：

（1）设计单位不按照消防技术标准强制性要求进行消防设计的；

（2）未取得资质证书和年度复验，或者超越资质范围承担建筑消防设计业务的；

（3）允许无证单位或个人挂靠其名下，从事消防设计业务的；

（4）非独立法人的设计分支机构，以分支机构的名义承接消防设计业务的；

（5）建筑消防设施设计弄虚作假、质量低劣的；

（6）设计选用未经国家法定检测机构检测合格的消防产品，经纠正不改的。

三、施工单位的质量责任和法律责任

（一）质量责任

施工单位应当承担下列消防施工的质量和安全责任：

（1）按照国家工程建设消防技术标准和经消防设计审核合格或者备案的消防设计文件组织施工，不得擅自改变消防设计进行施工，降低消防施工质量；

（2）查验消防产品和具有防火性能要求的建筑构件、建筑材料及装修材料的质量，使用合格产品，保证消防施工质量；

（3）建立施工现场消防安全责任制度，确定消防安全负责人；加强对施工人员的消防教育培训，落实动火、用电、易燃可燃材料等消防管理制度和操作规程；保证在建工程竣工验收前消防通道、消防水源、消防设施和器材、消防安全标志等完好有效。

（二）法律责任

施工单位有下列行为之一的，依照《消防法》等有关法律规定给予行政处罚；构成犯罪的，依法追究刑事责任；造成危害后果的，除依法给予行政处罚或者追究刑事责任外，还应当依法承担民事赔偿责任：

（1）不按照消防设计文件和消防技术标准施工，降低消防施工质量的；

（2）电器产品、燃气用具的安装、敷设不符合消防技术标准和管理规定的；

（3）施工中未经公安机关消防机构同意擅自改动消防设计，违反国家消防技术标准规定的；

（4）施工中弄虚作假，质量低劣的；

（5）选用未经国家法定检测机构检测合格的消防产品，或国家明令淘汰的消防产品的；

（6）转让、出借资质证书或者以其他方式允许他人以本单位名义承揽工程的；

（7）将承包的工程转包或者分包的；

（8）未取得资质证书承揽工程的。

四、工程监理单位的质量责任和法律责任

（一）质量责任

工程监理单位应当承担下列消防施工的质量监理责任：

（1）按照国家工程建设消防技术标准和经消防设计审核合格或者备案的消防设计文件实施工程监理；

（2）在消防产品和具有防火性能要求的建筑构件、建筑材料、装修材料施工、安装前，核查产品质量证明文件，不得同意使用或者安装不合格的消防产品和防火性能不符合要求的建筑构件、建筑材料、装修材料；

（3）参加建设单位组织的建设工程竣工验收，对建设工程消防施工质量签字确认。

（二）法律责任

工程监理单位有下列行为之一的，依照《消防法》等有关法律规定给予行政处罚；构成犯罪的，依法追究刑事责任；造成危害后果的，除依法给予行政处罚或者追究刑事责任外，还应当依法承担民事赔偿责任：

（1）工程监理单位与建设单位或者建筑施工企业串通，弄虚作假，降低消防施工质量的；

（2）工程监理单位超越本单位资质等级承揽工程的；

（3）未取得资质证书承揽工程的；

（4）工程监理单位允许其他单位或者个人以本单位名义承揽工程的；

（5）工程监理单位转让工程监理业务的；

（6）将不合格的建设工程、建筑材料、建筑构（配）件和设备按照合格签字的；

（7）工程监理单位与被监理工程的施工承包单位以及建筑材料、建筑构（配）件和设备供应单位有隶属关系或者其他利害关系承担该项建设工程的监理业务的。

五、社会消防技术服务机构的质量责任和法律责任

（一）质量责任

社会消防技术服务机构应当依法设立，社会消防技术服务工作应当依法开展。为建设工程消防设计、竣工验收提供图纸审查、安全评估、检测等消防技术服务的机构和人员，应当依法取得相应的资质、资格，按照法律、行政法规、国家标准、行业标准和执业准则提供消防技术服务，并对出具的审查、评估、检验、检测意见负责。

（二）法律责任

消防技术服务机构及其人员有下列行为之一的，依照《消防法》等有关法律规定给予行政处罚；构成犯罪的，依法追究刑事责任；造成危害后果的，除依法给予行政处罚或者追究刑事责任外，还应当依法承担民事赔偿责任：

（1）在消防设施检测中出具虚假和失实文件的；

（2）未取得资质证书从事检测的；

（3）违反消防安全技术规定进行检测的。

第三节　建设工程消防设计审核

一、建设工程消防设计审核的含义

建设工程消防设计审核，是指公安机关消防机构依据消防法律、法规和国家工程建设消防技术标准，对纳入消防行政许可范围的建设工程，通过对消防设计文件进行审核、抽查、评定，作出行政许可决定。

二、建设工程消防设计审核的范围

凡本章第一节界定的大型的人员密集场所和其他特殊建设工程，均属于

公安机关消防机构消防设计审核的范围。因该类建设工程的结构设施复杂、使用性质重要，火灾危险性高，火灾预防和扑救难度大，发生火灾易造成群死群伤和重大财产损失事故，为确保该类建设工程的消防安全，把住消防设计源头关，使其消防设计达到消防法律、法规和国家工程建设消防技术标准的要求，因此，将其纳入公安机关消防机构建设工程消防设计审核的范围。

三、建设单位申请消防设计审核应当提供的材料

纳入消防设计审核范围的建设工程，建设单位应当向公安机关消防机构申请消防设计审核。建设单位申请消防设计审核应当按规定向公安机关消防机构提供真实可靠的申请材料，并对其申请材料实质内容的真实性负责。

（一）不需要组织专家评审时建设单位申请消防设计审核应提供的材料

（1）建设工程消防设计审核申报表。该表是建设单位向公安机关消防机构申报建设工程消防设计审核的请示性书面文书。填写该文书应注意：建设单位必须填写法定名称，工程名称必须准确；编号由受理的公安机关消防机构统一填写，申报单位不填写；建设工程情况说明要客观全面、实事求是、不得涂改，并加盖建设单位公章，不是单位的应由出资人签名或盖章。

（2）建设单位的工商营业执照等合法身份证明文件。

（3）设计单位资质证明文件。

（4）消防设计文件。

（5）法律、行政法规规定的其他材料。

此外，依法需要办理建设工程规划许可的，应当提供建设工程规划许可证明文件；依法需要城乡规划主管部门批准的临时性建筑，属于人员密集场所的，应当提供城乡规划主管部门批准的证明文件。

（二）需要组织专家评审时建设单位申请消防设计审核应提供的材料

建设工程功能的复杂性、多样性造成了一些建设工程消防设计中出现超越现行国家工程建设消防技术标准的情况。需要组织专家评审的建设工程，建设单位在申请消防设计审核时除应提供以上（一）所列材料外，还应同时提供特殊消防设计文件，或者设计采用的国际标准、境外消防技术标准的中文文本，以及其他有关消防设计的应用实例、产品说明等技术资料。

四、公安机关消防机构受理

（一）形式审查

公安机关消防机构在受理窗口对申请人提交的建设工程消防设计审核申请材料等应当进行形式审查，查看其是否齐全、有效，是否符合法定形式，是否属于管辖范围。

（二）受理意见

经过形式审查，公安机关消防机构应当作出受理或者不予受理的决定，并填写《建设工程消防设计审核受理 / 不予受理凭证》文书。

1. 同意受理

对申请的建设工程消防设计审核属于本级公安机关消防机构管辖范围，且申请材料齐全、符合法定形式的，公安机关消防机构应当同意受理并出具受理凭证。受理的建设工程消防设计审核项目应当及时录入消防办事大厅系统，实行网上审批。

2. 不同意受理

对申请的建设工程消防设计审核不属于本级公安机关消防机构管辖范围的，应当即时作出不予受理的决定，并告知申请人向有关机构申请；对建设工程消防设计审核申请材料不齐全、不符合法定形式的，公安机关消防机构应当不同意受理并出具不受理凭证，并应当场或者在 5 个工作日内一次性告知申请人需要补正的全部内容，逾期不告知的，自收到申请材料之日起即为受理。

五、建设工程消防设计审核时限

公安机关消防机构应当自受理消防设计审核申请之日起 20 个工作日内出具书面审核意见。需要组织专家评审的，专家评审时间不计算在审核时间内。

六、建设工程消防设计审核的主要内容

建设工程消防设计审核的主要内容包括资料审查和消防设计文件审查两大方面。

（一）资料审查

公安机关消防机构对建设单位提交的建设工程消防设计审核申请材料（实

行施工图审查的还包括施工图审查机构出具的消防设计文件审查合格书）进行形式审查，主要审查资料是否齐全，是否符合法定形式，消防设计文件审查合格书内容是否全面、审查单位和人员是否盖章签字。

（二）消防设计文件审查

需要监督抽查时，公安机关消防机构应当依照消防法规和国家工程建设消防技术标准对申报的建设工程消防设计文件进行审核。审核的内容主要包括建设工程类别等 13 个方面。需要说明的是，对实行建设工程施工图消防设计审查的地方，公安机关消防机构对其消防设计文件的审查，可采取监督抽查方式进行。

1. 建设工程类别

根据建设工程的火灾危险性类别、使用性质和建筑高度、规模等，审核其分类及设计依据是否符合国家工程建设消防技术标准要求。

2. 建设工程总平面布局和平面布置

主要审核以下内容：

（1）总平面布局方面，应重点审核建设工程是否符合城乡消防规划消防安全布局要求，建设工程的防火间距是否符合国家工程建设消防技术标准要求；

（2）建筑平面布置方面，应重点审核人员密集场所，以及消防控制室、消防水泵房、锅炉房、变压器等重要设备用房的设置楼层、部位、面积等是否符合国家工程建设消防技术标准要求；

（3）消防车道及灭火救援场地方面，应重点审核消防车道的宽度、净空高度、转弯半径以及扑救高层建筑的消防车登高操作场地等是否符合国家工程建设消防技术标准要求；根据建筑高度、规模、使用性质和重要性，审查建设工程是否设置灭火救援场地，灭火救援场地的入口、长度和宽度、承受大型消防车的压力、用作消防车登高操作场地的屋顶承重构件和屋面板的耐火极限等是否符合国家工程建设消防技术标准要求。

3. 建筑防火分区和建筑构件

主要审核以下内容：

（1）根据建设工程类别，核查建设工程的耐火等级、最大允许建造层数以及防火分区最大允许建筑面积是否符合国家工程建设消防技术标准要求；

（2）核查建筑构件的构造及燃烧性能、耐火极限，防火墙及隔墙的构造，消防控制室及消防水泵房等特殊用房和竖向管道井等特殊部位的防火分隔、防火卷帘及防火门等防火分隔构件的选型及设置是否符合国家工程建设消防技术标准要求。

4. 安全疏散和消防救援设施

主要审核以下内容：

（1）安全疏散设计方面，应重点审核疏散楼梯的形式、每个防火分区的安全出口数量、疏散宽度、疏散距离和疏散通道、安全出口以及避难层（间）设置等是否符合国家工程建设消防技术标准要求；

（2）消防电梯方面，应重点审核按照国家工程建设消防技术标准是否需要设置消防电梯，以及设置的数量、位置、前室及合用前室的面积，运行的技术保障措施等是否符合国家工程建设消防技术标准要求；

（3）直升机停机坪方面，应重点审核按照国家工程建设消防技术标准是否需要直升机停机坪，以及直升机停机坪与周边突出物的距离、出口数量和宽度、四周航空障碍灯、应急照明、消火栓的设置情况等是否符合国家工程建设消防技术标准要求。

5. 消防电源、消防应急照明和疏散指示标志

主要审核以下内容：

（1）消防电源方面，应重点审核消防电源的负荷等级、消防用电设备末端自动切换和配电线路等是否符合国家工程建设消防技术标准要求；

（2）消防应急照明和疏散指示标志设计方面，应重点审核其设置部位、线路敷设、控制、供电（持续）时间以及爆炸和火灾危险环境电力装置设置等是否符合国家工程建设消防技术标准要求。

6. 热力动能设施

重点审核锅炉房和其他动力站房的布置、室内燃料系统的种类、燃气用具、管路设计及敷设方式等是否符合国家工程建设消防技术标准要求。

7. 建筑装修和建筑保温

主要审核以下内容：

（1）建筑内部装修方面，应重点审核安全疏散、防火与防烟分区、墙体、

顶棚、地面、隔断、吊顶等部位装修是否符合国家工程建设消防技术标准要求；核对原消防设计审核、消防验收资料或者消防设计、竣工验收备案资料；使用功能、平面布局发生变更的，重点审核原设计或者新增消防设施、消防技术措施等是否满足改建、装修的要求。

（2）建筑外部装修和建筑保温方面，应重点审核外墙装修材料、建筑保温材料燃烧性能是否符合法律、法规及国家工程建设消防技术标准的要求；外墙装修、建筑保温形式是否存在影响灭火救援、防烟、排烟和安全疏散等情况。

8. 火灾自动报警系统和消防控制室

主要审核以下内容：

（1）火灾自动报警系统方面，应重点审核系统的设置场所、系统组成、保护对象分级、系统形式的选择，火灾报警区域和探测区域的划分，火灾探测器等设备选型、消防联动控制、线路敷设方式等是否符合国家工程建设消防技术标准要求；

（2）消防控制室方面，应重点审核建设工程按照国家工程建设消防技术标准要求应设消防控制室的场所是否进行了设置，以及控制室的设置位置、设备布置、火灾警报装置、消防通信、消防主电源、备用电源设置等是否符合国家工程建设消防技术标准要求。

9. 消防给水

主要审核以下内容：

（1）消防水源方面，利用天然水源的，应核查天然水源的水质、水量、取水设施及其技术保障措施等是否符合国家工程建设消防技术标准要求；设置消防水池的，应核查其设置、容量、取水口及取水高度、有关技术措施等是否符合国家工程建设消防技术标准要求；由市政给水管网供水的，根据设计的灭火用水量核查给水管径、给水管数量及供水能力等是否符合国家工程建设消防技术标准要求；设置消防水箱的，应审查其设置位置、容量、补水措施、水位显示等是否符合国家工程建设消防技术标准要求。

（2）室外消防给水系统方面，应核查系统组成，室外消防管网的布置、管径、进水管数量，室外消火栓的数量和设置位置，消防用水量和水压等是否符合国家工程建设消防技术标准要求。

（3）室内消火栓给水系统方面，应重点核查系统的设置场所、系统组成及室内消火栓等主要组件的选型与布置，消防水箱的设置及容量，消防水泵房的设置、泵组的数量及流量和扬程、启动控制方式，水泵接合器的设置及数量，系统的消防用水量和水压等是否符合国家工程建设消防技术标准要求。

10. 灭火系统

主要审核以下内容：

（1）自动水灭火系统方面，应重点核查系统的设置场所、系统选型与组成、喷头等主要组件的选型及布置、设计基本参数选定、系统的消防用水量和水压、泵组的数量和流量及扬程、供水设施与减压措施、系统的操作与控制方式等是否符合国家工程建设消防技术标准要求；

（2）气体灭火系统方面，应重点审核系统的设置场所、系统选型与组成、防护区设置及划分、围护结构承受内压的允许压强和泄压设施、喷嘴等主要组件的选型与布置、设计基本参数选定、系统的灭火剂设计用量和压力、操作与控制方式、储瓶间、应急疏散等是否符合国家工程建设消防技术标准要求；

（3）泡沫灭火系统方面，应重点审核系统的设置场所、系统选型与组成、泡沫产生装置等主要组件的选型与布置、设计基本参数选定、泡沫液种类及设计用量、灭火用水量、系统的控制方式等是否符合国家工程建设消防技术标准要求；

（4）干粉等其他灭火系统方面，应重点审核系统的设置场所、系统选型与组成、主要组件的选型与布置、设计基本参数选定、灭火剂用量和压力、系统的控制方式等是否符合国家工程建设消防技术标准要求。

11. 防烟、排烟系统和采暖、通风、空调系统

主要审核以下内容：

（1）防烟、排烟系统方面，应重点审核系统的设置场所、防烟分区的面积及划分情况；对于自然排烟，核查排烟窗的设置位置、可开启面积；对于机械防烟，核对加压风机的送风量、送风口设置位置及风速、联动控制等；对于机械排烟，核查设置的部位、排烟风机的排烟量、排烟口设置位置及尺寸、联动控制等是否符合国家工程建设消防技术标准要求。

（2）采暖、通风、空气调节系统方面，应重点审核散热器及采暖管道敷设

布置，送排风管道设备、绝热材料燃烧性能及防火阀的设置等是否符合国家工程建设消防技术标准要求。

12. 建筑灭火器

应重点审核建设工程中配置的灭火器，其选型、设置部位及设置数量等是否符合国家工程建设消防技术标准。

13. 建筑防爆

有爆炸危险的甲、乙类厂房（仓库）的防爆设计方面，应重点审核其防爆方式、防爆措施、泄压设施、防爆设备选型等是否符合国家工程建设消防技术标准要求。

除以上内容外，还包括对国家工程建设标准中有关消防设计的其他内容的审核。另外，当大型的人员密集场所设置在某一建设工程之中时，如该建设工程属于新建、扩建工程，则应当对整个建设工程的消防设计实施消防设计审核；如该建设工程属于改建、内装修工程时，则只对该场所进行消防设计审核，但应当了解该建设工程的性质、用途、耐火等级、安全疏散系统、消防设施等方面的情况，以确定该建设工程是否具备设置大型人员密集场所的消防安全条件。

七、建设工程消防设计专家评审

（一）需要组织专家评审的情形

具有下列情形之一的建设工程，其消防设计实行专家评审：

（1）国家工程建设消防技术标准没有规定的；

（2）消防设计文件拟采用的新技术、新工艺、新材料可能影响建设工程消防安全，不符合国家标准规定的；

（3）拟采用国际标准或者境外消防技术标准的。

（二）评审主体、对象及对评审专家的要求

1. 评审主体和对象

评审的主体是省级人民政府公安机关消防机构及同级住房和城乡建设行政主管部门。评审的对象是建设单位提交的消防设计文件。

2. 对评审专家的要求

参加评审的专家应当具有相关专业高级技术职称，所从事工作或所学专业

应当与评审的内容相近，熟悉相关国家工程建设消防技术标准，有较高的专业理论知识和丰富的实践经验。专家评审组应由不同专业的专家组成，其总数不应少于 7 人。

（三）专家评审程序和时限

组织专家评审应按以下程序办理：

（1）对需要实行专家评审的建设工程，公安机关消防机构应当在受理消防设计审核申请之日起 5 个工作日内将申请材料报送省级人民政府公安机关消防机构；

（2）省级人民政府公安机关消防机构应当在收到申请材料之日起 30 个工作日内会同同级住房和城乡建设行政主管部门召开专家评审会，对建设单位提交的特殊消防设计文件进行评审；

（3）省级人民政府公安机关消防机构应当在专家评审会后 5 个工作日内将专家评审意见书面通知报送申请材料的公安机关消防机构，同时报公安部消防局备案。

（四）评审效力

对 2/3 以上评审专家同意的特殊消防设计文件，可以作为消防设计审核的依据。

八、建设工程消防设计审核的结论及合格判定条件

（一）建设工程消防设计审核的结论

建设工程消防设计审核的结论分合格和不合格两种。

（二）建设工程消防设计审核合格判定条件

公安机关消防机构在建设工程消防设计审核时，对符合审核合格条件的建设工程，应当出具消防设计审核合格意见，作出消防行政许可；对不符合条件的，应当出具消防设计审核不合格意见，并说明理由。建设工程消防设计审核合格的判定条件主要有以下几点：

（1）设计单位应具有相应的资质；

（2）消防设计文件的编制符合公安部规定的消防设计文件申报要求；

（3）建筑的总平面布局和平面布置、耐火等级、建筑构造、安全疏散、消

防给水、消防电源及配电、消防设施等的消防设计符合国家工程建设消防技术标准；

（4）选用的消防产品和具有防火性能要求的建筑材料符合国家工程建设消防技术标准和有关管理规定。

九、建设工程消防设计审核的意见拟定、技术复核和行政审批

（一）拟定审核意见

消防设计文件审核结束后，主责承办人应当汇总有关意见并拟定审核意见，提请技术复核人员进行技术复核。

（二）技术复核

公安机关消防机构担任技术复核的人员应对技术审核的有关意见和消防设计文件的有关内容进行技术复核，形成书面意见。经技术复核发现存在问题的，应当将消防技术文件退回主责承办人重新审核；未发现问题的，应当按照工作程序报请行政审批。技术复核意见应作为内部执法监督的依据。技术复核应针对以下内容进行：

（1）国家工程建设消防技术标准及其条文的引用是否准确；

（2）消防设计审查的内容是否全面；

（3）建设工程消防设计存在的具体问题及其具体的技术标准依据是否准确、有无疏漏；

（4）消防设计审核的结论是否正确。

（三）行政审批

公安机关消防机构的行政负责人根据技术复核或集体会审意见，作出建设工程消防设计合格或者不合格的行政审批决定。

十、建设工程消防设计审核的法律文书制作及建档

（一）建设工程消防设计审核的法律文书制作

《建设工程消防设计审核意见书》是公安机关消防机构出具建设工程消防设计审核意见时使用的法律文书，是督促建设、设计、施工单位贯彻落实国家消防技术规范，完善消防设施，消除先天性火灾隐患的重要手段。主责承办人

员根据本单位行政负责人行政审批决定的意见，应制作《建设工程消防设计审核意见书》，并在法定的审核限期内送达申请人。

1.《建设工程消防设计审核意见书》应载明的内容

该文书由首部、正文、尾部三部分构成。首部包括文书标题和文书编号，该文书的标题是固定格式，以公安机关消防机构的名义制作；尾部应当填写日期并加盖公安机关消防机构印章，存档联要由相关人员签名；正文应载明下列内容：

（1）建设工程的名称（受理凭证文号）、地址、使用性质、建设规模；

（2）消防设计文件的设计单位；

（3）建设工程消防设计是否合格的结论性意见；

（4）建设工程消防设计存在的具体问题及法规、标准依据（具体到条、款、项）；

（5）审核意见为不合格的，告知法律救济途径；

（6）审核意见为合格的，告知经审核合格的建设工程消防设计不得擅自修改；确需修改的，建设单位应当重新申报消防设计审核，以及工程竣工后应当依法申请消防验收。

2.《建设工程消防设计审核意见书》的制作要求

（1）建设工程消防设计审核意见应当明确建设工程消防设计为“合格”或“不合格”的结论性意见，不得使用“基本合格”等含糊不清的用语。

（2）审核意见结论为“合格”的，应当在意见书中直接表述“该工程消防设计合格”。见书中应当告知申请人工程竣工后依法审核消防验收，以及经审核合格的建设工程消防设计不得擅自修改；确需修改的，应当重新申报消防设计审核等内容。

（3）审核意见结论为“不合格”的，应一次性告知不合格的理由，指出资料审查和消防设计文件审核存在的具体问题，并逐条引用所依据消防技术标准的名称和条文号，以及经审核不合格的消防设计文件，修改后应当依法重新申请消防设计审核等事宜。最后还应告知建设单位申请行政复议或提起行政诉讼的法律救济途径和时限，法律救济途径必须写清出具审核意见书的公安机关消防机构所在地区具体的救济机关名称。

（4）当审核意见的内容比较多，超过 1 页时，从第 2 页起不再印制首部，只印制文字内容，在每页的右上角处印制“第 × 页共 × 页”，在文书的最后一页注明日期，加盖印章并由相关人员签名。

（5）填写建设工程消防设计审核意见书的抄送单位应使用法定名称。

（二）建设工程消防设计审核案卷建档

建设工程消防设计审核案卷应在审批结束后 30 个工作日内立卷建档。

1. 归档内容及装订顺序

（1）卷内文件目录；

（2）建设工程消防设计审核意见书及审批表；

（3）建设工程消防设计审核申报表；

（4）消防设计文件；

（5）专家评审申报材料，包括：特殊消防设计文件，或设计采用的国际标准、境外消防技术标准的中文文本，其他有关消防设计的应用实例、产品说明等技术资料；

（6）建设工程规划许可证明文件，城乡规划主管部门批准的临时性建筑证明文件；

（7）建设单位的工商营业执照等合法身份证明文件，设计单位资质证明文件；

（8）建设工程消防设计审核申请受理凭证；

（9）建设工程消防设计审核记录表；

（10）集体会审、专家评审意见及有关记录和材料；

（11）送达回证；

（12）其他有关材料；

（13）备考表。

2. 档案管理

建设工程消防设计审核案卷应当妥善保存，其保存年限为长期保存。

第四节　建设工程消防验收

一、建设工程消防验收的含义及范围

（一）建设工程消防验收的含义

建设工程消防验收是指公安机关消防机构依据消防法律、法规和国家工程建设消防技术标准，对纳入消防行政许可范围的建设工程在建设单位组织竣工消防自验收合格的基础上，通过抽查、评定，作出行政许可决定。

（二）建设工程消防验收的范围

凡本章第一节界定的大型的人员密集场所和其他特殊建设工程，其工程竣工，建设单位应当依法向公安机关消防机构申请消防验收。

二、建设单位申请消防验收应当提供的材料

建设单位申请消防验收应当提供下列材料：

（1）建设工程消防验收申报表。该表是建设单位向公安机关消防机构申报建设工程消防竣工验收的请示性书面文书。填写时应注意：建设单位必须填写法定名称，工程名称必须准确；编号由受理的公安机关消防机构统一填写；竣工验收情况说明要客观全面、实事求是、不得涂改，并要加盖相关单位印章。

（2）消防产品质量合格证明文件。

（3）具有防火性能要求的建筑构件、建筑材料、装修材料符合国家标准或者行业标准的证明文件、出厂合格证。

（4）工程竣工验收报告和有关消防设施的工程竣工图纸。

（5）消防设施检测合格证明文件。

（6）施工、工程监理、检测单位的合法身份证明和资质等级证明文件。

（7）建设单位的工商营业执照等合法身份证明文件。

（8）法律、行政法规规定的其他材料。

三、公安机关消防机构受理

（一）形式审查

公安机关消防机构在受理窗口对申请人提交的建设工程消防验收材料应

当进行形式审查，查看其是否齐全、有效，是否符合法定形式，是否属于管辖范围。

（二）受理意见

经过形式审查，公安机关消防机构应当作出是否同意受理的决定。受理或者不予受理，均应出具加盖本机构专用印章和注明日期的《建设工程消防验收受理 / 不予受理凭证》文书。

1. 同意受理

对申请的建设工程消防验收属于本级公安机关消防机构管辖范围，且申请材料齐全、符合法定形式的，公安机关消防机构应当同意受理并出具受理凭证。受理的建设工程消防验收项目应当及时录入消防办事大厅系统，实行网上审批。

2. 不同意受理

对申请的建设工程消防验收不属于本级公安机关消防机构管辖范围内的，应即时作出不予受理的决定，并告知申请人向有关机构申请；对建设工程消防验收申请材料不齐全、不符合法定形式的，公安机关消防机构应当不同意受理并出具不受理凭证，并应当场或在 5 个工作日内一次性告知申请人需要补正的全部内容，逾期不告知的，自收到申请材料之日起即为受理。

四、建设工程消防验收的组织形式以及方法、程序和时限

（一）建设工程消防验收的组织形式

建设工程消防验收由公安机关消防机构组织实施，建设、设计、施工、工程监理、建筑消防设施检测机构等单位予以配合。根据需要，公安机关消防机构可成立由消防验收、消防设计审核、消防监督检查、消防产品监督和灭火救援等部门的专业技术人员参加的验收工作小组。

（二）建设工程消防验收的方法、程序和时限

1. 建设工程消防验收的方法

公安机关消防机构对建设工程消防验收应依照消防法律法规、国家工程建设消防技术标准、经消防设计审核合格的消防设计文件，按照《建设工程消防

验收评定规则》（GA836）规定的程序、内容、方法，利用建筑消防设施检测类装备和消防产品现场检测类装备，成立验收工作小组进行消防验收。

2. 建设工程消防验收的程序

建设工程消防验收应按照资料审查、现场抽样检查及功能测试、综合评定的程序进行。

3. 建设工程消防验收的时限

公安机关消防机构应当自受理申请之日起 20 个工作日内组织消防验收，并出具《建设工程消防验收意见书》。

五、建设工程消防验收的内容

公安机关消防机构对申报消防验收的建设工程，应当依照建设工程消防验收评定标准对已经消防设计审核合格的内容组织消防验收。其消防验收重在检验建筑消防设施、建筑防火、安全疏散等消防设计的功能实现情况，同时检查建设、设计、施工、工程监理等有关单位遵守消防法律法规、国家工程建设消防技术标准和执行消防设计文件的情况。

（一）资料审查

公安机关消防机构应当按照下列要求进行资料审查：

（1）对建设单位提供的建设工程消防验收申报表和工程竣工消防自验收报告进行形式审查，审查其资料是否齐全，是否符合法定形式，消防自验收报告、内容是否全面，单位和人员是否盖章签字。

（2）审查建设工程建设、施工、工程监理、检测等单位是否具有真实、有效的合法身份证明文件；该工程规模是否在相关单位资质许可范围内。

（3）查验消防产品质量合格证明文件、检验报告；具有防火性能要求的建筑构件、建筑材料（含装修材料、建筑保温材料）防火性能证明文件、见证取样检验报告等是否符合消防产品市场准入制度、国家工程建设消防技术标准和消防设计文件的要求。

（4）审查消防设施、电气防火技术检测合格证明文件，核实其内容是否全面，单位和人员是否盖章签字，消防设施是否按照设计文件施工，功能与联动控制检测项目是否完整，检测结论是否明确。

（5）核查建设工程消防设计审核资料，包括建设工程消防设计审核意见书、消防设计变更情况、消防设计专家论证会纪要及其他需要提供的材料。

（二）现场抽查及功能测试

消防验收的资料审查合格后，公安机关消防机构应当按照《建设工程消防验收评定规则》的要求，组织实施现场抽样检查及功能测试。现场抽查建设单位消防自验收是否符合国家工程建设消防技术标准和经审核合格的施工图消防设计文件。

1. 现场抽样检查及功能测试的项目

主要包括以下方面：

（1）对建筑防（灭）火设施等外观质量进行现场抽样查看；

（2）通过专业仪器设备对涉及距离、宽度、长度、面积、厚度等可测量的指标进行现场抽样测量；

（3）对消防设施的功能进行现场测试；

（4）对消防产品进行现场抽样判定；

（5）对其他涉及消防安全的项目进行抽查、测试。

2. 现场抽样检查及功能测试项目及其具体内容

主要是针对建筑防火及各类建筑消防设施等方面是否符合国家建设工程消防技术标准和消防设计文件的情况进行检查测试。

（1）建筑类别、总平面布局和平面布置的检查测试内容包括：

①核实建筑的使用性质、规模、建筑高度、防火间距是否符合消防技术标准和消防设计文件要求；

②查看消防通道和灭火救援场地是否符合国家工程建设消防技术标准和消防设计文件要求；

③查看消防控制室的设置位置是否在首层、地下一层或单独建造，测试消防控制室应急照明是否为正常工作照度，查看是否有影响设备使用的管道穿越；

④查看消防水泵房、锅炉房、变压器室、配电室、自备发电机房等重要设备用房和其他特殊场所的设置位置、防火分隔，安全疏散技术措施、应急照明照度是否符合消防技术标准和消防设计文件要求。

（2）建筑装修和建筑保温的检查测试内容包括：

①现场核对装修、建筑保温的范围及其材料是否符合国家工程建设消防技术标准和消防设计文件要求；核对阻燃制品标识或装修和建筑保温材料见证取样、抽样检验报告及其他燃烧性能证明材料、施工记录，检查各类装修和建筑保温材料是否符合国家工程建设消防技术标准和消防设计文件要求。

②现场查看电气安装情况，核实与可燃装修材料之间是否有防火隔热措施。

③检查装修平面布置和隔断是否影响消防设施的使用和安全疏散，是否符合国家工程建设消防技术标准和消防设计文件要求。

④现场查看外墙装修、建筑保温形式是否影响灭火救援、防排烟和安全疏散等。

（3）防火、防烟分隔与防爆的检查测试内容包括：

①查看防火、防烟分区设置形式及完整性是否符合国家工程建设消防技术标准和消防设计文件要求；核实防火分隔设施用材的燃烧性能是否符合国家工程建设消防技术标准和消防设计文件要求。

②核对建筑主要构件（梁、柱、楼板等）的燃烧性能和耐火极限、钢结构构件防火处理是否符合国家工程建设消防技术标准和消防设计文件要求。

③查看防火墙设置位置、防火封堵严密性和完整性是否符合国家工程建设消防技术标准和消防设计文件要求；查看墙体材料是否为不燃材料。

④查看防火卷帘（门、窗）设置位置是否符合国家工程建设消防技术标准和消防设计文件要求；现场测试防火卷帘手动、自动控制功能是否符合国家工程建设消防技术标准和消防设计文件要求；检查防火卷帘（门、窗）产品组件的完整性，安装的牢固性以及密闭性、开闭能力、防火封堵等情况是否符合国家工程建设消防技术标准和消防设计文件要求。

⑤核对防火门设置位置是否符合国家工程建设消防技术标准和消防设计文件要求；查看防火门开启方向是否向疏散方向开启；检查闭门设施（电动闭门设施应具备联动控制、信号反馈功能）是否符合国家工程建设消防技术标准和消防设计文件要求。

⑥抽查管道井封堵的完整性；查验封堵材料的合格证明文件，核实封堵材料的耐火性能是否符合国家工程建设消防技术标准和消防设计文件要求。

⑦查看其他有防火分隔要求的部位设置的位置、封堵的严密性是否符合国家工程建设消防技术标准和消防设计文件要求。

⑧查看泄压口设置位置、尺寸是否符合国家工程建设消防技术标准和消防设计文件要求。

⑨查验防爆区电气设备的铭牌和合格证明文件，核实电气防爆措施是否符合国家工程建设消防技术标准和消防设计文件要求；查看其他防爆措施设置形式和施工质量是否符合国家工程建设消防技术标准和消防设计文件要求。

（4）安全疏散和消防电梯的检查测试内容包括：

①查看安全出口设置位置、数量是否符合国家工程建设消防技术标准和消防设计文件要求；现场抽测疏散宽度和疏散距离是否符合国家工程建设消防技术标准和防设计文件要求；查看安全出口门设置形式，不得设置转门、侧拉门、移门、卷帘门等；查看疏散门开启方向是否向疏散方向开启。

②查看疏散楼梯设置位置、数量、抽测宽度是否符合国家工程建设消防技术标准和消防设计文件要求；查看是否有甲、乙类管道穿越疏散楼梯。

③查看前室设置形式、抽测面积是否符合国家工程建设消防技术标准和消防设计文件要求；查看围护结构完整性，除通向疏散走道的门外不得设其他门（窗、洞口），甲、乙类管道不得穿越。

④查看疏散走道设置形式、围护结构完整性是否符合国家工程建设消防技术标准和消防设计文件要求；抽测宽度（净宽）、长度（歌舞娱乐游艺放映场所、人员密集场所必查）是否符合国家工程建设消防技术标准和消防设计文件要求。

⑤查看避难层（间）设置位置、形式，核对避难层（间）的净面积，查看避难层（间）消防设施设置是否符合国家工程建设消防技术标准和消防设计文件要求。

⑥查看消防电梯设置位置与数量、电梯井底排水是否符合国家工程建设消防技术标准和消防设计文件要求；测试消防电梯手动控制、通信设施是否符合国家工程建设消防技术标准和消防设计文件要求；检查轿厢内装修材料是否为不燃材料。

（5）消防水源和消防电源的检查测试内容包括：

①查看天然水源的水质、水量以及消防车取水高度、取水设施（码头、消防通道等）是否符合国家工程建设消防技术标准和消防设计文件要求。

②查验市政给水管网管径、数量和供水能力是否符合国家工程建设消防技术标准和消防设计文件要求；查验是否已正式供水。

③查看消防水池设置位置并核对其容量是否符合国家工程建设消防技术标准和消防设计文件要求。

④查看消防水箱设置位置并核对其容量是否符合国家工程建设消防技术标准和消防设计文件要求；查看补水措施、水位显示是否符合国家工程建设消防技术标准和消防设计文件要求。

⑤查验消防供电负荷等级、供电形式是否符合国家工程建设消防技术标准和消防设计文件要求；查验是否已正式供电。

⑥查验自备发电设备规格、型号及功率，查看设置位置及燃料配备是否符合国家工程建设消防技术标准和消防设计文件要求；查看应急启动发电设备，检查启动时间是否符合国家工程建设消防技术标准和消防设计文件要求，且运行正常；查看储油间的设置是否符合国家工程建设消防技术标准和消防设计文件要求。

⑦查看消防配电末端切换装置设置、配电线路防护措施是否符合国家工程建设消防技术标准和消防设计文件要求，必要时应进行末端切换功能测试。

（6）水灭火系统的检查测试内容包括：

①核查水灭火系统设置的形式、组件是否符合国家工程建设消防技术标准和消防设计文件要求。

②核对给水管网的进水管数量、管径、布置形式是否符合国家工程建设消防技术标准和消防设计文件要求。

③查看室外消火栓设置位置、形式、标志（地下式消火栓应设置明显标志），抽测压力和流量是否符合国家工程建设消防技术标准和消防设计文件要求。

④查验同层室内消火栓设置数量、位置，抽测压力和流量是否符合国家工程建设消防技术标准和消防设计文件要求；抽查室内消火栓标志是否明显，抽查消火栓箱内配件是否齐全，阀门启、闭是否好用。

⑤查看水泵接合器设置位置、数量是否符合国家工程建设消防技术标准和消防设计文件要求，标记是否明显；测试供水情况。

⑥检查消防水泵房，查看消防水泵规格、型号和数量；查看消防水泵的吸水方式、吸水和出水管设置及泄压阀、信号阀等的规格、型号是否符合国家工程建设消防技术标准和消防设计文件要求；测试主、备泵启动和主、备电源切换功能（包括消防控制室远程启、停功能测试、消火栓按钮远程启动功能测试）是否符合国家工程建设消防技术标准和消防设计文件要求。

⑦查看自动水灭火系统报警阀设置位置及组件是否符合国家工程建设消防技术标准和消防设计文件要求；打开放水阀，实测流量和压力是否符合国家工程建设消防技术标准和消防设计文件要求；实测水力警铃声强是否不小于 70dB ；打开手动阀或电磁阀，测试雨淋阀动作是否可靠；检查控制阀状态，查看是否锁定在常开位置；压力开关动作后，查看消防水泵及联动设备是否启动，有无信号反馈。

⑧查看报警阀后管网是否设有其他用途的管道；抽查自动喷水灭火系统管道的材质、管径、接头、连接方式及防腐、防冻措施，管网排水坡度及设施，末端试水装置、试水阀、排气阀设置，以及水流指示器、减压孔板、节流管等设置是否符合国家工程建设消防技术标准和消防设计文件要求；抽查管网支、吊架和防晃支架是否符合国家工程建设消防技术标准和消防设计文件要求。

⑨打开末端试水装置，测试喷淋泵联动是否启动，有无信号反馈；测试流量和压力是否符合国家工程建设消防技术标准和消防设计文件要求。

⑩抽查喷头设置场所、规格、型号、公称动作温度、响应指数是否符合国家工程建设消防技术标准和消防设计文件要求；查验喷头设置部位是否有空白点；抽查防腐、防冻和防撞措施是否符合国家工程建设消防技术标准和消防设计文件要求；查验喷头备用数，每种型号备用喷头是否不少于 10 个。

⑪测试干式系统、预作用系统充水时间是否符合国家工程建设消防技术标准和消防设计文件要求。

（7）火灾自动报警系统、消防应急照明和疏散指示标志系统的检查测试内容包括：

①测试火灾自动报警探测器报警功能是否符合国家工程建设消防技术标准

和消防设计文件要求；抽查火灾自动报警探测器设置位置、规格、选型是否符合国家工程建设消防技术标准和消防设计文件要求；核对同区域火灾自动报警探测器数量是否符合国家工程建设消防技术标准和消防设计文件要求。

②测试消防通信通话功能是否正常；抽查专用电话（电话插孔）设置位置，核对同区域数量是否符合国家工程建设消防技术标准和消防设计文件要求。

③抽查火灾自动报警系统布线线路敷设方式及相关防火保护措施是否符合国家工程建设消防技术标准和消防设计文件要求。

④抽查应急广播设置位置，核对同区域数量是否符合国家工程建设消防技术标准和消防设计文件要求；进行应急广播功能测试，查验其是否符合国家工程建设消防技术标准和消防设计文件要求。

⑤查验火灾报警控制器及联动设备合格证明文件，查看设备选型、规格、设备布置，查看设备的打印、显示、声光报警功能，测试火灾报警控制器对相关设备联动控制功能是否符合国家工程建设消防技术标准和消防设计文件要求；检查火灾报警控制器消防电源及主、备电源切换与电负荷等级、安装是否符合消防设计文件要求，是否具备自动切换功能，是否配置直拨外线专用报警电话。

⑥测试火灾自动报警系统功能：报警探测器故障测试，检查是否能显示准确的故障位置，有声、光报警并打印；探测器报警、手动报警测试，检查是否能显示报警的准确位置，有声、光报警并打印，启动相关联动设备，有反馈信号。查验联动设备控制的联动逻辑关系和联动执行情况是否符合国家工程建设消防技术标准和消防设计文件要求。

⑦抽查消防应急照明和疏散指示标志设置位置、选型、规格、数量、照度是否符合国家工程建设消防技术标准和消防设计文件要求。

（8）防烟、排烟系统的检查测试内容包括：

①抽查自然排烟设置位置、开启方式和开窗面积（实测）是否符合国家工程建设消防技术标准和消防设计文件要求。

②查看采用非金属材料的送风管井施工是否符合国家工程建设消防技术标准；抽查机械排烟口设置位置和数量是否符合国家工程建设消防技术标准和消防设计文件要求；测试机械排烟口电动、手动开启和复位功能是否符合国家工

程建设消防技术标准和消防设计文件要求。

③查看防排烟风机设置位置、数量、种类、规格、型号是否符合国家工程建设消防技术标准和消防设计文件要求；查看防排烟风机消防电源是否有主、备电源，测试自动切换是否正常；测试防排烟风机功能，手动、自动启、停控制是否正常，有无信号反馈。

④抽查防排烟管道材质、安装是否符合国家工程建设消防技术标准和消防设计文件要求。

⑤抽查送风口、排烟防火阀设置位置，查验同层设置数量是否符合国家工程建设消防技术标准和消防设计文件要求；测试送风口、排烟防火阀功能是否关闭、复位及信号反馈功能是否正常，以及送风机和排烟机的联动功能及信号反馈是否正常。

⑥测试防排烟系统功能，通过报警联动，查看排烟口和阀动作是否正确，查看风机是否启、停正常，并有信号反馈；查看风口气流方向，用测速仪实测排烟风速和前室门洞风速，用压差计实测楼梯间、前室的余压等是否符合国家工程建设消防技术标准和消防设计文件要求。

⑦抽查通风、空调系统的防火措施是否符合国家工程建设消防技术标准和消防设计文件要求；测试报警时，通风、空调系统的联动功能、信号反馈是否符合国家工程建设消防技术标准和消防设计文件要求。

⑧查验防火阀合格证明文件、设置位置、同层设置数量是否符合国家工程建设消防技术标准和消防设计文件要求；测试防火阀关闭和复位是否正常。

（9）泡沫灭火系统的检查测试内容包括：

①查看泡沫灭火系统防护区内保护对象的设置位置、性质、环境温度，核对系统选型是否符合国家工程建设消防技术标准和消防设计文件要求。

②查看泡沫储罐设置位置、查验泡沫液种类和数量是否符合国家工程建设消防技术标准和消防设计文件要求；查看泡沫比例混合及泡沫产生装置规格、型号、设置位置与安装是否符合国家工程建设消防技术标准和消防设计文件要求。

③查验喷泡沫试验记录，核对高、中、低倍泡沫灭火系统泡沫混合液的混合比和发泡倍数、泡沫供给速率是否符合国家工程建设消防技术标准和消防设

计文件要求。

（10）气体灭火系统的检查测试内容包括：

①查看气体灭火系统防护区内保护对象的设置位置、划分、用途、环境温度、通风及可燃物种类是否符合国家工程建设消防技术标准和消防设计文件要求；估算防护区几何尺寸、开口面积是否符合国家工程建设消防技术标准和消防设计文件要求。

②查看防护区围护结构耐压、耐火极限和门窗自行关闭情况是否符合国家工程建设消防技术标准和消防设计文件要求；抽查防护区疏散通道、标记和应急照明、出入口处声光警报装置设置和安全标志是否符合国家工程建设消防技术标准和消防设计文件要求；查看防护区排气或泄压装置设置是否符合国家工程建设消防技术标准和消防设计文件要求；抽查防护区是否配备专用呼吸器具。

③查看灭火剂储存装置间设置位置、通道、应急照明设置和其他安全措施是否符合国家工程建设消防技术标准和消防设计文件要求；查验灭火剂储存装置合格证明文件，查看储存容器数量、型号、规格、位置、固定方式、标志是否符合国家工程建设消防技术标准和消防设计文件要求。

④查验灭火剂充装量、压力、备用量是否符合国家工程建设消防技术标准和消防设计文件要求；查验驱动装置的合格证明文件，抽查驱动装置集流管的材质、规格、连接方式和布置是否符合国家工程建设消防技术标准和消防设计文件要求；查看选择阀及信号反馈装置规格、型号、位置和标志，驱动装置规格、型号、数量和标志，驱动气瓶的充装量和压力是否符合国家工程建设消防技术标准和消防设计文件要求；查看驱动气瓶和选择阀的应急手动操作处标志是否与防护区相对应，驱动气瓶应急操作处是否有铅封安全销。

⑤抽查管道及附件材质、布置、规格、型号、连接方式，管道的支、吊架设置及其他防护措施是否符合国家工程建设消防技术标准和消防设计文件要求；查验喷嘴的合格证明文件，查看其规格、型号和安装位置、方向，核对其数量是否符合国家工程建设消防技术标准和消防设计文件要求。

⑥测试主、备电源切换能否自动切换，测试灭火剂主、备用量能否正常切换；模拟系统自动启动功能，查验电磁阀、选择阀动作是否正常，是否有信号

反馈。

（11）建筑灭火器检查测试内容包括：核对灭火器型号、灭火类别与场所是否匹配，检查灭火器设置数量、距离、位置是否符合国家工程建设消防技术标准和消防设计文件要求。

除以上内容外，还包括对建设工程中设置的其他消防设施等是否符合国家工程消防技术标准和消防设计文件的情况进行检测验收。

六、建设工程消防验收的评定

建设工程消防验收的评定应当根据资料审查和现场抽样性检查及功能测试的结果，按照子项、单项、综合评定的程序进行，作出综合评定结论。

（一）子项评定

子项是指组成防火设施、灭火系统或使用性能、功能单一的涉及消防安全的项目，如火灾探测器、安全出口、防火门等。子项按其在消防安全中的重要程度可分为 A（关键项目）、B（主要项目）、C（一般项目）三类。其具体类型划分见《建设工程消防验收评定规则》。

1. 子项的现场抽查及功能测试

应符合以下要求：

（1）子项的抽样数量不少于 2 处，当总数不大于 2 处时，全部检查；防火间距、消防车道的设置及安全出口、疏散楼梯的形式和数量应全部检查。

（2）子项抽查中若有 1 处 B 类不合格项，则对该子项再抽查 4 处，不足 4 处的全部抽查。

2. 子项的评定结论为合格与不合格

主要包括以下情形：

（1）子项内容符合国家工程建设消防技术标准和消防设计文件要求的，评定为合格。

（2）有距离、宽度、长度、面积、厚度等要求的内容，其误差不超过 5%，且不影响正常使用功能的，评定为合格。

（3）子项抽查中，出现 A 类不合格项的，评定为不合格；有 1 处 B 类不合格项，再抽查的 4 处均合格的，评定为合格，否则为不合格；有 4 处以上 C

类不合格项的，评定为不合格。

（4）子项名称为系统功能的，系统主要功能满足消防设计文件要求并能正常实现的，评定为合格。

（5）消防产品经现场判定不合格的，该子项评定为不合格。

（6）照防设计文件施工建设，造成子项内容缺少或与消防设计文件严重不符的，评定为不合格。

（二）单项评定

单项是指由若干使用性质或功能相近的子项组成的涉及消防安全的项目。如建筑内部装修防火，防火、防烟分隔与防爆，火灾自动报警系统，固定灭火系统，防排烟系统等。

1. 单项的验收检查

单项的验收检查主要包括十个方面的内容：建筑类别、总平面布局和平面布置；建筑内外部装修防火；防火、防烟分隔与防爆；安全疏散与消防电梯；消防水源、消防电源；水灭火系统；火灾自动报警系统；防烟、排烟系统；建筑灭火器；其他灭火设施。

2. 单项的评定

所有子项评定合格，且 B 类不合格项不大于 4 处，或者 C 类不合格项不大于 8 处的，单项评定为合格，否则为不合格。

（三）综合评定

消防验收的综合评定结论分为合格和不合格。建设工程符合下列条件的，其综合评定为消防验收合格；不符合其中任意一项的，综合评定为消防验收不合格：

（1）建设工程消防验收的资料审查为合格；

（2）建设工程的所有单项均评定为合格。

（四）消防验收合格的判定条件

消防验收合格的判定条件是：消防验收综合评定结论为合格的建设工程。公安机关消防机构对消防验收判定为合格的，应出具消防验收合格意见，作出消防行政许可；对评定为不合格的，应当出具消防验收不合格意见，并说明理由。

七、建设工程消防验收的意见拟定、技术复核和行政审批

（一）拟定消防验收意见

建设工程消防验收结束后，主责承办人、协办人应当根据消防验收评定结论，汇总意见并拟定建设工程消防验收合格或不合格的意见，提请技术复核人员进行技术复核。

（二）技术复核

公安机关消防机构担任建设工程消防验收的技术复核人员应当对下列内容进行复核，形成书面意见。复核如发现问题，应当责成主责承办人、协办人进行核查；没有发现问题的，技术复核人应当按照工作程序报请行政审批。

（1）核对消防验收的现场抽样检查及功能测试内容是否全面、有无漏项；

（2）引用法律、法规和国家工程建设消防技术标准是否准确；

（3）消防验收提出的问题及其依据是否准确；

（4）消防验收评定的结论性意见是否正确。

（三）行政审批

公安机关消防机构行政负责人应当根据拟定的消防验收意见及技术复核书面意见，作出同意或不同意的决定，并在法定时限内签发《建设工程消防验收意见书》。

八、建设工程消防验收的法律文书制作及建档

（一）建设工程消防验收的法律文书制作

《建设工程消防验收意见书》是公安机关消防机构出具建设工程消防验收意见时使用的法律文书。主责承办人应根据本单位行政负责人或委托人行政审批决定的意见制作该文书，同时在法定限期内送达申请人。

1.《建设工程消防验收意见书》应载明的内容

该书由首部、正文、尾部三部分构成。其中：首部包括文书标题和文书编号，该文书的标题是固定格式，以公安机关消防机构的名义制作；尾部应当填写日期并加盖公安机关消防机构印章，存档联要由相关人员签名；正文应载明下列内容：

（1）建设工程的名称（受理凭证文号）、地址、使用性质、建设规模。

（2）建设工程消防验收是否合格的结论性意见。

（3）建设工程存在的具体问题及法规、标准依据（具体到条、款、项）。

（4）验收意见为不合格的，告知法律救济途径。

（5）验收意见为合格的，告知如扩建、改建（含室内外装修、建筑保温、用途变更）等的建设工程，应依法申报消防设计审核或备案；属于公众聚集场所的，投入使用、营业前应依法申请消防安全检查。

2.《建设工程消防验收意见书》的制作要求

（1）建设工程消防验收意见应当明确为建设工程消防验收“合格”或“不合格”，不得使用“基本合格”等含糊不清的用语。

（2）作出“合格”意见的，应当在意见书中告知以下内容：一是经消防验收的建筑工程如需改建、扩建（含室内外部装修、建筑保温、用途变更），应当重新申报消防设计审核；二是属于公众聚集场所的，投入使用、营业前应依法申请消防安全检查；三是对建筑消防设施应当定期维护保养，确保完好有效。

（3）作出“不合格”意见的，在文书中应当一次性告知验收中存在的问题，并逐条引用所依据消防技术标准的名称和条文号。同时，告知申请人重新申报消防验收、未经验收合格不得使用以及申请行政复议或提起行政诉讼的途径和期限等相关问题。

（4）当验收意见书的内容比较多，超过1页时，从第2页起不再印制首部，只印制文字内容，在每页的右上角处印制“第 × 页共 × 页”，在文书的最后一页注明日期、加盖印章并由相关人员签名。

（二）建设工程消防验收案卷建档

建设工程消防验收案卷应在审批结束后30个工作日内立卷建档。

1. 归档内容及装订顺序

（1）卷内文件目录；

（2）建设工程消防验收意见书及审批表；

（3）建设工程消防验收申报表；

（4）消防设计文件变更情况、消防设计专家评审会纪要及其他需要提供的申报材料；

（5）工程竣工验收报告，有关消防设施的工程竣工图纸及隐蔽工程记录；

（6）消防产品质量合格证明文件，消防设施检测合格证明文件；

（7）具有防火性能要求的建筑构件、建筑材料（含建筑保温材料）、装修材料符合国家标准或行业标准的证明文件、出厂合格证；

（8）施工、工程监理、检测单位的合法身份证明和资质等级证明文件，建设单位的工商营业执照等合法身份证明文件；

（9）建设工程消防验收申请受理凭证；

（10）建设工程消防验收记录表，现场抽样检查及功能测试、检测、综合评定等资料，不合格项目的整改证明资料；

（11）集体会审意见；

（12）送达回证；

（13）建设工程消防监督管理移交记录；

（14）其他有关材料；

（15）备考表。

2. 档案管理

建设工程消防验收案卷应当妥善保存，其保管期限为长期保存。

第五节　建设工程消防设计和竣工验收的备案抽查

一、建设工程消防设计备案与抽查

（一）建设工程消防设计备案

1. 建设工程消防设计备案的范围和对象

建设工程消防设计备案的范围是按照国家工程建设消防技术标准需要进行消防设计的其他建设工程。依法不需要取得施工许可的建设工程，可以不进行消防设计备案。建设工程消防设计备案的对象是建设工程消防设计文件。

2. 建设工程消防设计备案的主体和主管机关

建设工程消防设计备案的主体是建设单位，即指投资进行某项工程建设的任何单位或者个人。建设工程消防设计备案的主管机关是公安机关消防机构。

3. 建设工程消防设计备案的时限和途径

建设单位应当自依法取得施工许可之日起 7 个工作日内，将消防设计文件报公安机关消防机构备案。建设单位进行建设工程消防设计备案的途径有以下两种：一种是网上备案，即建设单位可通过公安机关消防机构网站进行消防设计备案；另一种是业务受理场所现场备案，即建设单位可选择报送纸质备案表到公安机关消防机构业务受理场所现场进行消防设计备案。

4. 建设单位进行建设工程消防设计备案应提供的材料

主要包括以下材料：

（1）建设工程消防设计备案申报表；

（2）建设单位的工商营业执照等合法身份证明文件；

（3）设计单位资质证明文件；

（4）消防设计文件；

（5）施工许可文件复印件；

（6）法律、行政法规规定的其他材料。

此外，依法需要办理建设工程规划许可的，应当提供建设工程规划许可证明文件；依法需要城乡规划主管部门批准的临时性建筑，属于人员密集场所的，应当提供城乡规划主管部门批准的证明文件；按照住房和城乡建设行政主管部门的有关规定需要进行施工图审查的，还应当提供施工图审查机构出具的审查合格文件复印件。

5. 公安机关消防机构备案受理

公安机关消防机构通过受理窗口对建设单位提交的建设工程消防设计备案材料进行形式审查，作出是否同意受理的决定，并制作《建设工程消防设计备案受理凭证》发备案人。公安机关消防机构收取材料后，应当及时将备案材料移交承办单位或承办人，并作好交接登记。对备案材料齐全且符合法定形式的，公安机关消防机构应出具受理凭证；对备案材料不齐全或不符合法定形式的，公安机关消防机构应当出具不受理凭证，并应当当场或者在 5 个工作日内一次性告知需要补正的全部内容。

（二）建设工程消防设计备案抽查

建设工程消防设计备案抽查，是指公安机关消防机构在已经备案的建设工程消防设计项目中，根据各地实际和工作需求，随机确定检查对象，按照规定进行消防设计审查。

1. 备案抽查方式及检查对象的确定

为提高抽查的准确性、科学性，检查对象是通过消防设计和竣工验收备案受理系统中预设的抽查程序，由计算机随机确定的。公安机关消防机构及其人员不得擅自确定检查对象。其抽查比例由省级公安机关消防机构结合辖区内施工图审查机构的审查质量、消防设计和施工质量情况确定并向社会公告。对设有人员密集场所的建设工程的抽查比例不应低于50%。以下建设工程列入直接抽查范围：

（1）发现未依法进行备案，已经责令改正的；

（2）经举报查实存在消防违法行为的；

（3）经消防设计备案抽查，存在违反国家工程建设消防技术标准强制性要求的。

备案受理当日，公安机关消防机构受理窗口的工作人员应当将经备案的建设工程进行随机抽样，确定检查对象，并通过公安机关消防机构网站向社会公告。

2. 完成检查工作的时限及公告要求

对确定为检查对象的，公安机关消防机构应当在20个工作日内按照消防法规和国家工程建设消防技术标准完成图纸检查，同时应将检查结果在消防设计和竣工验收备案受理系统中向社会公告。检查不合格的，还应当书面通知建设单位。

3. 抽查

对确定为检查对象的，承办部门负责人应当及时交办给具体审核人员进行设计抽查。当经依法确定的施工图审查机构审查为合格的，审核人员依据消防法规和国家工程建设消防技术标准，按照本章第三节建设工程消防设计审核评定标准对消防设计文件进行抽查为合格的，作出备案检查合格意见，并制作《建设工程消防设计备案检查记录表》。对检查不合格的，应制作《建设工程消防设计备案检查不合格通知书》。

对于需要进行专家评审、集体会审的建设工程，也应当按照相关程序进行。

4. 复查

对于检查不合格的消防设计，建设单位收到通知后，应当停止施工或者停止使用，组织整改后向公安机关消防机构申请复查。公安机关消防机构应当在收到书面申请之日起 20 个工作日内进行复查。经复查合格的，公安机关消防机构应出具《建设工程消防设计备案复查意见书》，告知建设单位恢复施工。对复查不合格的，不出具《建设工程消防设计备案复查意见书》，建设单位不得恢复施工并应继续整改；整改合格后，方可下发《建设工程消防设计复查意见书》。

5. 违法处理

主要分为以下两种情形：

（1）建设工程的消防设计未依法报公安机关消防机构备案的，公安机关消防机构应当依法处罚，责令建设单位在 5 个工作日内备案，并确定为检查对象；对逾期不备案的，公安机关消防机构应当在备案期限届满之日起 5 个工作日内通知建设单位停止施工，并制作《建设工程消防设计备案违法通知书》。

（2）公安机关消防机构发现消防设计不合格，已经开始施工的，责令停止施工。不停止施工的，按照《消防法》的规定进行处罚，同时函告同级城乡建设行政主管部门。

（三）建设工程消防设计备案与抽查的法律文书制作及建档

1. 法律文书制作

主要介绍建设工程设计备案与抽查常用法律文书的制作与使用。

（1）《建设工程消防设计备案检查记录表》，是公安机关消防机构对被确定为检查对象的建设单位提供的消防设计备案材料进行检查时使用的法律文书。填写时应注意：建设工程基本情况要填写清楚、准确；检查意见必须明确，是否合格必须有明确的选择；对检查的内容项必须按照工程性质进行填写，不涉及的不填写；必须由两名检查人员签名；对不合格项要将具体情况写清。

（2）《建设工程消防设计备案检查不合格通知书》，是公安机关消防机构对确定为备案抽查对象的消防设计检查不合格后，通知建设单位时使用的法律文书。该文书正文应载明的内容为：建设工程的名称（备案凭证文号）、地址、使用性质、建设规模；建设工程消防设计存在的具体问题及法规、标准依据（具体到条、款、项）；建设单位应当将该工程停止施工或者停止使用，组织整改后向公安机关消防机构申请复查；法律救济途径。

（3）《建设工程消防设计备案复查意见书》，是公安机关消防机构对建设单位整改建设工程消防设计备案检查、复查不合格意见的情况进行复查，告知建设单位复查意见时使用的法律文书。其应载明下列内容：建设工程的名称、地址、使用性质、建设规模；建设工程消防设计存在的不合格问题的具体整改情况及其是否已经符合法规、标准（具体到条、款、项）要求；是否合格的结论性意见；复查为合格的，告知建设单位恢复施工；消防设计备案复查意见为合格的，告知自工程竣工验收合格之日起7个工作日内，应当依法进行竣工验收消防备案；复查合格的建设工程消防设计不得擅自修改，确需修改的，应当重新备案。

（4）《建设工程消防设计备案违法通知书》，是公安机关消防机构对建设工程消防设计未依法进行消防备案，经责令限期改正后仍不备案，通知建设单位停止施工时所使用的法律文书。该文书由首部、正文和尾部三个部分组成。

2. 案卷建档

建设工程消防设计备案抽查所有案卷应在备案抽查工作结束后30个工作日内立卷建档。

（1）建设工程消防设计备案抽查未被抽中的归档内容及装订顺序：卷内文件目录；建设工程消防设计备案表；建设工程消防设计备案受理凭证。

（2）建设工程消防设计备案抽查被抽中的归档内容及装订顺序：卷内文件目录；建设工程消防设计备案凭证；建设工程消防设计备案申报表；建设工程消防设计备案材料补正通知书；建设工程消防设计备案材料，包括：建设单位的工商营业执照等合法身份证明文件，设计单位资质证明文件，消防设计文件，施工许可文件，建设工程规划许可证明文件，城乡规划主管部门批准的证明文件，施工图审查机构出具的审查合格文件等；建设工程消防设计备案检查不合格通知书、复查意见书、违法通知书及审批表，责令限期改正通知书；建设工程消防设计备案检查记录表、复查申请、复查记录表；送达回证；其他有关材料；备考表。

3. 档案管理

建设工程消防设计备案卷应妥善保存，其保管期限为长期保存。

二、建设工程竣工验收消防备案与抽查

（一）建设工程竣工验收消防备案

1. 建设工程竣工验收消防备案的范围和对象

建设工程竣工验收消防备案的范围是按照国家工程建设消防技术标准需要进行消防设计的其他建设工程。依法不需要取得施工许可的建设工程，可以不进行竣工验收消防备案。建设工程竣工验收消防备案的对象是有关工程竣工验收文件。

2. 建设工程竣工验收消防备案的主体和主管机关及途径

与建设工程消防设计备案的主体和主管机关及途径完全相同。

3. 建设工程竣工验收消防备案的时限

建设单位应当在工程竣工验收合格之日起 7 个工作日内，将有关工程竣工验收文件报公安机关消防机构备案。

4. 建设单位进行建设工程竣工验收消防备案应提供的材料

主要包括以下材料：

（1）建设工程竣工验收消防备案申报表；

（2）工程竣工验收报告和有关消防设施的工程竣工图纸；

（3）消防产品质量合格证明文件；

（4）具有防火性能要求的建筑构件、建筑材料、装修材料符合国家标准或者行业标准的证明文件、出厂合格证；

（5）消防设施检测合格证明文件；

（6）施工、工程监理、检测单位的合法身份证明和资质等级证明文件；

（7）建设单位的工商营业执照等合法身份证明文件；

（8）法律、行政法规规定的其他材料。

5. 公安机关消防机构备案受理

公安机关消防机构通过受理窗口对建设单位提交的建设工程竣工验收消防备案材料进行形式审查，作出是否同意受理的决定，并制作《建设工程竣工验收消防备案受理凭证》发备案人。对备案材料齐全且符合法定形式的，公安机关消防机构应出具受理凭证。公安机关消防机构收取材料后，应当及时将备案

抽查材料移交承办单位或承办人，并作好交接登记；对备案材料不齐全或不符合法定形式的，公安机关消防机构应当出具不受理凭证，并应当场或者在 5 个工作日内一次性告知需要补正的全部内容。

（二）建设工程竣工验收消防备案抽查

1. 备案抽查方式及检查对象的确定

建设工程竣工验收消防备案抽查方式及检查对象的确定与建设工程消防设计备案抽查方式及检查对象的确定完全相同，不再赘述。其竣工验收消防备案的抽查比例由省级公安机关消防机构结合辖区内施工质量情况确定并向社会公告。对设有人员密集场所的建设工程的抽查比例不应低于 50%。以下建设工程直接列入抽查范围：

（1）发现未依法进行竣工验收消防备案，已经责令改正的；

（2）经举报查实存在消防违法行为的。

2. 工程检查及时限

对确定为检查对象的，公安机关消防机构应当在 20 个工作日内按照建设工程消防验收评定标准完成工程检查。经建设单位消防自验收为合格，且消防设施检测报告为合格的，作出备案检查合格意见。公安机关消防机构对备案资料检查和建设工程现场抽查测试经综合评定为合格的，应作出备案检查合格意见，并制作《建设工程竣工验收消防备案检查记录表》。对检查不合格的，应制作《建设工程竣工验收消防备案检查不合格通知书》，同时应将检查结果在消防设计和竣工验收备案受理系统中向社会公告。检查不合格的，还应当书面通知建设单位。

3. 复查

对于检查不合格的，建设单位收到通知后，应当停止使用，组织整改后向公安机关消防机构申请复查。公安机关消防机构应当在收到书面申请之日起 20 个工作日内进行复查。经复查合格的，公安机关消防机构应出具《建设工程竣工验收消防备案复查意见书》，告知建设单位恢复使用。对复查不合格的，不出具《建设工程竣工验收消防备案复查意见书》，建设单位不得恢复使用并应继续整改，整改合格后，方可下发《建设工程竣工验收消防备案复查意见书》。

4. 违法处理

主要分为以下两种情形：

（1）建设工程的竣工验收未依法报公安机关消防机构备案的，公安机关消防机构应当依法处罚，责令建设单位在5个工作日内备案，并确定为检查对象；对逾期不备案的，公安机关消防机构应当在备案期限届满之日起5个工作日内通知建设单位停止使用，并制作《建设工程竣工验收消防备案违法通知书》。

（2）公安机关消防机构发现建设工程竣工验收不合格，已经开始使用的，责令停止使用。不停止使用的，按照《消防法》的有关规定进行处罚，同时函告同级城乡建设行政主管部门。

（三）建设工程竣工验收消防备案与抽查的法律文书制作及建档

1. 法律文书制作

主要介绍建设工程竣工验收消防备案与抽查常用法律文书的制作与使用。

（1）《建设工程竣工验收消防备案检查记录表》，是公安机关消防机构完成对被确定为检查对象的建设单位提供的竣工验收备案材料的检查和建设工程实地检查时使用的法律文书。制作时应注意：工程基本情况必须填写清楚准确；对涉及的单项评定内容必须认真检查，是否合格，评定结论必须明确（将不涉及的内容划去）；综合评定结论要实事求是，严格按照单项评定结论确定；主责承办人必须签字，工程的建设、设计、施工、监理和竣工验收检查人员需要签字确认。

（2）《建设工程竣工验收消防备案检查不合格通知书》，是公安机关消防机构对确定为备案抽查对象的建设工程竣工验收消防备案检查不合格后，通知建设单位时所使用的法律文书。其正文应载明下列内容：建设工程的名称（备案凭证文号）、地址、使用性质、建设规模；建设工程竣工验收存在的具体问题及法规、标准依据（具体到条、款、项）；建设单位应当将该工程停止使用，组织整改后向公安机关消防机构申请复查；法律救济途径。

（3）《建设工程竣工验收消防备案复查意见书》，是公安机关消防机构对建设单位整改建设工程竣工验收消防备案检查、复查不合格意见的情况进行复查，告知建设单位复查意见时使用的法律文书。其应载明下列内容：建设工程的名称（备案凭证文号）、地址、使用性质、建设规模；建设工程竣工验收存在的不合格问题的具体整改情况及其是否已经符合法规、标准（具体到条、款、项）要求；是否合格的结论性意见；复查为合格的，告知建设单位恢复使用。

（4）《建设工程竣工验收消防备案违法通知书》，是公安机关消防机构对建设工程竣工验收未依法进行消防备案，经责令限期改正后仍不备案，通知建设单位停止使用时所使用的法律文书。该文书与《建设工程消防设计备案违法通知书》填写要求完全相同。

2. 案卷建档

建设工程竣工验收消防备案、抽查案卷应在审批完毕后30个工作日内立卷建档。

（1）建设工程竣工验收消防备案未被抽中的归档内容及装订顺序：卷内文件目录；建设工程竣工验收消防备案申报表；建设工程竣工验收消防备案受理凭证。

（2）建设工程竣工验收消防备案被确定为检查对象的归档内容及装订顺序：卷内文件目录；建设工程竣工验收消防备案凭证；建设工程竣工验收消防备案申报表；建设工程竣工验收消防备案材料补正通知书；建设工程竣工验收消防备案材料，包括工程竣工验收报告和有关消防设施的工程竣工图纸、隐蔽工程记录，消防产品质量合格证明文件，具有防火性能要求的建筑构件、建筑材料（含建筑保温材料）、装修材料符合国家标准或行业标准的证明文件、出厂合格证，消防设施检测合格证明文件，施工、工程监理、检测单位的合法身份证明和资质等级证明文件，建设单位的工商营业执照等合法身份证明文件等；建设工程竣工验收消防备案检查不合格通知书、复查意见书、违法通知书及审批表，责令限期改正通知书；建设工程竣工验收消防备案检查记录表、复查申请、复查记录表；建设工程竣工验收消防备案检查的现场抽样检查、功能测试、检测等资料；送达回证；其他有关材料；备考表。

3. 档案管理

建设工程竣工验收消防备案案卷应妥善保存，其保管期限为长期保存。

第三章　消防监督检查

消防监督检查是我国消防监督制度的主要组成部分，也是法律、法规赋予公安机关的一项重要消防监督职责。《消防法》第53条赋予了公安派出所开展日常消防监督检查的职责；《消防监督检查规定》明确了公安派出所消防监督检查的范围；各地方公安厅、局也相应制定了公安派出所开展消防监督管理的规定，细化了公安派出所实施消防监督检查的范围、内容和程序要求等。

第一节　消防监督检查概述

消防监督检查是实施消防监督管理的一种具体行政行为，是特定的行政主体根据法律、法规的授权而实施的消防行政执法行为，具有与其他消防安全检查所不同的性质和特征。

一、消防监督检查的含义及特征

（一）消防监督检查的含义

消防监督检查，也称消防行政监督检查，有广义和狭义之分。

广义上的消防监督检查，泛指政府或者有关部门对监督对象遵守消防法律、法规，履行消防安全职责情况进行的监督检查，既包括政府部门对机关、团体、企业、事业等单位遵守消防法律、法规情况的检查，也包括政府对所属各部门，以及上级部门对下级部门履行消防安全职责情况的检查，还包括公安机关消防机构以及公安派出所依法对单位和公民遵守消防法律、法规情况进行的监督检查，并做出能够影响其权益的消防执法行为。

狭义上的消防监督检查，则是指公安机关消防机构以及公安派出所依法对单位和公民遵守消防法律、法规情况进行检查、了解，并做出能够影响其权益的消防行政执法行为。

本章所指的消防监督检查是狭义的消防监督检查。

（二）消防监督检查的特征

1. 消防监督检查的主体是公安机关消防机构及公安派出所

《消防法》第 53 条规定：“公安机关消防机构应当对机关、团体、企业、事业等单位遵守消防法律、法规的情况依法进行监督检查。公安派出所可以负责日常消防监督检查、开展消防宣传教育，具体办法由国务院公安部门规定。”由此可见，公安机关消防机构及公安派出所是消防监督检查的法定主体。同时，根据我国消防监督检查的分级监督制度，直辖市、市（地区、州、盟）、县（市辖区、县级市、旗）公安机关消防机构对辖区内的单位具体实施消防监督检查；公安派出所作为公安机关的派出机构，对居民住宅区的物业服务企业、居民委员会、村民委员会履行消防安全职责的情况和上级公安机关确定的单位进行消防监督检查。

2. 消防监督检查的对象是辖区内的单位及个人

单位包括机关、团体、企业、事业单位和个人。个人包括自然人、个体工商户、农村个人承包及个人合伙。其中的自然人是指我国境内的所有自然人，既包括我国公民，也包括在我国境内的外国人和无国籍人。同时，由于自然人参与民事法律关系，又形成了自然人的特殊表现形式——个体工商户、农村个人承包以及个人合伙。在消防监督检查中，对各地方消防条例中规定的具有固定场所且达到一定规模的个体工商户等同于《消防法》中的“单位”对待；而规模较小的个体工商户，其经营场所通常是所谓的“小场所”，即规模较小的餐饮、购物、住宿、公共娱乐、休闲健身、医疗、教育、生产加工以及易燃易爆危险品销售、储存等场所，可视为《消防法》中的“个人”。

3. 消防监督检查的内容是检查对象遵守消防法律、法规的情况

《消防法》和《消防监督检查规定》中明确指出，消防监督检查是对单位遵守消防法律、法规情况进行的检查。因此，消防监督检查的内容是检查对象的守法情况，并对确认的违法行为依照法定程序做出处理决定。

4. 消防监督检查行为具有强制性

从性质上讲，消防监督检查是一种行政执法行为，属于国家意志单方面表示，具有强制性。一方面，对社会进行消防监督检查，是《消防法》赋予公安机关消防机构和公安派出所的法定职权，消防监督检查人员无须征得检查对象的同意，即可依据法定职权实施消防监督检查，任何单位都必须自觉接受监督检查，不得拒绝或阻挠；另一方面，对于消防监督检查中所发现的违法行为、火灾隐患，公安机关消防机构或公安派出所必须以法律文书的形式通知检查对象，检查对象必须按法律文书的要求改正违法行为和整改火灾隐患。

二、消防监督检查的作用

消防监督检查在维护社会消防安全方面发挥着非常重要的作用，具体表现为以下几方面。

（一）督促消防监督对象落实消防安全责任

实行防火安全责任制是预防火灾的有效措施，社会各单位是其自身的消防安全责任主体，应依法落实各项消防安全制度和措施。消防监督检查的作用之一就是督促单位和公民遵守《消防法》和《机关、团体、企业、事业单位消防安全管理规定》等国家消防法律、法规，贯彻“预防为主，防消结合”的消防工作方针，履行自身的消防安全职责，落实各项消防安全措施。

（二）纠正违反消防法律、法规的行为

随着我国经济建设的不断发展，人们对消防安全的重视程度普遍提高。然而，由于种种原因也经常会出现违反消防法律、法规的行为和现象，成为火灾事故的诱因。大多数的行为人或单位对这些违法、违规行为并不能自行纠正或不愿自行纠正。但通过专门机关专业人员的消防监督检查，可以及时发现、纠正与处理消防违法行为，使公众免受消防违法行为的侵害，充分保障公民人身和财产安全。

（三）及时发现并消除潜在的火灾隐患

火灾隐患具有隐蔽性，非消防专业人员通常不易发现，但通过专业人员的消防监督检查，则可以及时发现潜在的火灾隐患，提出火灾隐患的整改措施并督促消除危险，营造良好的消防安全环境。

（四）宣传消防法规，普及消防安全常识，提高全社会的消防安全意识

消防监督检查的过程也是宣传消防法律、法规和消防安全知识的过程。开展消防监督检查有助于强化消防宣传教育效果，在检查中不断督促公众树立消防安全意识。

（五）获取社会消防安全基础资料，为消防决策提供依据和指导

专门机关通过监督检查可以准确了解和掌握检查对象的消防安全状况，发现社会整体消防安全存在的共性问题或突出问题，进而为宏观管理与火灾控制指明方向；同时，消防监督检查过程形成的资料可以为国家制定与修订消防法律、法规和技术标准提供基础数据。

三、消防监督检查的管辖分工

我国的消防监督检查实行分级管理与属地管理相结合的制度，即按照我国行政区划和各级公安机关消防机构及公安派出所的职能确定监督检查的职责。根据《消防法》和《消防监督检查规定》的规定，消防监督检查职责的具体分工如下。

（一）公安部消防局

公安部消防局是全国消防工作的业务主管部门，负责对全国消防监督检查工作的监督、检查与业务指导。

（二）省、自治区、直辖市公安机关消防机构

省、自治区、直辖市公安机关消防机构，即消防总队，是所属行政区域内最高级别的消防监督机构。其消防监督检查职能主要有：

（1）组织制定、实施有关消防监督检查的法律、法规和政策；

（2）监督、检查、指导下级公安机关消防机构的消防监督检查工作；

（3）与省级公安机关公安派出所工作主管部门共同研究拟定公安派出所日常消防监督检查的单位范围，并报省级公安机关确定。

（三）城市（直辖市、副省级市、地级市、县级市以及市辖区）、地（州、盟）、县（旗）公安消防机构

城市（直辖市、副省级市、地级市、县级市以及市辖区）、地（州、盟）、县（旗）公安消防机构，即消防支队（局、处）和消防大队（科），是该地区具体实施消防监督检查的机构。其消防监督检查职能主要有：

（1）具体实施辖区内的消防监督检查工作；

（2）受理本行政区域内的消防安全重点单位申报，并在确定后报本级人民政府和上一级公安机关消防机构备案；

（3）监督、检查、指导所属下级公安机关消防机构的消防监督检查工作；

（4）指导辖区公安派出所的消防监督检查工作，定期对公安派出所民警进行消防监督检查业务培训。

（四）公安派出所

公安派出所除接受有关部门的监督、检查、指导外，负责对所管辖范围内的公民、居民委员会、村民委员会、居民住宅区的物业服务企业和上级公安机关确定管理的单位进行日常消防监督检查。

四、公安派出所消防监督检查的范围

《消防监督检查规定》第3条明确规定，公安派出所可以对居民住宅区的物业服务企业、居民委员会、村民委员会履行消防安全职责的情况和上级公安机关确定的单位实施日常消防监督检查。《治安管理处罚法》规定，公安机关对社会治安进行监督管理，公安派出所作为公安机关的派出机构，对公民的消防安全行为进行监督管理属于其监管职责内容之一。由此可见，公安派出所开展消防监督检查的范围主要有：上级公安机关确定由公安派所进行消防检查的单位，辖区内的居民住宅区物业服务企业，居（村）民委员会以及辖区内的公民。

（一）上级公安机关确定由派出所开展消防检查的单位

公安派出所日常消防监督检查的单位范围由省级公安机关消防机构、公安派出所工作主管部门共同研究拟定，报省级公安机关确定。上级公安机关确定由派出所开展消防检查的单位通常是派出所辖区内规模较小的机关、团体、企业、事业单位和具有固定经营场所且达到一定规模的个体工商户（以下简称单位）。

依据《消防法》和公安部第61号规定，单位是组成社会的基本单元，也是维护社会整体消防安全义务的主要承担者。只有社会各个单位切实履行消防安全职责，落实消防安全管理措施，消防工作才会有坚实的社会基础，火灾危害才能够得到有效的控制。一般社会单位的消防安全职责包括以下内容：

（1）开展各项消防安全工作，落实逐级消防安全责任制；

（2）制定本单位的消防安全制度、消防安全操作规程；

（3）按照国家标准、行业标准配置消防设施、器材，设置消防安全标志，并定期组织检验、维修，确保完好有效；

（4）保障疏散通道、安全出口、消防车道畅通，保证防火防烟分区、防火间距符合消防技术标准；

（5）定期组织防火检查，及时消除火灾隐患；

（6）开展经常性消防安全宣传教育并组织员工参加消防安全培训；

（7）制定灭火和应急疏散预案，组织进行有针对性的消防演练。

（二）居（村）民委员会

居民委员会、村民委员会是分别根据《中华人民共和国居民委员会组织法》和《中华人民共和国村民委员会组织法》建立的城镇社区和农村居民自我管理、自我教育、自我服务的基层群众性自治组织。居民委员会接受街道办事处的领导，村民委员会接受乡镇人民政府的领导，负有协助政府和有关部门开展相关工作的职责，成为政府与居民之间的桥梁。消防安全管理是居（村）民委员会的一项重要工作内容，通过成立由居（村）民委员会主任、公安派出所辖区民警、居民小组长组成的防火安全工作领导小组具体负责指导、协调和部署村庄与社区消防安全工作，同时确定消防安全管理人具体负责实施消防安全管理工作。其主要消防安全职责包括以下内容：

（1）宣传消防法律、法规，普及消防知识，发动公众自觉维护消防安全；

（2）组织制定《防火安全公约》、督促居民遵守；

（3）组织建立志愿消防队，组织灭火演练，扑救初起火灾，保护火灾现场，协助调查火灾原因；

（4）定期对辖区内的单位和居民住宅区的用火用电、疏散通道、防火间距、消防设施器材等进行消防安全检查，督促和协助辖区单位、居民住户开展消防安全自检自查，及时发现和消除火灾隐患。

（三）居民住宅区的物业服务企业

物业服务企业是受业主委员会聘请，专业从事社区物业管理的单位。物业管理单位一般成立消防安全小组，由物业服务企业法人和社区内部分单位的消防安全责任人等组成，并设专（兼）职消防安全管理人员具体负责实施消防安全管理工作。《消防法》第18条第2款明确规定：“住宅区的物业服务企业应当对管理区域内的共用消防设施进行维护管理，提供消防安全防范服务。”住宅区的物业服务企业的消防安全职责主要包括以下内容：

（1）制定消防安全制度，落实消防安全责任，开展消防安全宣传教育；

（2）开展防火安全检查，消除火灾隐患；

（3）保障疏散通道、安全出口、消防车道畅通；

（4）保障公共消防设施、器材以及消防安全标志完好有效。

（四）公民

公民是享受消防安全保障的受益者，也是维护消防安全的践行者，《消防法》明确规定公民应履行如下消防安全义务。

1. 维护消防安全的义务

《消防法》第5条规定：“任何单位、个人都有维护消防安全、保护消防设施、预防火灾、报告火警的义务。”

2. 保护消防设施，保障消防车道、疏散通道、安全出口畅通的义务

《消防法》第28条规定：“任何单位、个人不得损坏、挪用或者擅自拆除、停用消防设施、器材，不得埋压、圈占、遮挡消火栓或者占用防火间距，不得占用、堵塞、封闭疏散通道、安全出口、消防车道。人员密集场所的门窗不得设置影响逃生和灭火救援的障碍物。”

3. 及时报告火警，无偿为报警提供便利的义务

《消防法》第44条规定：“任何人发现火灾都应当立即报警。任何单位、个人都应当无偿为报警提供便利，不得阻拦报警。严禁谎报火警。”

4. 参加有组织的灭火工作的义务

《消防法》第5条规定：“任何单位和成年人都有参加有组织的灭火工作的义务。”由于灭火工作具有很大的危险性，而未成年人心智尚未发育完全，不适宜参加灭火，因此，参加有组织的灭火工作是成年人应尽的一项法律义务；但成年人中的孕妇、老年人、病人和有较严重身体缺陷的残疾人，也不宜参加灭火行动。

5. 协助消防行政执法的义务

配合消防行政执法主体执行公务，是公民的法律义务。例如，配合消防行政执法主体调查取证的义务，配合消防监督检查人员行使监督检查的义务，对消防车、消防艇执行任务行使交通特别行驶权时的让行义务等。对上述义务，《消防法》均作出了明确规定，如对于配合灭火救援的义务，《消防法》第47条规定：“消防车、消防艇前往执行火灾扑救或者应急救援任务，在确保安全的前提下，不受行驶速度、行驶路线、行驶方向和指挥信号的限制，其他车辆、船舶以及行人应当让行，不得穿插超越；收费公路、桥梁免收车辆通行费；交通管理指挥人员应当保证消防车、消防艇迅速通行。”此外，《行政处罚法》也作了相关规定，行政机关在调查或进行检查时，当事人或者有关人应当如实回答询问，并协助调查或者检查，不得阻挠。

6. 特殊岗位人员的消防安全责任

与公共消防安全密切相关岗位的从业人员除遵守以上消防安全义务外，还应履行特殊的安全职责。例如，《消防法》第44条规定：“人员密集场所发生火灾，该场所的现场工作人员应当立即组织，引导在场人员疏散。”从事消防行业特有工种的人员及从事具有火灾危险作业的人员，如社会各单位的消防安全责任人，消防安全管理人，专、兼职消防管理人员，消防控制室的值班、操作人员，消防安全巡查人员，专职消防队和志愿消防队的队员等，都有参加消防安全专门培训的义务，按法律要求持证上岗并认真履行岗位职责，按照安全操作规程开展工作。例如，《消防法》第21条规定：“进行电焊、气焊等具有火灾危险作业的人员和自动消防系统的操作人员，必须持证上岗，并遵守消防安全操作规程。”

五、公安派出所消防监督检查的形式

消防监督检查的形式是公安机关消防机构、公安派出所实施消防监督检查的各种方式，包括对单位进行日常消防监督抽查，对公众聚集场所在使用或者开业前进行消防安全检查，在大型群众性活动举办前进行消防安全检查，对举报、投诉的消防安全违法行为进行核查，以及根据需要进行的其他消防监督检查等。目前，根据《消防监督检查规定》和实践需要，公安派出所只开展以下三种形式的消防监督检查。

（一）日常消防监督检查

公安派出所可以根据本地区火灾的规律和特点以及当地消防安全的需要，组织对管辖单位和社区的日常消防监督检查。进行消防监督检查可以专门组织，也可以结合治安检查等其他公安工作一并进行。进行日常监督检查，目的是督促社会各单位遵守消防法律、法规，落实消防安全职责和消防安全措施，及时发现并消除潜在的火灾隐患以及纠正违反消防法律、法规的行为；同时，通过检查掌握社会整体的消防安全状况，从实践角度为宏观管理政策的制定提供指导。

（二）对举报、投诉的消防安全违法行为的核查

投诉、举报是人们向相关部门反映发现的消防违法行为的一种方式。因此，受理并对举报、投诉的消防安全违法行为进行实地核查是公安派出所进行消防检查的又一主要方式。《消防监督检查规定》对举报、投诉的处理程序做了相应的规定，重点强调了及时处理与事后反馈环节，即要求及时受理、核查或移交，及时将处理情况告知举报、投诉人。及时受理举报、投诉的消防安全违法行为并进行消防核查的目的在于及时纠正与处理属实的消防违法行为，使公众免受消防违法行为的侵害，充分保障公民人身和财产安全，保护违法行为侵害对象的合法权益；同时，积极鼓励举报、投诉的行为，有助于维护广大公众关心消防安全的积极性，推进消防社会化工作。

（三）根据需要进行的其他消防监督检查

根据需要进行的其他消防监督检查，主要是指根据火灾特点和安全工作的需要，进行其他形式的消防监督检查，如消防安全专项治理活动中的专项检查，针对火灾多发季节的综合性检查，以及根据政府的部署或配合其他职能部门所进行的安全检查。检查的目的是满足消防安全形势需要，有针对性地解决消防工作中发现的严重问题。例如，重大节假日前、火灾多发季节前进行消防监督检查的目的就是通过检查，督促监管对象树立消防安全意识，发现和消除所存在的火灾隐患，以保证本地区一定时段的安全环境。

总之，每种消防监督检查形式的侧重点各有不同，检查要实现的主要目的也有所区别，但消防监督检查的最终目的都是督促单位、社区贯彻“预防为

主，防消结合”的工作方针，发现和消除火灾隐患，做到防患于未然，避免或减少火灾的发生，有效地控制火灾危害。

第二节 消防监督检查的内容

消防监督检查是对检查对象履行法定消防职责和义务的情况进行检查，检查内容因检查对象的不同而有所区别。

一、对管辖单位进行消防监督检查的内容

公安派出所对管辖的单位应当每年至少进行一次日常消防监督检查。检查内容包括以下五个方面。

（一）建筑物或者场所的消防合法性

1. 建筑物的消防合法性

依据《消防法》和《建设工程消防监督管理规定》，除住宅室内装修、村民自建住宅、救灾和其他非人员密集场所的临时性建设工程外，其他新建、扩建、改建（含室内外装修、用途变更）等建设工程都应经过消防设计审核、工程竣工消防验收或向公安机关消防机构申报建设工程消防设计和竣工验收的备案、抽查，从而保证建设工程符合消防技术规范强制性要求，防止出现建筑物的先天性火灾隐患。

2. 公众聚集场所的消防合法性

依据《消防法》和《消防监督检查规定》，包括宾馆、饭店、商场、集贸市场、客运车站候车室、客运码头候船厅、民用机场航站楼、体育场馆、会堂以及公共娱乐场所等在内的公众聚集场所在投入使用、营业前，建设单位或者使用单位应当向场所所在地的县级以上地方人民政府公安机关消防机构申请消防安全检查，取得《公众聚集场所投入使用、营业前消防安全检查合格证》才能投入使用、营业，目的是通过严格的事前消防检查和管理，保证公众聚集场所具备一定的消防安全条件，减少群死群伤火灾事故的发生。

3. 消防合法性的检查内容

公安派出所消防监督检查人员可以通过查看公安机关消防机构出具的《建

设工程消防验收意见书》《公众聚集场所投入使用、营业前消防安全检查合格证》等法律文书或通过公安消防综合业务系统查询以及实地查看等方式，核查以下内容：

（1）单位的建筑物或者场所是否依法通过消防验收或者进行消防竣工验收备案；

（2）依法通过消防验收或者进行消防竣工验收备案的建筑物或者场所的使用情况是否与消防验收或者进行消防竣工验收备案时确定的使用性质相符；

（3）公众聚集场所还应检查该场所是否具有公安机关消防机构出具的《公众聚集场所投入使用、营业前消防安全检查合格证》，以及建筑内部装修在使用、开业后有无改变等。

（二）消防安全管理情况

依据《消防法》《机关、团体、企业、事业单位消防安全管理规定》以及《社会单位消防安全教育培训规定》等的有关规定，单位的消防安全管理主要职责包括：制定消防安全制度，开展员工消防安全教育培训，组织防火检查、消除火灾隐患，制定灭火和应急疏散预案并组织演练等。

1. 消防安全制度

单位应依据消防法规，结合单位工作实际制定消防安全责任制度、消防安全管理制度以及消防安全操作规程等一系列消防安全规章制度。消防监督检查人员应对制度的制定和执行情况进行如下检查：

（1）是否确定法人单位的法定代表人或者非法人单位的主要负责人作为单位的消防安全责任人，并对本单位的消防安全工作全面负责；

（2）是否确定各级、各岗位的消防安全责任人；

（3）是否建立消防安全责任制，并明确各部门及岗位的消防安全职责和逐级落实消防安全的责任制度；

（4）是否制定包含消防安全教育、防火检查巡查、安全疏散设施管理、消防（控制室）值班、消防设施器材维护管理、火灾隐患整改、用火用电安全管理、易燃易爆危险品和场所防火防爆、专职和志愿消防队的组织管理、灭火和应急疏散预案演练、燃气和电气设备的检查和管理以及消防安全工作考评和奖惩等内容的消防安全管理制度；

（5）日常消防安全管理制度是否落实；

（6）是否结合单位实际的火灾危险性制定生产、经营、储运、科研等过程中保障消防安全的操作规程；

（7）单位员工是否遵守岗位的消防安全操作规程。

2. 消防安全教育与培训

单位应当通过多种形式开展经常性的消防安全宣传教育，组织新上岗和进入新岗位的员工参加上岗前的消防安全培训。消防监督检查人员主要检查消防安全教育制度以及落实和执行情况，通常包括如下内容：

（1）是否对员工开展经常性的消防安全宣传教育，是否至少每年组织一次火灾应急疏散演练；

（2）是否组织新上岗和进入新岗位的员工进行上岗前的消防安全培训，公众聚集场所是否至少每半年对员工进行一次消防安全培训；

（3）消防控制设备操作人员是否经过消防安全专门培训，并持证上岗；

（4）消防安全教育内容的针对性、实用性如何；

（5）员工是否知道本单位（场所）的火灾危险性，是否会报火警，是否会扑救初起火灾，以及是否会火场逃生自救和组织人员疏散；

（6）值班员或专（兼）职消防员是否能及时准确处置火警。

3. 防火检查与火灾隐患整改

防火检查是单位自行组织的对本单位消防安全状况的检查，目的是及时发现和整改火灾隐患，这是单位在消防安全方面进行自我管理、自我约束的一种主要形式。消防监督检查人员可以通过单位的防火检查记录、了解以下情况：

（1）机关、团体、事业单位是否至少每季度进行一次防火检查，企业单位是否至少每月进行一次防火检查，并填写检查记录；

（2）公众聚集场所在营业期间至少应每两小时进行一次防火巡查，医院、养老院以及寄宿制的学校、托儿所、幼儿园是否进行夜间防火巡查，并填写巡查记录；

（3）对发现的违反消防安全规定的行为以及火灾隐患是否及时纠正、消除，或制订整改方案并落实防护措施。

4. 灭火和应急疏散预案制定与演练

灭火和疏散预案是单位为了落实“防消结合”原则，应对突发的火灾事故，而预先假定火情，制定的组织灭火和疏散遇险人员、物资的行动方案，以确保火灾时能够临危不乱、有序展开灭火和疏散。所以，各单位应结合自身的火灾特点，制定切实可行的灭火、疏散预案，并定期进行演练，以不断修订和充实完善。消防监督检查人员应重点检查以下内容：

（1）灭火和应急疏散预案是否制定并可行；

（2）人员密集场所的灭火和应急疏散预案中是否确定承担灭火和组织疏散任务的人员；

（3）是否至少每年组织全体员工按照预案进行实际的操作演练。

（三）建筑防火措施

建筑防火措施主要包括：提高建筑耐火等级、控制火灾荷载、利用防火分隔限定防火（烟）分区、预留防火间距以及设置灭火救援和安全疏散设施等。公安派出所消防监督检查人员应重点检查疏散通道、安全出口、疏散指示标志、消防应急照明、防火门、防火卷帘以及消防车道等建筑防火措施。

1. 疏散通道

主要检查以下内容：

（1）疏散楼梯和疏散门的数量、宽度以及疏散距离是否符合规范要求；

（2）疏散通道是否畅通，是否被占用，是否有堆放杂物或安装栅栏等影响疏散的障碍物；

（3）疏散通道是否采用可燃材料装修，两侧有无误导人员安全疏散的反光镜、玻璃等装修材料。

2. 安全出口

主要检查以下内容：

（1）安全出口设置的数量、宽度和距离是否符合规范要求；

（2）安全出口门的设置形式是否为平开门，是否向疏散方向开启；

（3）安全出口是否畅通，有无锁闭、堵塞或封堵；

（4）安全出口处是否设置踏步、台阶、门槛等影响疏散的障碍物；

（5）平时需要控制人员随意出入的疏散门不用任何工具能否从内部开启，并有明显标识和使用提示。

3. 疏散指示标志

主要检查以下内容：

（1）疏散走道、安全出口、疏散门和大空间室内走道等部位是否设置疏散指示标志；

（2）安装位置是否符合规范要求，指向是否正确，有无遮挡和覆盖；

（3）安装距离是否符合规范要求，能否形成视觉连续性；

（4）疏散指示标志产品是否为合格消防产品，有无破损；

（5）按下测试按钮或切断正常供电电源，灯光疏散指示标志是否启动。

4. 消防应急照明灯

主要检查以下内容：

（1）封闭楼梯间、防烟楼梯间及其前室、消防电梯前室、消防控制室、自动发电机房、消防水泵房和疏散走道等部位是否设置消防应急照明灯；

（2）安装位置是否为墙面或顶棚处；

（3）消防应急照明灯是否是合格消防产品，有无破损；

（4）消防应急照明灯有无非燃烧材料或玻璃作保护罩；

（5）按下测试按钮或切断正常供电电源，应急照明灯是否提供照明；

（6）独立型（自带蓄电池）应急照明灯连续供电时长是否符合规范要求。

5. 防火门

主要检查以下内容：

（1）防火门耐火极限是否符合适用场所的要求；

（2）疏散用的防火门是否向疏散方向开启，关闭后能否从任何一侧手动开启；

（3）防火门外观及组件是否完好，有无破损；

（4）用于疏散走道、楼梯间和前室的防火门，能否自行关闭，双扇防火门是否能够顺序关闭；

（5）常闭式防火门是否处于常闭状态，是否张贴“常闭”提示性标语；

（6）常开式防火门是否能够实现联动，启闭状态在消防控制室能否正确显示。

6. 防火卷帘

主要检查以下内容：

（1）防火卷帘级别是否符合适用场所的要求；

（2）防火卷帘是否完整，与其他建筑构件连接处是否密封严实；

（3）防火卷帘能否通过自动、手动、联动的方式顺畅启闭；

（4）防火卷下方是否堆放杂物。

7. 消防车道

主要检查以下内容：

（1）消防车道设置情况，包括数量、形式、宽度、高度、回车场地等；

（2）是否有明显标识，是否被占用和堵塞。

（四）消防设施的配置与使用情况

单位应按照国家标准、行业标准配置消防设施、器材。消防设施、器材能否在火灾中发挥扑灭初起火灾、控制火灾蔓延以及保护人员疏散等作用，关键在于日常的检查和维修保养，保证其完好有效。因此，单位应当按照建筑消防设施检查维修保养有关规定的要求，定期组织对消防设施、器材和标志完好有效情况进行检查和维修保养，确保其完好有效。公安派出所消防监督检查人员重点检查灭火器和消火栓设置是否符合规范要求，配件是否齐全，使用功能是否完好有效，以及其他消防设施是否定期进行检测和维护。

1. 室内消火栓

主要检查以下内容：

（1）消火栓箱是否有明显标识，有无遮挡；

（2）消火栓箱内组件，包括水枪、水带、阀门及远程启动水泵按钮等是否齐全；

（3）箱门是否开关灵活，开度是否符合要求；

（4）消火栓的阀门是否启闭灵活，栓口位置是否便于连接水带；

（5）消防管道内是否有水，压力是否符合技术要求；

（6）将消防控制室联动控制设备设置在自动位置，按下消火栓箱内的启泵按钮，消火栓泵能否启动，控制设备能否正确显示启泵信号，水枪出水是否正常。

2. 室外消火栓

主要检查以下内容：

（1）室外消火栓的阀门开启是否灵活，是否有水；

（2）地下式消火栓是否有明显标识，井内有无积水；

（3）寒冷地区是否采用防冻措施。

3. 灭火器

主要检查以下内容：

（1）应设置灭火器的场所是否配置了灭火器；

（2）灭火器选型是否正确；

（3）灭火器设置数量和位置是否符合规范要求，是否明显和便于取用；

（4）灭火器是否为合格消防产品；

（5）灭火器组件是否齐全、外观是否有破损；

（6）灭火器维修保养周期和使用年限是否在有效期内；

（7）储压式灭火器压力是否符合要求，压力表指针是否在绿区。

4. 其他消防设施

重点检查以下内容：

（1）通过查阅建筑消防设施检测报告，确定建筑消防设施是否至少每年进行一次全面检测并合格；

（2）各消防设施的组件、设备的永久性铭牌和按规定设置的标识，其文字和数据是否齐全、符号是否清晰、色标是否正确；

（3）系统组件、设备、管道、线槽、支吊架等是否完好无损、无锈蚀，设备、管道有无泄漏现象；

（4）灭火剂是否在有效期内。

（五）其他检查内容

消防监督检查人员可根据单位情况，确定其他应重点检查的内容。

1. 火源情况

火源是消防管理的重点，应检查如下内容：

（1）单位是否建立动火审批制度，并严格落实；

（2）动火过程中，动火施工人员是否遵守消防安全规定，并落实相应的消防安全防护措施，如将施工区和使用区进行防火分隔，清除动火区域的易燃、可燃物，配置消防器材，专人监护，保证施工及使用范围的消防安全；

（3）公共娱乐场所在营业期间是否存在违禁动火作业情况；

（4）是否制定并落实火炉取暖场所和吸烟场所的防火要求与措施；

（5）是否在具有火灾、爆炸危险的场所使用明火和吸烟。

2. 电气设备

电气火灾是起火火灾最主要的原因之一，电气设备也是消防监督检查的重点内容之一。对其进行检查的主要内容有：

（1）敷设电气线路、安装和维修电气设备，是否由专业电工操作，是否符合安全技术要求；

（2）电器设备运行是否正常，有无超负荷运行，电线、电缆的绝缘有无老化、受潮、漏电、短路；

（3）能够产生静电而引起火灾、爆炸事故的设备，是否安装了消除静电的装置和采取消除静电的措施；

（4）遭到雷击容易引起火灾、爆炸的场所，是否安装了避雷装置；

（5）爆炸危险场所是否遵照国家的有关规定安装相应的防爆电气设备；

（6）电气线路和电加热设备是否有专人负责监管和定期检查，离开时是否切断电源等。

3. 易燃易爆危险物品

易燃易爆危险物品火灾危险性大，一旦发生事故后果严重，因此是单位防火检查的重点内容之一。对其应重点检查以下内容：

（1）生产、储存、经营易燃易爆危险品的场所是否与居住场所设置在同一建筑物内；

（2）储存容器、管道有无定期测试，有无跑、冒、滴、漏现象；

（3）室内可燃气体、可燃液体管道是否按规定采用金属管道，并设有紧急事故切断阀；

（4）是否指定专人负责保管易燃易爆危险物品，是否制定易燃易爆危险物品的收发登记制度，对携带易燃易爆危险物品的人员是否把关等；

（5）各类易燃易爆危险物品的防火和灭火措施是否制定并落实；

（6）各类易燃易爆场所是否有烟头或遗留火种；

（7）危险场所动火是否按规定办理相关手续，焊工操作时是否达到动火安全制度要求；

（8）使用多种可燃、易燃油类是否符合安全操作要求，以及残油、残气的处理情况是否符合安全规定；

（9）易燃易爆危险物品储存、运输、使用是否符合安全要求。

二、对居民住宅区物业服务企业进行消防监督检查的内容

消防监督检查人员对居民住宅区物业服务企业进行日常消防监督检查，主要检查以下内容：

（1）是否制定消防安全制度；

（2）是否组织防火检查、消防安全宣传教育培训、灭火和应急疏散演练；

（3）消防车通道、疏散通道、安全出口是否畅通，室内消火栓、疏散指示标志、应急照明、灭火器是否完好有效；

（4）设有消防设施的小区是否每年对建筑消防设施至少进行一次全面检测；

（5）物业服务企业对管理区域内的公共消防设施是否进行维护管理；

（6）是否埋压、圈占、遮挡消火栓或者占用防火间距，是否占用、堵塞、封闭消防车道妨碍消防车通行。

三、对村（居）民委员会进行消防监督检查的内容

农村和城镇社区的消防工作主要依靠村民委员会、居民委员会开展自防自救，公安派出所对其进行的日常消防监督检查应主要注重业务指导。

（一）消防安全管理人情况

1. 消防安全管理人的职责

《消防法》第32条规定："村民委员会、居民委员会应当确定消防安全管理人，组织制定防火安全公约，进行防火安全检查。"消防安全管理人对村（居）民委员会负责，主要实施和组织落实以下消防安全管理工作：

（1）拟订年度消防工作计划，组织实施日常消防安全管理工作；

（2）组织制定消防安全制度和防火安全公约，并督促落实；

（3）拟订辖区消防安全工作的资金投入和组织保障方案；

（4）组织实施辖区内防火检查和火灾隐患整改工作；

（5）发展和管理志愿消防队伍及群众性消防组织；

（6）开展社区消防安全宣传教育，协助物业单位组织或独立组织灭火和应急疏散预案的实施与演练；

（7）组织实施对辖区内的消防设施、灭火器材和消防安全标识的维护管理，确保其完好有效；

（8）建立辖区内基础防火资料，完善消防工作档案；

（9）辖区发生火灾时，及时组织疏散周围群众，拨打“119”报警，组织人员扑救初起火灾；

（10）做好村（居）民委员会委托的其他消防安全管理工作。

2. 检查内容

主要包括：村（居）民委员会是否确定了消防安全管理人，消防安全管理人是否经过消防安全专门培训、是否熟悉辖区内的消防工作状况、是否了解并认真履行了相应的工作职责。

（二）消防安全工作制度制定情况

1. 消防安全工作制度的制定要求

村（居）民委员会应成立防火安全工作领导小组具体负责实施消防管理工作，组成人员包括村（居）民委员会主任、公安派出所辖区民警、村（居）民小组长；应将辖区消防安全工作列入日常工作内容，并建立以下各项消防安全工作制度：

（1）消防工作例会制度；

（2）防火检查巡查制度；

（3）重大火灾隐患报告制度；

（4）消防设施管理制度；

（5）消防宣传、培训制度；

（6）灭火演练和火灾扑救制度；

（7）消防工作奖惩制度；

（8）消防基础工作档案建设制度。

2. 检查内容

主要包括：村（居）民委员会是否成立消防工作组织机构，每个成员是否了解并认真履行了相应的工作职责；是否建立了完善的消防工作制度，并切实执行。

（三）防火安全公约制定情况

1. 防火安全公约的制定要求

“防火安全公约”是村（居）民共同制定且共同遵守和相互监督的有关各项具体防火措施的乡规民约，组织制定“防火安全公约”是做好社区消防安全工作的一项重要措施。村（居）民委员会应建立消防安全责任制度，与村（居）民签订《村（居）民防火公约》，并对落实情况进行检查。

2. 检查内容

主要包括：村（居）民委员会是否建立了消防安全责任制；是否制定了村（居）民防火公约，防火公约内容是否全面；村（居）民是否知道防火公约，并落实公约内容。

（四）消防宣传教育情况

1. 消防宣传教育的要求

《消防法》明确规定，村（居）民委员会应协助人民政府以及公安机关等部门，加强消防宣传教育。《社会消防安全教育培训规定》规定，社区居民委员会、村民委员会应当确定至少一名专（兼）职消防安全员，具体负责消防安全宣传教育工作。其具体内容包括：

（1）组织制定防火安全公约；

（2）在社区、村庄的公共活动场所设置消防宣传栏，利用文化活动站、学习室等场所，对居民、村民开展经常性的消防安全宣传教育；

（3）组织志愿消防队、治安联防队及灾害信息员、保安人员等开展消防安全宣传教育；

（4）利用社区、乡村广播、视频设备定时播放消防安全常识，在火灾多发季节、农业收获季节、重大节日和乡村民俗活动期间，有针对性地开展消防安全宣传；

（5）有条件的村（居）民委员会还应为辖区老、弱、病、残和孤寡老人提供必要的消防安全服务。

2. 检查内容

主要包括：村（居）民委员会是否建立了消防宣传制度，是否采用多种形式向村（居）民进行经常性的消防宣传教育。

（五）防火安全检查实施情况

1. 防火安全检查的要求

村（居）民委员会应定期组织辖区个体工商户、居民住户开展消防安全自检自查，及时发现和消除火灾隐患。检查主要是围绕个体工商户的消防安全责任是否落实，村（居）民是否有违反防火公约的行为，用火、用电、使用燃气是否符合消防安全要求，楼梯等公共通道是否堆放杂物、是否堵塞或锁闭，消防设施器材是否完好有效以及防火间距、消防车道是否被占用等方面进行。同时，村（居）民委员会对检查中发现的违法违章行为以及火灾隐患应督促整改，重大安全问题要及时上报。

2. 检查内容

主要包括：村（居）民委员会是否组织开展定期防火检查，并抽查防火检查的效果。

（六）消防水源、消防车道、消防器材情况

消防水源主要是指消火栓、消防供水管网、消防水池等天然水源；消防车道是满足消防车通行要求的道路；消防器材既包括志愿消防队的装备，也包括灭火器和其他简易灭火器材。维护管理辖区内的消防水源、消防车道、消防器材是村（居）民委员会的消防管理职责之一，目的是为扑救初起火灾提供必要的物质保证。

1. 消防水源的建设要求

在进行社区和农村建设规划时，应在保障村（居）民生产生活用水的同时，充分考虑消防用水的需要，重点规划消防给水设施建设。村（居）民委员会应保证建成的消防供水管网和消防用水不被挪作他用。在进行维修时，应及时通知消防队；平时，还应对室内外消火栓进行维护管理，防止被埋压、圈占或遮挡等。无给水管网的村镇，应建设一定数量的消防水池，寒冷地区还要采取防冻措施；也可充分利用江河、湖泊、堰塘、水渠、农业灌溉机井等天然水源作为消防水池。消防水池和天然水源设置的消防取水设施要保证完好可靠，以备消防用水和消防车取水。通向消防水源的道路应满足消防车或消防摩托车等其他简易消防车辆通行要求。在农村利用天然水源时，还应保证枯水期最低水位和冬季消防用水的可靠性。

2. 消防车道的建设要求

村（居）民委员会应保证辖区内的消防车道不被占用、锁闭，并保证畅通。村庄内部道路要按照有关规范要求打通主要干道，尽量减少和控制尽端路，设置必要的回车场地或回车道。

3. 消防器材的配置要求

村（居）民委员会应设置报警电话，配备并维护消防装备和灭火器材。村镇专（兼）职消防队和志愿消防队装备的配备应能满足扑救辖区内一般火灾和抢险救援的需要。经济比较发达地区的村镇消防队（站）要按照专职消防队（站）建设标准进行建设。经济欠发达地区的村镇，如农牧区，应考虑地势不平坦、路窄弯多，天然水源丰富，驻村工商企业少，居民火灾多等特点，推广经济适用性强、灵活机动性好，既适合乡村道路行驶，又便于从沟渠池塘汲水的三轮摩托消防车、消防手抬机动泵、车载消防水箱等作为村镇消防队（站）的主力装备。

4. 检查内容

主要包括：村（居）民委员会是否建有消防水源，并保证火灾时的有效供水；是否保证消防车道不被占用，且畅通；是否为辖区的消防队伍配备必要的消防器材以及器材是否完好有效。

（七）多种形式消防组织情况

1. 多种形式消防组织的建设要求

村（居）民委员会应在城市街道办事处、乡镇人民政府的指导、支持和帮助下开展群众性的消防工作。在城镇社区，居民委员会应组织建立治安消防岗亭，组建志愿消防队，招募发展家庭防火队伍、志愿消防巡查员、消防宣传志愿者队伍等群众性消防组织；在村镇，村民委员会应根据城镇规模、经济发展状况等因素，因地制宜地建立乡镇办、政企联办或乡镇联办的专（兼）职消防队。一时没有条件设置专（兼）职消防队的村镇，可以组织成立由村民组成的志愿消防队伍。村（居）民委员会应组织各类消防自治组织开展防火安全检查和消防宣传；定期组织志愿消防队训练；发生火灾时，组织志愿消防队扑救初起火灾，并在灭火后保护火灾现场，协助调查火灾原因。

2. 检查内容

主要包括：村（居）民委员会是否组织建立了多种形式的消防组织，并组织其开展各项消防工作，实现自防自救。

第三节　消防监督检查的程序

消防监督检查的程序是执法主体及其工作人员实施消防监督检查时应遵循的方式、步骤、时限和顺序的总和。消防监督检查活动是国家行政行为，与消防监督相对人和社会公众的合法权益息息相关，如果没有严格的法定程序来约束，消防监督检查职权就可能被滥用；如果没有规范的监督检查程序，就可能导致检查的随意性，影响公正执法。

一、消防监督检查的工作流程

（一）消防监督抽查的工作流程

1. 制订检查计划

公安派出所在每年年初应拟订年度消防监督检查工作计划，合理安排年度、季度检查的重点和工作进度，对属于日常监督检查范围的单位应当每年至少进行一次日常消防监督检查。在火灾多发季节、重大节日、重大活动前和活动期间还应拟定阶段抽查计划，组织监督抽查。

2. 确定检查单位

公安派出所可以分行业或者分地区，采取随机方式确定每次检查的单位，也可以根据火灾形势和专项检查任务确定检查的重点单位。

3. 检查前的准备工作

消防监督检查人员实施日常消防监督检查前，要做好以下准备工作：

（1）了解单位情况，查阅检查对象的有关台账或档案资料，了解单位的地址、建筑规模、生产经营、消防管理及消防监督检查等情况；

（2）准备检查的文书和器材，包括《公安派出所日常消防监督检查记录》《责令改正通知书》等，以及实施消防监督检查所需的器材。

4. 实地检查

实地检查应按照法定的检查内容、要求和消防监督现场检查的基本程序实施。

5. 实施处理

经消防监督检查未发现检查对象存在消防安全违法行为或违法行为轻微且依法可以不予行政处罚的，在《公安派出所日常消防监督检查记录》中按照有关要求填写清楚，直接归档。经消防监督检查发现消防安全违法行为的，进入消防违法行为查处的工作流程。

6. 归档

单位消防监督抽查案卷应在结案后 30 个工作日内立卷建档。归档的主要包括以下内容：

（1）消防监督检查记录；

（2）责令改正通知书；

（3）复查记录；

（4）行政处罚决定书等依法处理情况的文书；

（5）文书送达回执；

（6）其他有关资料。

（二）举报、投诉消防违法行为核查的工作流程

公安机关消防机构接到对消防安全违法行为的举报、投诉，应当及时受理、登记，并按照《公安机关办理行政案件程序规定》的相关规定处理。

1. 受理

举报、投诉的受理范围和程序如下：

（1）对于群众来信、来电、来访举报、投诉的，上级部门或者领导批转交办的，其他行政主管部门移送管辖的，以及通过其他方式举报、投诉的消防案件，应当及时受理、登记。

（2）在《消防安全违法行为举报、投诉查处情况记录》中详细记录举报、投诉人的基本情况，举报、投诉形式，受理时间，受理人员的姓名和举报、投诉的内容。举报、投诉人要求保密的，应当注明，并为其保密。

（3）对属于公安机关消防机构管辖的，应当在受理后的24小时内移送有管辖权的单位处理，并告知举报、投诉人；对属于《公安机关办理行政案件程序规定》所列举的紧急情形，公安派出所及其工作人员可以采取必要的强制措施或者其他处置措施。

（4）对不属于公安派出所和公安机关消防机构职责范围内的事项，应当告知当事人向其他有关主管机关举报、投诉。

2. 交办

受理举报、投诉后，消防监督检查人员应当按照办理时限规定，及时将《消防安全违法行为举报、投诉查处情况记录》报公安派出所所长。公安派出所所长应当指派社区（驻村）民警、治安民警查处。

3. 实地核查

核查的范围和程序如下：

（1）公安派出所消防监督检查人员应针对举报、投诉的内容进行实地核查。核查时，应当填写《公安派出所日常消防监督检查记录》；

（2）接到对占用、堵塞、封闭疏散通道、安全出口或者其他妨碍安全疏散行为，以及擅自停用消防设施的举报、投诉，应当在接到举报、投诉后24小时内进行核查；

（3）对其他消防安全违法行为的举报、投诉，应当在接到举报、投诉之日起3个工作日内进行核查。

4. 核查后的处理

公安派出所消防监督检查人员经过核查后，对于违法行为属实的，应当及时查处，违法行为不属实的，不予处理。

5. 告知

告知的程序和内容如下：

（1）核查人员应当将查处情况填入《消防安全违法行为举报、投诉查处情况记录》“查处情况”栏，报公安派出所所长。公安派出所所长在“查处情况”栏签署意见；

（2）核查、查处情况应当及时告知举报、投诉人，告知情况或无法告知的原因应当在《消防安全违法行为举报、投诉查处情况记录》“告知情况”栏注明。

6. 建档

举报、投诉消防安全违法行为核查案卷应在结案后30个工作日内立卷建档。归档主要包括以下内容：

（1）消防安全违法行为查处情况告知举报人材料；

（2）举报材料、来访反映情况记录；

（3）消防安全违法行为举报、投诉受理登记；

（4）消防监督检查记录；

（5）复查记录；

（6）行政处罚决定书等依法处理情况的文书；

（7）文书送达回执；

（8）其他有关资料。

二、消防监督检查的基本程序要求

《消防监督检查规定》规定了消防监督检查的基本程序要求。

（一）表明身份

表明身份，是指消防监督检查人员向检查对象口头说明并出示必要证件，以表明合法监督检查主体身份的过程。表明身份的目的：一是体现执法行为的严肃性；二是取信于检查对象；三是避免不法之徒假冒消防监督检查人员对检查对象进行敲诈勒索。公安派出所民警进行日常消防监督检查、抽查时，检查人员不得少于两人，应当着制式警服，并出示执法身份证件。对于不出示执法身份证件或出示的证件不符合要求的，检查对象有权拒绝其检查。

（二）说明理由

说明理由，是指消防监督检查人员向检查对象说明检查的原因和依据或表明检查权限的过程。说明理由的目的是保证监督检查中双方当事人的权利和义务。对于消防监督检查人员而言，说明理由是为了取得检查对象的理解和配合，保障消防监督检查权的顺利行使，同时，也使检查权处于公众监督之下，防止滥用此项职权。对于检查对象而言，通过检查人员说明理由可获知依法应承担的相应义务，接受、服从并协助消防监督检查，同时也可以监督检查权的正当行使，保护自身合法权益。

（三）填写检查记录

在消防监督检查过程中，检查人员应当如实填写《公安派出所日常消防监督检查记录》，记录检查内容的情况。《公安派出所日常消防监督检查记录》应当由检查人员和被检查单位或村（居）民委员会主管人员阅后签名；对记录有异议或者拒绝签名的，消防监督检查人员应当注明情况。《公安派出所日常消防监督检查记录》应一式两份，一份交被检查单位或村（居）民委员会，另一份存档备查。

（四）告知检查结果

检查完毕，应当将消防监督检查结果告知相对人并提出整改意见或建议，同时，一并告知与监督检查结果有直接关系的权利和义务。一方面，可使检查对象及时采取措施，消除火灾隐患；另一方面，便于检查对象对不利于自己的监督检查结果进行申辩。

三、消防监督检查的方法

消防监督检查的方法，是指为了达到检查的目的，所采用的实施检查的方式和手段。消防监督检查人员应根据检查对象的实际情况，灵活运用各种检查方式和手段，做到应查尽查，掌握检查对象的真实情况。检查方法的正确与否，直接关系到检查的效果。因此，针对不同的检查内容，检查人员应当采取不同的检查方法。

（一）询问

询问，是通过向有关人员进行发问，了解本单位消防安全工作的开展情况和各项制度措施的执行落实情况等。这种方法是消防安全检查中不可缺少的手段之一。通过询问，不仅可以在有限的时间内，直接而快速地获得相关的信息，还可以了解到有些其他手段查不出来的火灾隐患。

询问可以采用随机抽查的方式，边检查、边询问、边记录。采用这种方法时，消防安全检查人员应作好充分准备，避免盲目性，如预先设计询问或测试哪些人、哪些方面的问题以及问题的难易度与普遍性等。询问对象不同，内容也应有所差别。

（1）询问消防安全责任人或消防安全管理人员，了解其实施和组织落实消防安全管理工作的概况以及领导对消防工作的熟悉和重视程度。

（2）询问消防安全重点部位的人员，了解单位对其培训的概况以及消防安全制度和操作规程的落实情况。

（3）询问消防控制室的值班、操作人员，了解其是否具备岗位资格。

（4）随机抽查询问员工，了解单位开展消防安全宣传教育情况；对于人员密集场所，还应向员工了解其组织引导在场人员疏散的知识和技能，以及报告火警和扑救初起火灾的知识和技能。

（二）查阅资料

查阅的主要资料是单位的消防档案。消防监督检查人员可以通过查阅单位的消防档案，全面了解单位的消防安全状况。在查阅消防安全资料时应重点检查以下方面：

（1）制定的各种消防安全制度和操作规程是否全面并符合有关消防法律、法规的规定和实际需要；

（2）各种检查记录及值班记录的填写是否详细、规范；

（3）单位制定的灭火和应急疏散预案是否具有合理性和可操作性；

（4）注意辨别资料的真实性和有效性以及与实际情况是否一致，必要时，应对有疑问的内容通过实际检查加以确认。

（三）实地查看

实地查看，是消防监督检查人员通过用眼看、手摸、耳听、鼻嗅等人的感官直接观察的方法。实地查看是消防安全检查采用的最基本的方法，要求消防监督检查人员必须亲临现场，特别是建筑物内安全出口和疏散通道，要求逐一走到。查看过程中，要充分发挥人的感官功能，认真细致地观察。例如，在防火巡查时，用眼看一看有哪些不正常的现象，用手摸一摸有无过热等不正常的感觉，用耳听一听有无不正常的声音，用鼻子嗅一嗅有无不正常的气味等。对于通过观察方法不能确定的问题，要借助工具和仪器进行测量，予以确认。

（四）抽样测试

抽样测试，主要是借助专业检查、测试的设备、仪器，对建筑消防设施、设备进行功能抽查测试，对电气设备、线路，可燃气体、液体等相关参数等进行测量。抽样测试前，检查人员应当先通过眼看、耳听、手摸等方法，做抽样性外观检查，来判断系统是否处于准工作状态；系统组件是否完整，有无损坏。对于消防设施，还应查阅单位所提供的消防设施定期检查记录及建筑自动消防系统的全面检查测试维修保养报告，以确定单位消防设施运行情况；与单位的消防设施专业维护管理人员一同借助专业检查、测试的设备、仪器，按照《建筑消防设施检测技术规程》《消防产品现场检查判定规则》等标准的要求，对建筑消防设施、器材进行功能抽查测试。

（五）现场检验

现场检验，这一检查手段是对于采用其他手段不能有效进行检查的内容，如对单位灭火应急疏散预案和组织演练情况的检查，不能局限于仅检查单位是否制定了灭火疏散预案，还应检验单位消防安全责任人、消防安全管理人、专（兼）职消防管理人员、志愿消防队员和员工对灭火疏散预案的熟悉及掌握程度，因此，可以采取实地演练的方式，对某一重点部位进行模拟演练，以检查消防安全责任人或消防安全管理人的指挥能力、志愿消防队员的灭火和协作能力以及员工疏散等情况。现场检验的检查手段主要适用以下内容：

（1）开展灭火应急疏散预案的演练情况；

（2）消防队伍的训练情况；

（3）员工安全操作情况。

四、消防监督检查法律文书的制作

（一）《公安派出所日常消防监督检查记录》

《公安派出所日常消防监督检查记录》是公安派出所民警进行消防监督检

查时制作的法律文书，主要记录检查中发现的消防安全违法行为、责令改正的情况。不论是否发现消防安全违法行为，均应填写《公安派出所日常消防监督检查记录》。

1. 基本信息的填写

“单位性质”栏，填写单位的使用性质，如医院、学校、宾馆、饭店、商场、集贸市场、客运车站候车室、客运码头候船厅、民用机场航站楼、体育场馆、会堂、公共娱乐场所、养老院、福利院、托儿所、幼儿园、图书馆、生产企业等；“建筑面积”栏，填写单位实际使用的建筑面积；“建筑层数”栏，填写单位所使用的建筑楼层序号；“建筑高度”栏，填写单位所在建筑的总体高度。

2. 检查内容和情况记录的填写

（1）对建筑物内的某一个场所进行消防监督检查时，《公安派出所日常消防监督检查记录》第一部分中，建筑物的消防行政许可情况应填写该场所的消防行政许可情况；该场所所在建筑物整体的消防行政许可情况应在备注栏中填写。

（2）对 1998 年 9 月 1 日前投入使用的建筑和场所，在填写《公安派出所日常消防监督检查记录》时，应在备注栏注明“该建筑于 ×× 年 ×× 月投入使用”。

（3）原则上要求一次消防监督检查，应将发现的该场所存在的消防安全违法行为全部指出，并填入《公安派出所日常消防监督检查记录》中。但是，对于发现建筑物未依法通过消防验收，或者未进行消防竣工验收备案，擅自投入使用的；公众聚集场所未依法通过使用、营业前的消防安全检查，擅自使用、营业的，仅需填写《公安派出所日常消防监督检查记录》中的单位基本情况、“合法性”和“移送消防机构处理的内容”等栏即可，其他栏内容可不填写。

（4）《公安派出所日常消防监督检查记录》所列举的内容，在检查对象按有关规定可不设置且文书已经设置选项或填空处的，则相关项目可不勾选或在项目填空处划斜杠。例如，“建筑防火”栏中，“防火门”项目中仅有“完好有效”“常闭式防火门常开”和“损坏”三个选项，如按有关技术规范可不设防火门，则“防火门”项目可不勾选。

（5）《公安派出所日常消防监督检查记录》中记录的消防安全违法行为应有现场照片证明。有条件的，也可以用摄像形式取证。其有关相片要冲洗后附档，相片应注明证明内容、拍照日期、拍照人、证明人；电子文档要刻录保存。

（6）对村（居）民委员会履行消防安全职责情况实施消防监督检查时，《公安派出所日常消防监督检查记录》中，“单位履行消防安全职责情况”和“移送消防机构处理的内容”两栏可不填写。

（7）对违法行为轻微并当场改正完毕，依法可以不予行政处罚的，可以口头责令改正，并在《公安派出所日常消防监督检查记录》“备注”栏中注明。

3. 其他内容的填写

（1）《公安派出所日常消防监督检查记录》“〔　〕”处填写年度，“第　号”处填写文书的顺序编号。

（2）“检查日期”栏，填写现场检查当日的日期；“消防安全管理”栏中的“其他情况”处，填写单位其他消防安全管理情况；“备注”栏，填写通知单位立即采取措施消除火灾隐患的情况。

（二）《消防安全违法行为举报、投诉查处情况记录》

《消防安全违法行为举报、投诉查处情况记录》是公安派出所民警对举报、投诉进行消防安全查处过程的法律文书。

1. 举报、投诉人信息

“举报、投诉人”栏，填写举报、投诉人详细情况。当事人要求匿名举报、投诉的，受理登记人员应当为当事人保密，填写“匿名”或“不明”。

2. 举报、投诉形式

“举报、投诉形式”栏，受理人员应在相应项目内打上“√”。

3. 举报、投诉内容

“举报、投诉内容”栏，要填写举报、投诉的违法行为。同时，要填写具体的单位、地址或者人员等，以便于消防监督检查人员及时准确开展核查工作。

4. 领导批示

对受理属于公安机关消防机构管辖的举报、投诉，公安派出所所长在有关举报、投诉受理后，在该记录表“领导批示”一栏中作出移交批示，“查处情况”一栏无须填写，只在告知举报、投诉人移交情况后填写“告知情况”

栏即可。

5. 查处情况

“查处情况”栏中，核查人员要详细填写核查的时间、经过、事实情况、处理情况、核查人员签名和领导审批情况等。“告知情况”栏中，告知人员要填写举报、投诉核查反馈情况，并要如实填写；对于告知或者无法告知的，承办人员都要签字。

6. 其他内容

“编号”处填写文书的顺序编号。

第四章　常见场所的消防监督检查

由公安派出所列管的单位和场所通常规模较小，但类型多样，主要包含购物场所、餐饮场所、住宿场所、公共娱乐场所、休闲健身场所、医疗场所、教学场所、生产加工场所以及易燃易爆危险品销售和储存场所等，俗称“九小”场所。每类场所都有各自突出的火灾危险性，消防安全要求也有区别。因此，消防监督检查的内容也应区别各类场所而有所侧重。

第一节　公众聚集场所消防监督检查

伴随着城市经济的快速发展、流动人口数量的增多以及城镇化的快速推进，旅馆、饭店、商店、超市、网吧、KTV 以及娱乐健身等公众聚集场所得到了迅猛发展，其中一些规模较小的公众聚集场所被纳入公安派出所消防监督检查的范畴。

一、小型公共娱乐场所消防监督检查

小型公共娱乐场所大多依附在其他建筑内部，场所内人员密集、电气负荷大，使用可燃材料装修多，发生火灾极易造成人员伤亡，甚至导致群死群伤的重特大恶性火灾事故。例如，2002 年 6 月 16 日，北京蓝极速网吧由于人为纵火，造成 25 人死亡；2008 年 9 月 20 日，深圳市舞王俱乐部歌舞厅演职人员使用自制礼花弹手枪发射礼花弹，引燃天花板的聚氨酯泡沫，造成 43 人死亡、88 人受伤；2009 年 1 月 31 日 23 时，福建省长乐市拉丁酒吧发生火灾，造成 17 人死亡、20 人受伤。因此，公共娱乐场所被列为各级消防监督检查工作的重点场所。

（一）公共娱乐场所的界定

公共娱乐场所，是指具有文化娱乐、健身休闲功能并向公众开放的室内场所。根据《公共娱乐场所消防安全管理规定》，公共娱乐场所主要包括下列室内场所：影剧院、录像厅、礼堂等演出、放映场所；舞厅、KTV 等歌舞娱乐场所；具有娱乐功能的夜总会、音乐茶座和餐饮场所；游艺、游乐场所；保龄球馆、旱冰场、桑拿浴室等营业性健身、休闲场所等。

（二）公共娱乐场所的火灾危险性

1. 用电设备较多，私搭乱接现象普遍，易导致发生电气火灾

公共娱乐场所由于经营需要，大量使用电视机、音响设备、灯光、计算机、空调等用电设备，电气线路敷设复杂，使用过程中存在私搭乱接等现象，容易导致电气线路发生故障，从而引发火灾事故。

2. 室内装修可燃材料多，易加速火灾蔓延，并产生有毒烟气

公共娱乐场所在室内装修过程中，因考虑装修造型、音响效果和材料价格等原因，经常会采用木材、塑料、纤维织品、胶合板及壁纸等易燃、可燃的有机材料进行装饰、装修。因此，该类场所一旦起火，火势蔓延速度快，同时产生大量有毒、有害气体，易造成火场中的人员中毒。

3. 消防违法行为普遍存在，监管难度较大

由于该类场所规模有限，经营成本低，因此，场所性质变更频繁，在反复的装修过程中，存在擅自改变建筑原有结构，降低建筑物耐火等级，破坏防火、防烟分区等大量消防违法行为，甚至为了经营需要，擅自封闭疏散通道和安全出口，埋压、遮挡消火栓，停用自动喷水灭火系统和火灾自动报警装置。

4. 员工安全意识淡薄，消防安全管理缺失

公共娱乐场所经营管理人员流动性相对较大，内部消防安全管理松散，员工消防安全意识淡薄，是造成公共娱乐场所火灾隐患长期存在的根本原因。一方面，很多小型公共娱乐场所内部消防管理制度不完善，没有明确的消防安全管理人员，缺乏规范的消防安全管理制度；另一方面，忽视对单位员工的消防安全培训，员工缺乏必要的消防安全常识，没有开展有针对性的消防安全演练工作，造成员工对火灾应急处置程序和操作方法不清楚。

（三）公共娱乐场所消防监督检查要点

公共娱乐场所消防监督检查应重点结合公共娱乐场所的火灾危险性，按照《公共娱乐场所消防安全管理规定》，有针对性地开展消防监督检查。

1. 公共娱乐场所消防合法性检查

根据《消防法》《建设工程消防监督管理规定》和《消防监督检查规定》等消防法律、法规的规定，建筑面积小于 500m^2 的小型公共娱乐场所实行消防设计和竣工验收备案抽查制度；公共娱乐场所营业前，应经公安机关消防机构消防安全检查合格后方可营业。

2. 公共娱乐场所建筑防火检查

公共娱乐场所建筑防火的检查内容主要是场所设置建筑的耐火等级和平面布置是否满足如下要求。

（1）建筑耐火等级

公共娱乐场所宜设置在耐火等级不低于二级的建筑物内。已经核准设置在三级耐火等级建筑内的公共娱乐场所，应当符合下列特定的防火安全要求：

①对建筑物的燃烧体进行防火处理，提高建筑物的耐火等级；

②增设火灾自动报警、自动灭火装置；

③落实专人值班、防火巡查和检查制度。

（2）平面布置

公共娱乐场所设置位置应满足以下要求：

①公共娱乐场所不得设置在文物古建筑和博物馆、图书馆建筑内，不得毗连重要仓库或者危险物品仓库，不得在居民住宅楼内改建公共娱乐场所；

②公共娱乐场所与其他建筑相毗邻或者附设在其他建筑物内时，应当按照独立的防火分区设置；

③商住楼内的公共娱乐场所与居民住宅的安全出口应当分开设置；

④歌舞厅、录像厅、夜总会、游艺厅（含电子游艺厅）、卡拉 OK 厅、桑拿浴室（不包括洗浴部分）及网吧等歌舞娱乐放映游艺场所（不含剧场、电影院）等不应设置在地下二层及以下楼层。

3. 公共娱乐场所消防安全管理检查

公共娱乐场所消防安全管理检查主要有消防安全管理组织和消防安全管理

制度的建立及制度落实情况。

（1）消防安全管理组织

公共娱乐场所应当在法定代表人或者主要负责人中确定本单位的消防安全责任人和消防安全管理人。消防安全责任人和消防安全管理人应当依照《消防法》的有关规定履行消防安全职责，负责检查和落实本单位防火措施、灭火预案的制定和演练以及建筑消防设施、消防通道、电源和火源管理等。各部门和岗位的负责人应定期培训，明确本岗位的消防安全职责；特别是公共娱乐场所的消防控制室值班员应经过消防专门培训，持证上岗，熟练掌握《消防控制室管理及应急程序》，并能熟练操作消防控制设备。

（2）消防安全管理制度

重点检查内容及要求如下：

①公共娱乐场所应建立防火巡查和防火检查制度。营业期间，公共娱乐场所应每两个小时进行一次防火巡查，并按照《人员密集场所消防管理》的规定，确定巡查的人员、内容和部位；公共娱乐场所还应定期开展防火检查，做到各岗位每天一次，各部门每周一次，单位每月一次。

②公共娱乐场所应建立消防安全教育培训制度。公共娱乐场所应至少每半年组织一次对从业人员的集中消防培训，对新上岗员工或有关从业人员应进行上岗前的消防安全培训。

③公共娱乐场所应建立用火、动火安全管理制度，并应明确用火、动火管理的责任部门和责任人，明确用火、动火的审批范围、程序和要求，以及电气焊工的岗位资格及其职责要求等内容。公共娱乐场所在营业期间，禁止动火作业。

4. 公共娱乐场所内部装修检查

公共娱乐场所内部装修应重点检查以下部位。

（1）室内房间顶棚和墙面

歌舞厅、KTV（含具有KTV功能的餐厅）、夜总会、录像厅、放映厅、桑拿浴室（洗浴部分除外）、游艺厅（含电子游艺厅）、网吧等歌舞娱乐放映游艺场所（以下简称歌舞娱乐放映游艺场所）设置在一、二级耐火等级建筑的四层及四层以上时，室内装修的顶棚应采用A级装修材料，其他部位应采用不低于

B1 级的装修材料；当设置在地下一层时，室内装修的顶棚、墙面应采用 A 级装修材料，其他部位应采用不低于 B1 级的装修材料。室内房间的顶棚或墙面采用海绵等多孔或泡沫状塑料时，厚度不应大于 15mm，面积不得超过该房间顶棚或墙面积的 10%。进行室内装修时，应尽量避免使用聚氨酯海绵（即所谓“软包”）等易燃材料。

（2）照明灯具

各种灯具距离幕布、窗帘、布景等可燃物不小于 0.5m。照明灯具的高温部位，当靠近易燃、可燃、难燃装修材料时，应采取隔热、散热等防火保护措施。灯饰所用材料应为不燃和难燃材料，禁止使用易燃或可燃材料。

（3）安全标识

公共娱乐场所应悬挂各种警示标识牌，如禁止吸烟、禁止使用明火、禁止燃放烟花爆竹、禁止存放易燃易爆危险品等。

5. 安全疏散设施检查

安全疏散设施检查的重点及要求如下。

（1）安全出口和疏散门

公共娱乐场所在营业时必须确保安全出口和疏散通道畅通无阻，营业期间严禁将安全出口上锁、阻塞。公共娱乐场所的安全出口数目、疏散宽度和距离，应当符合国家有关建筑设计防火规范的规定。在疏散门 1.4m 范围内，不应设置踏步、门槛和台阶；疏散门应向外开启，不得采用卷帘门、转门、吊门和侧拉门，门口不得设置门帘、屏风等影响疏散的遮挡物。

（2）窗口和阳台

窗口、阳台等部位禁止设置影响逃生和灭火救援的栅栏；公共娱乐场所的外墙上应在每层设置外窗（含阳台），其间隔不应大于 15m；每个外窗的面积不应小于 1.5m^2，且其短边不应小于 0.8m，窗口下沿距室内地坪不应大于 1.5m；使用人数超过 20 人的厅、室内应设置净宽度不小于 1.1m 的疏散走道，活动座椅应采用固定措施。

（3）疏散走道

歌舞娱乐放映游艺场所应在疏散走道和主要疏散路径的地面上增设能保持视觉连续的灯光疏散指示标志或蓄光疏散指示标志。使用人数超过 20 人的厅、室内应设置净宽度不小于 1.1m 的疏散走道，活动座椅应采用固定措施。

（4）楼梯间

封闭楼梯、防烟楼梯及其前室的防火门应向疏散方向开启，且具有自闭功能，并处于常闭状态；平时因频繁使用需要常开的防火门应能自动、手动关闭；平时需要控制人员随意出入的疏散门，不用任何工具能从内部开启，并有明显标识和使用提示；常开防火门的启闭状态在消防控制室能正确显示。

（5）消防应急照明

消防应急照明可采用蓄电池作备用电源，其连续供电时间不应少于 30min（设置在高度超过 100m 的高层民用建筑连续供电时间不应少于 1.5h，地下、半地下建筑内连续供电时间不应少于 1h）。正常电源断电后，火灾应急照明电源转换时间应不大于 5s。公共娱乐场所内的地面最低水平照度不应低于 3.0Lx，对于楼梯间、前室或合用前室、避难走道不应低于 5.0Lx。

（6）疏散指示标志

疏散指示标志应完好有效。当疏散指示标志设置在安全出口和疏散门的正上方时，其下边缘距门的上边缘不宜大于 0.2m；在疏散走道及其转角处时，应设置在距地面高度 1m 以下的墙面或地面上。疏散指示标志间距不应大于 20m，对于袋形走道不应大于 10m，在走道转角区不应大于 1m。

（7）安全疏散辅助设施

公共娱乐场所等各楼层的明显位置应设置安全疏散指示图，指示图上应标明疏散路线、安全出口、人员所在位置和必要的文字说明。KTV、休息厅、网吧及其包房内，应当设置声音或者视像警报，保证在火灾发生时，将其他画面、音响消除，切换到应急广播和应急疏散指示，引导人们安全疏散。

6. 电气线路和照明设施检查

电气线路和照明设施检查的重点及要求如下。

（1）电气线路敷设

电气线路的敷设应符合相关规范的规定。用电负荷较大的场所应慎用铝芯导线，尽量选用铜芯导线。电力电缆不应和输送甲、乙、丙类液体管道，可燃气体管道，热力管道敷设在同一管沟内。配电线路宜穿管敷设，敷设在闷顶内的配电线路应穿金属管保护。

（2）电气设备安装

电气设备的安装应符合相关规范的规定。严禁在线路上擅自增加电气设备，以防止过载引发火灾。在人员集中活动的场所布置场景、灯光和其他用电设备时，要核对供电回路的允许负荷。开关、插座和照明器靠近可燃物时，应采取隔热、散热等防火保护措施。超过限定功率的、发热量大的电气设备不应直接安装在可燃装修或可燃构件上，引入线应按规定作隔热保护。照明灯具、电源开关、插座、荧光灯等应安装在不燃材料上。照明灯具的高温部位，当靠近可燃物时，应采取隔热、散热等防火保护措施，灯饰应选用不燃、难燃材料。卤钨灯和额定功率 100W 及以上的白炽灯泡的吸顶灯、槽灯、嵌入式灯的引入线应采用瓷管、石棉、玻璃丝等非燃烧材料作隔热保护。

（3）配电室

配电室宜单独设置，如果不能单独设置，应采用耐火极限不低于 2.00h 的隔墙、1.50h 的楼板和乙级防火门与其他场所隔开。配电室和机房内，应按规定配置相应的灭火器材。

（4）消防用电设备

消防用电设备应采用专用供电回路，其配电线路应满足火灾时连续供电的需要，其敷设应满足相关规范的规定。所有电气设备的接地装置均应按相关规定定期进行接地电阻测试，确保其处于正常状况。

7. 消防设施检查

公共娱乐场所内消防设施检查的重点及要求如下。

（1）火灾自动报警系统

歌舞娱乐放映游艺场所应设置火灾自动报警系统，具体检查内容包括：

①检查故障报警功能：摘掉一个探测器，控制设备能正确显示故障报警信号；

②检查火灾报警功能：任选一个探测器进行吹烟，控制设备能正确显示火灾报警信号；

③检查火警优先功能：摘掉一个探测器，同时给另一探测器吹烟，控制设备能优先显示火灾报警信号；

④检查消防电话通话功能：在消防控制室和水泵房、发电机房等处使用消

防电话，消防控制室与相关场所能相互正常通话。

（2）自动喷水灭火系统

设置在高层民用建筑内的歌舞娱乐放映游艺场所，设置在地下或半地下或地上四层及以上楼层的歌舞娱乐放映游艺场所以及设置在首层、二层、三层且任一层建筑面积大于 300m^2 的地上歌舞娱乐放映游艺场所应设置自动灭火系统，并宜采用自动喷水灭火系统。具体检查内容包括：

①报警阀组件完整，报警阀前后的阀门、通向延时器的阀门处于开启状态。

②对自动喷水灭火系统进行末端试水：将消防控制室联动控制设备设置在自动位置，选择最不利点进行末端试水，观察压力表是否低于 0.05MPa；水流指示器动作，控制设备能正确显示水流报警信号；压力开关动作，水力警铃发出警报，在 3m 处测声压是否低于 70dB；使用秒表计时，5 秒内是否喷淋泵启动，控制设备能正确显示压力开关动作及启泵信号。

③防烟和排烟设施。设置在一、二、三层且房间建筑面积大于 100m^2 的歌舞娱乐放映游艺场所，设置在四层及以上楼层、地下或半地下的歌舞娱乐放映游艺场所应设置防烟和排烟设施。具体检查内容包括：检查加压送风系统：自动、手动启动加压送风系统，相关送风口开启，送风机启动，送风正常，反馈信号正确；检查排烟系统：自动、手动启动排烟系统，相关排烟口开启，排烟风机启动，排风正常，反馈信号正确。

（3）灭火器

公共娱乐场所应当按照《建筑灭火器配置设计规范》配置灭火器材。检查要求包括：

①公共娱乐场所必须配备 ABC 类干粉灭火器；

②灭火器压力符合要求，压力表指针在绿区；

③灭火器设置在明显和便于取用的地点，不影响安全疏散；

④灭火器有定期维护检查的记录。

（4）消火栓、水泵接合器

一是检查消火栓箱：水枪、水带等配件齐全，水带与接口绑扎牢固。二是检查消火栓的系统功能：任选一个室内消火栓，接好水带、水枪，水枪出水正常；将消防控制室联动控制设备设置在自动位置，按下消火栓箱内的启泵按钮，消火栓泵启动，控制设备能正确显示启泵信号，水枪出水正常。三是检查室外消火栓：不被埋压、圈占、遮挡，标识明显，有专用开启工具，阀门开启灵活、方便，出水正常。四是检查水泵接合器：不被埋压、圈占、遮挡，标识明显，并标明供水系统的类型及供水范围。

二、小型旅店的消防监督检查

近些年，涌现出了大量的小型旅店，如经济型连锁酒店、家庭旅店等。与大型星级宾馆相比较，这些小型旅店大部分都是在原有建筑基础上改建或者扩建而成，旅店内虽然房间数量不多，但人员流动频繁，存在一定的消防安全隐患。例如，2005 年 6 月 10 日，广东省汕头市潮南区峡山街道华南宾馆二楼包厢顶部因电线短路引燃可燃物导致火灾，造成 31 人死亡、3 人重伤；2011 年 12 月 24 日凌晨，湖北省潜江市园林城区的一座小型旅馆“亨通宾馆”发生重大火灾事故，造成 4 人死亡、7 人受伤；2011 年 5 月 1 日凌晨，吉林省通化市如家快捷酒店发生特别重大火灾事故，造成 10 人死亡、41 人重伤。

（一）小型旅店的界定和分类

1. 小型旅店的界定

小型旅店主要分布在靠近车站、医院、学校等交通便利以及人流较大的地方。小型旅店客房数量一般不超过 50 间，平均客员容纳量在 100 人以下，建筑面积以 500m^2 以下居多，住宿费用相对较低，通常以间（套）或者小时为计费单位。

2. 小型旅店的分类

（1）小型旅店按所在建筑位置，可分为“单体式”和“附设式”两类。“单体式”旅店，即一幢建筑物整体用于旅店及其辅助用房，建筑结构独立，客房相对集中；“附设式”旅店，即附设在公共建筑或居住建筑局部楼层的旅店，经营者将原有建筑中部分空间施工改造成旅店，分隔成不同面积的独立用房。

（2）小型旅店业场所按经营性质，主要分为小型经济型连锁酒店和家庭式旅店。经济型连锁酒店，也称快捷型酒店，通常是指以提供符合二星级酒店客房硬件标准以上的住宿为核心产品，并提供有限餐饮、会议等补充产品，价格低廉，符合大众化消费需求的住宿设施。这类酒店多为连锁性经营模式，采用标准化装修、管理和运营，安全性相对较高。家庭式旅店，是指以家庭合法拥有的住宅为基本接待单位，以接待住宿旅客为经营目的，以个体管理服务为主要形式的小型住宿接待设施。这类旅店通常为旅客与居民混杂在一起，主要分布在各种住宅小区内，火灾隐患相对较大。

（二）小型旅馆的火灾危险性

1. 安全疏散困难

由于小型旅店通常是在原有建筑基础上改建或扩建而成的，且部分旅店附设于其他建筑之中，因此，受原有建筑周边环境和建筑结构限制，改建后的旅店在建筑结构和消防安全疏散设施等方面难以符合现行消防技术规范要求。此外，一些附设在居住建筑内的旅店和居民区生活混杂在一起，经营者为了管理需要，往往在旅店房间的外窗设置防盗网、铁栅栏，在疏散走道、楼梯间或安全出口处设置栅栏、卷帘门等。火灾一旦发生，不仅会影响住店旅客的疏散逃生，同时也会给灭火救援人员现场施救造成困难。

2. 室内可燃材料多

旅店场所与其他场所相比，室内装修和陈设物品中可燃物较多，房间内的火灾荷载较大。特别是一些家庭旅店，其室内的顶棚、墙面、隔断、地面等多采用可燃材料装饰、装修，以顶棚使用 PVC 板、隔断使用石膏板配木龙骨最为常见；房间内的家居用品也多采用未经阻燃处理的棉、麻、木材等可燃材料；还有部分旅店将装修和维修过程中所需要的化学涂料、油漆等易燃物品违规储藏在旅店内，增加了旅店内的火灾危险性。

3. 用电设备多

小型旅店大多是在原有建筑内部进行布局改造，将其分隔成一定数量的客房，且每个房间一般都会配备电视机、空调机、电热水器、灯具插座等生活用电设备。众多房间的设置不仅改变了建筑原有格局，而且大幅度增加了建筑内的用电负荷，超出了原有建筑的电路荷载能力。此外，一些私人旅店建设施工质量不高，存在电气线路未按规定进行穿管敷设或者暗敷、部分电气设备选型和安装不当以及电器质量存在缺陷等问题，如果使用不当，很容易因局部过载、接触电阻过大、线路短路等而诱发火灾。

4. 家庭旅店隐蔽性强，消防监管难度大

小型旅店不但建筑规模有限，而且相当一部分家庭旅店都是利用住宅建筑改建而成的，从改建到经营的过程都具有一定的隐蔽性。特别是部分设置在商品住宅小区内的家庭旅店甚至采取网上直接发售的方式开办，隐蔽程度较高。由于公安派出所消防监督执法警力有限，日常工作中除专项治理行动或接到投诉、举报外，对辖区小型旅馆的消防监督管理工作难以全面落实，容易造成旅店内消防安全隐患长期存在。

（三）小型旅店的消防监督检查要点

对小型旅店业的消防监督检查，除按常规内容进行检查外，还应当结合小型旅店的消防安全特点，重点对旅店的客房、附设的餐厅和安全疏散设施进行检查。

1. 合法性检查

根据《消防法》《建设工程消防监督管理规定》和《消防监督检查规定》等消防法律、法规的规定，公共娱乐场所营业前应经公安机关消防机构消防安全检查合格后方可营业，其室内建筑面积小于 $1000m^2$ 的实行消防设计和竣工验收备案抽查制度。

2. 建筑防火检查

旅店的建筑结构、耐火等级、总平面布局、安全疏散以及消防设施设备必须符合消防规范的具体规定。旅店内的会议厅、多功能厅等人员密集场所设置的位置、防火间距及防火分区等应当符合相关消防法律、法规和技术规范等的要求。

3. 消防安全管理检查

旅店应该按照法律、法规的要求，建立健全各项消防安全制度和保障消防安全的操作规程，重点检查以下两方面：第一，是否按规定实施防火检查，是否在营业期间至少每两小时开展一次防火巡查，巡查是否有记录，对发现的问题是否做出处理并记录处理结果；第二，是否每半年组织一次对员工的消防安全培训，是否组织对新上岗员工或有关从业人员进行上岗前的消防安全培训，员工是否具备组织疏散逃生的能力。

4. 内部装修检查

小型旅店的内部装修设计和施工，应当符合《建筑内部装修设计防火规范》和《建筑内部装修防火施工及验收规范》有关建筑内部装饰装修防火管理的规定。检查时，应重点检查以下几个方面：

（1）建筑内部装修不应遮挡消防设施、疏散指示标志及安全出口，不应减少安全出口、疏散出口和疏散走道设计所需的净宽度和数量，并且不应妨碍消防设施和疏散走道的正常使用。

（2）地上建筑的水平疏散走道和安全出口的门厅，其顶棚应采用 A 级材料装修，其他部位应采用 B1 级以上的材料装修。

（3）消防水泵房、排烟机房、固定灭火系统钢瓶间、配电室、变压器室、通风和空调机房等，其内部所有装修均应采用 A 级材料。

（4）旅店建筑地下部分的办公室、客房、公共活动用房等，其顶棚应采用 A 级材料装修，其他部位应采用 B1 级以上的材料装修。

（5）客房的顶棚或墙面采用海绵等多孔或泡沫状塑料时，厚度不应大于 15mm，面积不得超过该房间顶棚或墙面积的 10%。进行室内装修时，应尽量避免使用聚氨酯海绵（即所谓“软包”）等易燃材料。

（6）照明灯具的高温部位靠近易燃、可燃、难燃装修材料时，应采取隔热、散热等防火保护措施。灯饰所用材料应为不燃和难燃材料，不能使用易燃或可燃材料。

（7）旅店业场所内应悬挂各种警示标识牌，如禁止吸烟、禁止使用明火、禁止燃放烟花爆竹、禁止存放易燃易爆危险品等，客房门背面应悬挂或张贴安全疏散示意图。

5. 安全疏散检查

旅店内的疏散通道、安全出口应保持畅通，禁止占用疏散通道，覆盖疏散指示标志。营业期间严禁将安全出口上锁，房间的外窗不应设置影响消防安全疏散和应急救援的固定栅栏、广告牌等障碍物。检查时，重点检查以下内容。

（1）安全出口

根据《建筑设计防火规范》的有关规定，旅店业场所内每一个防火分区或一个防火分区的每个楼层，其安全出口数量应经计算确定，且不少于 2 个。但符合下列要求的可设 1 个：

①单层建筑面积不超过 200m^2 且人数不超过 50 人时的单层公共建筑或多层公共建筑的首层；

②防火分区建筑面积不大于 50m^2 且经常停留人数不超过 15 人的地下或半地下建筑。

（2）疏散门

疏散门内外 1.4m 范围内不应设置踏步，疏散门应向疏散方向开启，不应使用侧拉门、转门、吊装门和卷帘门，公共场所的疏散门应当采用消防安全推门、门禁系统等先进的安全疏散设施。旅店内房间的疏散门数量应经计算确定且不少于 2 个。符合以下条件可设置 1 个疏散门：

①位于两个安全出口之间或袋形走道两侧的房间，其房间面积不大于 120m^2；

②位于走道尽端的房间，建筑面积小于 50m^2 且疏散门的净宽度不小于 0.9m，或由房间内任一点至疏散门的直线距离不大于 15m，房间建筑面积不大于 200m^2，且疏散门的宽度不小于 1.4m。

（3）疏散楼梯

旅店场所设在多层公共建筑的疏散楼梯，除与敞开式外廊直接相连的楼梯间外，应采用封闭楼梯间。其中，设在一类高层公共建筑和建筑高度大于 32m 的二类高层公共建筑内的旅店，其疏散楼梯应采用防烟楼梯间；裙房和建筑高度不大于 32m 的二类高层公共建筑，其疏散楼梯间应采用封闭楼梯间；高层民用建筑封闭楼梯间、防烟楼梯间的门应采用不低于乙级的防火门，多层民用建筑内封闭楼梯间可采用双向弹簧门；地下、半地下室与地上层不应共用楼梯间，当必须共用楼梯间时，应在首层与地下或半地下层的出入口处，设置耐火极限不低于 2.00h 的隔墙和乙级防火门将其隔开，并应有明显标识。楼梯间的首层应设置直接对外的出口。其中，单层、多层民用建筑的旅店，其楼梯和疏散走道最小净宽不应小于 1.1m，高层民用建筑的旅店，其楼梯最小净宽不应小于 1.2m。

小型旅店内部每一个防火分区或一个防火分区的每个楼层，其疏散楼梯的数量应经计算确定，且不少于 2 部，但符合下列要求的可设 1 部：

①建筑层数不超过 3 层，每层建筑面积不超过 $200m^2$，且第二层和第三层人数之和不超过 50 人的一、二级耐火等级建筑；

②建筑层数不超过 3 层，每层建筑面积不超过 $200m^2$，且第二层和第三层人数之和不超过 25 人的三级耐火等级建筑；

③建筑层数不超过 2 层，每层建筑面积不超过 $200m^2$，且第二层和第三层人数之和不超过 15 人的四级耐火等级建筑。

（4）消防应急照明和疏散指示标志

旅店建筑的下列部位应设有疏散照明设施：封闭楼梯间、防烟楼梯间及其前室、消防电梯间及其前室或合用前室；设有封闭楼梯间或防烟楼梯间建筑的疏散走道及其转角处；多功能厅、餐厅、营业厅等人员密集场所；消防控制室、自备发电机房、消防水泵房以及发生火灾时仍需继续工作的其他房间。

6. 重点部位检查

旅店场所消防监督检查的重点部位有厨房、餐厅、客房、配电室、库房、消防控制室及水泵房等。

（1）客房

客房是旅店的重要组成部分，一般包括标准间、单人间、套间、豪华套间、出租客房及写字间等。分析发生在宾馆客房的火灾，其起火原因主要是由于电气线路短路、违章使用明火、违章使用大功率电热器具和乱扔烟头等引燃客房内的可燃材料及家具。对客房应重点从以下几个方面进行检查：

①客房内所有的装饰、装修材料均应符合《建筑内部装修设计防火规范》的规定。

②电气设备的安装使用要安全可靠，插座不宜安装在靠近窗帘的地方。卫生间内不宜安装插座，确需安装时，尽可能远离沐浴喷头。客房内除了固定电器和允许旅客使用的电吹风、电动剃须刀等日常生活所需的小型电器外，禁止使用其他电器设备，尤其是电热设备。

③检查是否有禁止旅客将易燃易爆物品带入旅店客房的措施。

④客房服务人员和宾馆的保安巡查人员应当保持高度警惕，是否按规定要求加强防火巡查工作，对发现的不安全因素是否及时采取措施。

⑤客房各楼层的明显位置是否设置安全疏散指示图，并在指示图上标明疏散路线、安全出口、人员所在位置和必要的文字说明。

（2）消防控制室

核实消防控制室每班值班人员是否不少于 2 人，查看是否持证上岗；查阅消防控制室值班记录，内容是否详细、准确，值班制度是否落实。检查消防控制柜，查看控制柜上的启动按钮是否有明显标识；查看系统是否正常运行；按下打印机自检按钮，检查控制柜打印设备是否正常；手动操作火灾报警控制器自检装置，查看控制器火灾报警声、光信号情况；切断火灾报警控制器的主电源，查看备用电源自动投入运行情况。

（3）厨房、餐厅

对于配有厨房、餐厅等场所的旅店，在消防监督检查过程中应将其作为重点部位进行检查。具体检查方法可以参照本节餐饮场所相关内容。

7. 消防设施

旅店应按下列规定配备消防设施：

（1）体积大于 5000m^3 的旅店建筑应设置室内消火栓系统。设置在高层公共建筑中的旅店业场所应设置室内消火栓系统。

（2）设置在高层公共建筑内的旅店业场所应设置自动灭火系统，并宜采用自动喷水灭火系统。任一层建筑面积大于 1500m^2 或总建筑面积大于 3000m^2 的旅店建筑应设置自动灭火系统，并宜采用自动喷水灭火系统。

（3）任一层建筑面积大于 1500m^2 或总建筑面积大于 3000m^2 的旅店建筑应设置火灾自动报警系统。

小型旅店的消防设施和灭火器材的具体检查方法可以参考本节公共娱乐场所的相关内容。

三、小型餐饮场所的消防监督检查

小型餐饮场所投资少，占地小，方便快捷，广泛分布于居民生活区内，给人们的生活带来很大便利。然而这些小型餐饮场所虽然规模不大，但是数量众多、成片相连，厨房内动火设备相对简陋，稍有不慎就可能引发火灾事故，严重影响周边居民的安全。例如，2003 年 2 月 2 日 17 时 58 分，哈尔滨天潭大酒店的工作人员在取暖煤油炉未熄火的状态下，加注溶剂油，引起爆燃导致火灾，造成33人死亡、10人受伤；2011年11月14日早晨7时30分许，陕西省西安市嘉天国际大厦1号楼底商樊家腊汁肉夹馍店发生液化石油气泄漏爆炸重大事故，共造成10人死亡、36人受伤。

（一）餐饮场所的火灾危险性

1. 用电设备多，火灾危险性大

餐饮场所内用电设备多，特别是厨房内冷冻机、冰柜、绞肉机、电烤箱、洗碗机等各类大功率用电设备，造成了餐饮场所内供电线路排线复杂，不同程度地存在私搭乱接现象，易发生过负荷、短路或者断路等问题。

2. 火源多，火灾危险性大

一是火源长期存在。由于烹饪过程都是在高温高热环境下进行的，因此，厨房内的灶台等区域长期存在火源；有的风味餐厅临时使用明火较多，如蜡烛、酒精炉等。二是厨房内大量使用液化石油气钢瓶。很多餐饮场所没有按规定对液化石油气设备进行定期检测，钢瓶输气软管没有定期更换。部分经营者为了节省费用，违规在液化石油气钢瓶下设置热水盆，或是将液化石油气、煤油等做燃料取暖。三是厨房中烟道没有定期清理。厨房中的集烟罩或是烟道有的长期积累油污、油垢，一旦遇到火源，火势极易蔓延，形成垂直燃烧，引燃周围可燃物体。

（二）餐饮业场所消防监督检查要点

1. 合法性检查内容及要求

同本节小型旅店场所。

2. 建筑防火检查

餐饮业场所的建筑结构、耐火等级、总平面布局、安全疏散及消防设施设备必须符合国家建筑设计防火规范的具体规定。重点检查安全出口处是否设置门槛、台阶、屏风等影响疏散的遮挡物；疏散门内外1.4m范围内是否设置踏步；疏散门是否采用卷帘门、转门、吊门、侧拉门，是否向疏散方向开启；疏散通道、安全出口是否畅通；营业期间是否将安全出口上锁；餐厅是否张贴或悬挂安全疏散示意图，在出入口、楼梯口、疏散走道、疏散门等部位是否设灯光疏散指示标志。

3. 消防安全管理检查

餐饮业应该按照法律、法规的要求，结合餐饮业特点，重点对厨房内动火操作人员、餐厅服务人员加强消防安全教育，对室内包括厨房炉灶、火锅、烧烤、液化石油气瓶等火源应定点设置、加强管理。同时，还应建立健全各项消防安全制度和保障消防安全的操作规程。

4. 重点部位检查

对餐饮业场所的消防监督检查，除按照常规内容进行检查外，应当按照餐饮业场所的消防安全特点，重点对厨房、餐厅等消防安全部位进行检查。

（1）厨房

厨房是餐饮业场所火灾的高发部位之一，重点从以下几个方面对厨房进行检查。

①燃料管线检查

厨房敷设的燃料管线、配置的灶具设备等必须符合相关规范规定。使用可燃气体作燃料时，应采用管道供气，管道严禁穿越客房和其他公共活动场所。厨房内的燃气、燃油管道、法兰接头、仪表、阀门等必须定期检查和保养，确保无破损和泄漏。例如，设置可燃气体中间储罐，其设置位置、储量和防火构造应满足相关规范的规定；当采用瓶装液化石油气作燃料时，必须设置专门的储罐间，其设置位置、储量、防火间距和其他防火构造必须符合相关规范规定。严禁在厨房内储存大量瓶装液化石油气钢瓶。

②液化石油气钢瓶检查

餐饮网点要使用国家安全检测部门检测合格的液化石油气钢瓶。按照《城镇燃气设计规范》的有关规定，燃气液化气钢瓶应每 4 年检验 1 次，使用 15 年后必须报废；钢瓶不得设置在地下室、半地下室或通风不良的网点；使用瓶组供应时总容量超过 $1m^3$，应将其设置在高度不低于 2.2m 的独立瓶组间内；燃气灶连接的软管长度不应超过 2m，并不应有接口；燃气用软管应采用耐油橡胶管；软管与管道、燃气灶的连接处应采用压紧螺帽或管卡固定。

③集烟罩和烟道的检查

排油烟管不得暗设，水平支管不得穿越客房、其他房间和公共活动场所；排油烟管应直通厨房室外的排烟竖井，排烟竖井应设有防止回流设施，且水平排风管与垂直排风管连接的支管处应设置动作温度 150℃的防火阀；除柔性接头可采用难燃烧材料制作外，排油烟管应采用不燃烧材料制作；排油烟系统应设有导除静电的接地装置；厨房排油烟罩应每日擦拭一次，排油烟管道内的油垢应由专业公司每季度清洗一次，并有记录。

④电气线路的检查

对厨房内用电、配电设施要进行严格检查，不得超负荷用电和擅自拉接临时电线；卤钨灯和额定功率 100W 及以上的白炽灯泡的吸顶灯、槽灯、嵌入式灯的引入线应采用瓷管、石棉、玻璃丝等非燃烧材料作隔热保护；超过 60W 的白炽灯、卤钨灯、荧光灯、高压汞灯（包括镇流器）、电气开关等不应直接安装在可燃物装修或可燃构件上；配电盘下不得堆放杂物。

⑤灭火器材的检查

餐饮业场所根据物质燃烧特性一般可选用 ABC 型干粉灭火器或泡沫灭火器，有条件的场所还可以在厨房灶台边配置一定数量的灭火毯，以便在油锅起火后能够及时扑灭。厨房内按规定设置的火灾探测系统、可燃气体探测系统、自动喷水灭火系统等需按规定进行监督检查，其中排油烟罩及烹饪部位应设厨房专用灭火系统，且应在燃气或燃油管道上设置紧急事故自动切断装置。

（2）餐厅

餐厅内部常有较多的装修、隔断，可燃物数量较多，应重点检查以下几个方面。

①炉具、灶具

餐厅使用的各类炉具、灶具，操作不当时极易引发火灾，服务员应经过专门培训，掌握卡式便携炉、酒精炉、电磁炉、瓶装石油液化气灶具的工作原理和操作规程。

②安全疏散

检查餐厅用餐人员是否超标，疏散通道是否被占用、堵塞，应急照明系统和疏散指示标志是否好用。

③电气设备

餐厅内严禁乱拉乱接电线，如需增添临时照明设备或彩灯类装饰灯具，必须按规定程序经批准后由正式电工安装。超过 60W 的白炽灯、卤钨灯、荧光高压汞灯等不应直接安装在可燃装修或可燃构件上。照明器表面的高温部位靠近可燃物时，应采取可靠的隔热、散热等防火措施。

④火源

餐厅内燃用蜡烛时，必须置于用不燃材料制作的固定基座内，且不得靠近可燃物。餐桌上应放置烟缸，以便客人扔放烟头和火柴梗。服务员收台时不得将烟蒂、火柴梗卷入台布内。

5. 消防设施检查

一是设置在高层公共建筑内的餐饮业场所应设置室内消火栓系统，设置在建筑高度大于 15m 或体积大于 10000m^3 的单、多层民用建筑内的餐饮业场所应设置室内消火栓系统；二是设置在高层公共建筑（除二类高层公共建筑的地下和半地下室）和任一层建筑面积大于 1500m^2 或总建筑面积大于 3000m^2 的单、多层民用建筑内的餐饮业场所应设置自动灭火系统，宜采用自动喷水灭火系统。

四、商业服务网点的消防监督检查

所谓商业服务网点，就是设置在住宅建筑的首层或首层及二层，每个分隔单元建筑面积不大于 300m^2 的商店、副食店、邮政所、储蓄所、理发店等小型营业性用房。由于大量商业服务网点存在“三合一”现象，“小火亡人”的事故时有发生。例如，2008 年 12 月 5 日，安徽铜陵的一座两层沿街商业服务网点发生火灾，造成一家五口全部遇难；2013 年 4 月 27 日，江苏苏州一座单层商业服务网点发生火灾，火势蔓延至二层棋牌室，造成 8 人死亡、2 人受伤。

（一）商业服务网点设置要求

商业服务网点的设置，需要满足以下几个消防安全方面的要求：一是使用性质的要求。商业服务网点只能作为百货店、副食店、粮店、邮政所、储蓄所、理发店、洗衣店、药店、洗车店和餐饮店等小型营业性用房，严禁作为网吧、KTV、宾馆等公共娱乐场所和人员密集场所使用。二是对层数的控制。商业服务网点层数只能为地上一层、二层。三是对面积的控制。每个商业服务网点的总建筑面积不得超过 300m^2。四是防火分隔的要求。商业服务网点与住宅之间，以及商业服务网点与商业服务网点之间，都需采用耐火极限不低于 1.50h 的楼板和耐火极限不低于 2.00h 且无门、窗、洞口的隔墙进行分隔。五是疏散方面的要求。居住部分的疏散楼梯与安全出口应与商业服务网点分别独立设置，不得共用。

（二）商业服务网点的火灾危险性

1. 建筑高度超高，改变了建筑使用功能

在建设工程设计和施工过程中，部分建筑设计单位和开发公司为增加商业服务网点的经济价值，提升建筑首层商业服务网点的层高，以便让业主自行增加隔层。在对建筑物装修过程中将底层商铺加装轻钢龙骨楼板，改作为仓库、住宿使用，使底层用房形成了集仓库、经营、住宿于一体的典型“三合一”建筑。场所内火源管理混乱，生活用品、取暖设备随处都是，室内疏散通道不畅，消防设施损坏无法使用，形成了严重的火灾隐患。

2. 改变使用性质，增大了火灾危险性

根据《建筑设计防火规范》的相关规定，商业服务网点使用性质是限定的，但是，现实中很多商业服务网点被改建为小宾馆、小网吧、小歌厅等，这类建筑人员密集、装修材料复杂，使用过程中用电设备多，火灾危险性较大。

3. 违章施工，擅自扩大使用面积

业主为了经营需要，在同一建筑内购买或者租赁相邻的数个商业服务网点，并在建筑装修过程中将比邻的数个商业服务网点打通，形成一个更大的商业空间，致使部分商业服务网点的单层面积达到上千平方米甚至更大。整栋建筑的性质由单纯的住宅建筑变为商住建筑，建筑性质的变更使原有建筑的消防设计很难满足现实使用的需要，不论是建筑内的消防设施还是建筑防火设计功能都违反了规范的相关规定。

4. 物业管理松散，制度不健全

商业服务网点的房屋产权和物业管理形式多样，有些商业服务网点的产权属于开发商，开发商自己经营或出租给商户经营；还有一些商业服务网点的开发商将房屋和产权一同出售给他人，开发商不再进行维护管理。日常工作中，很多物业服务企业管理人员责任心不强，特别是对于已售出的商业服务网点，日常管理比较松散。商业服务网点作为建筑的一部分，室内消火栓、自动水喷淋系统等固定消防设施以及系统中的消防水箱、消防水泵等与建筑中住宅部分共同使用。物业服务企业对于消防设施维护管理的混乱不仅影响了商业服务网点内的消防安全，而且长期下来，也会使商业服务网点所在的居住建筑火灾隐患日趋严重。

（三）商业服务网点的消防监督检查要点

1. 功能性质检查

检查商业服务网点是否存在超出使用性质范围的经营活动。

2. 设置高度和面积的检查

一是检查层数。商业服务网点的地上建筑层数不得超过 2 层，即只能为地上一层或地上二层。二是检查建筑面积。每个商业服务网点的总建筑面积不得超过 300m^2（上下两层室内直接相通的商业服务网点的“建筑面积”为该商业服务网点一层和二层商业用房的建筑面积之和）。商业服务网点应采用耐火极限不低于 1.50h 的楼板和耐火极限不低于 2.00h 且无门、窗、洞口的隔墙与居住部分及其他功能用房完全分隔，严禁经营者将比邻商业服务网点打通共同使用。

3. 安全疏散检查

商业服务网点中每个防火分隔单元之间应采用耐火等级不低于 2.00h 且无门、窗、洞口的防火隔墙相互分隔；当每个分隔单元任一层建筑面积大于 200m^2 时，该层应设置 2 个安全出口或疏散门；每个分隔单元内的任一点至最近直通室外的出口的直线距离，不应大于《建筑设计防火规范》中有关多层其他建筑位于袋形走道两侧或尽端的疏散门至最近安全出口的最大直线距离；商业服务网点中主要疏散走道的净宽度不能小于 2m，其他疏散走道净宽度不小于 1.5m。

4. 消防管理检查

对商业服务网点的消防管理情况进行检查时，一是应特别注意对于实行承包、租赁或者委托经营、管理的商业服务网点，其产权单位应当提供符合消防安全要求的建筑物，商业服务场所的经营者在订立的合同中应依照有关规定明确各方消防安全责任，对于疏散通道、安全出口、建筑消防设施和消防车通道，应确定责任人进行管理。二是对于有统一物业服务企业的商业服务网点，物业服务企业应该对商业服务网点的消防安全状况进行经常性的巡查和管理。对于没有物业服务企业的商业服务网点，其产权单位和商业服务网点的经营者应共同对公共消防安全实行统一管理，也可以采取委托第三方的方式进行管理。

5. 消防设施和灭火器材的检查

检查要点包括以下内容：

（1）商业服务网点设置在高层公共建筑、建筑高度大于21m的住宅建筑和建筑高度大于15m或体积大于10000m^3的单、多层民用建筑内时是否设置室内消火栓系统（建筑高度不大于27m的住宅建筑，设置室内消火栓系统确有困难的，可只设置干式消防竖管和不带消火栓箱的DN65室内消火栓）；面积大于200m^2的商业服务网点内是否设置消防软管卷盘或轻便消防水龙。

（2）商业服务网点设置在高度大于100m的住宅建筑内时是否设置火灾自动报警系统和自动喷水灭火系统。

第二节　小型生产加工及仓储场所消防监督检查

小型生产加工及仓储场所是随着我国经济的发展而出现的一种小型私营经济组织形式。由于这类场所准入门槛低、投资少，开办小型生产加工及仓储企业已经逐步成为广大城乡务工人员和城镇新增居民的谋生和创业方式。小型生产加工及仓储企业，由于其设备简单、技术要求不高、生产安全方面投入有限，因而逐渐成为火灾隐患的重灾区。

一、小型生产加工场所的消防监督检查

（一）小型生产加工场所的界定

小型生产加工场所，泛指建筑面积较小，生产规模不大，从业人员较少，具有加工、生产、制造性质的场所，主要生产制造纺织、服装、鞋帽、玩具、食品等贴近人们日常生活的物品。

此类场所通常具有三个比较明显的特点：一是人员组成的家族性。该类场所多以家族成员为核心，或以家庭住房为场所招收亲戚、同乡或其他社会人员做工，从业人员数量不多，带有明显的个体性质。二是生产方式的作坊性。生产方式较为落后，“三合一”建筑比较普遍，通常以手工业为主，生产环境比

较简陋。三是规模经营的工厂性。这类“工厂”有一定的生产规模，主要从事木材、纺织、服装、玩具、食品加工等行业，生产工艺相对落后，设备安全系数不高，带有一定的工业生产性质。

（二）小型生产加工厂场所的火灾危险性

1. 法律意识淡薄，消防管理制度不健全

小型生产加工企业的经营者文化水平有限，消防安全意识淡薄，对消防法律、法规和消防安全知识了解不多。作为生产加工企业，企业的经营者大都没有办理相关消防手续，生产加工场所容易形成先天性火灾隐患。此外，经营者过于追求企业的经济效益，而忽视与企业正常运转密切相关的消防安全管理工作。

2. 违章建筑多，火灾危险性大

小型生产加工场所很多都建设在城乡结合地区，位置偏僻，违章建筑较多，很多企业还存在未经审批擅自开工的现象。其火灾危险性主要表现为以下两个方面。

（1）平面布局不合理

生产加工场所的耐火等级大多较低，周边防火间距不足，没有设置消防车道；很多厂房采用木质或是彩钢板做屋顶，墙体采用泡沫夹芯彩钢等易燃、可燃材料，火灾负荷较大，发生火灾时容易引起火势蔓延，造成厂房垮塌。

（2）消防器材配备不足

该类生产加工场所大都由临时简易建筑搭建而成，且厂房内部没有设置任何消防设施，火灾发生后无法得到及时有效的扑救。

3.“三合一”建筑较多

很多小型加工生产场所附设在其他建筑中，集生产、住宿、储存为一体，是典型的“三合一”场所，受原有建筑限制，建筑内疏散通道和安全出口数量不足，还有的企业为了经营管理需要擅自封闭疏散通道或安全出口，增大了生产加工场所内部的火灾隐患。

（三）小型生产加工场所的消防监督检查要点

1. 建筑物的合法性检查

根据《消防法》《建设工程消防监督管理规定》和《消防监督检查规定》

的相关规定，建筑面积小于 $2500m^2$ 的劳动密集型企业的生产加工车间实行消防设计和竣工验收备案抽查制度。重点核实此类场所是否依法通过消防验收或者竣工验收消防备案，生产加工的使用情况是否与消防验收或竣工验收消防备案时确定的使用性质相符合，能否满足必要的消防安全标准。

2. 设置检查

检查内容及要求如下。

（1）平面布置

生产加工场所的办公室、休息室等不应设置在甲、乙类厂房内，确需贴邻本厂房时，其耐火等级不应低于二级，并应采用耐火极限不低于 3.00h 的防爆墙与厂房分隔，且应设置独立的安全出口。办公室、休息室设置在丙类厂房内时，应采用耐火极限不低于 2.50h 的防火隔墙和 1.00h 的楼板与其他部位分隔，并应至少设置一个独立的安全出口。例如，隔墙上如需开设相互连通的门，则应采用乙级防火门。

（2）防火间距

生产加工场所中的甲类厂房与重要公共建筑的防火间距不应小于 50m，与明火或散发火花地点的防火间距不应小于 30m。丙、丁、戊类厂房与民用建筑的耐火等级均为一、二级时，丙、丁、戊类厂房与民用建筑的防火间距可适当减小，但应符合下列规定：

①当较高一面外墙为无门、窗、洞口的防火墙，或比相邻较低一座建筑屋面高 15m 及以下范围内的外墙为无门、窗、洞口的防火墙时，其防火间距不限。

②相邻较低一面外墙为防火墙，且屋顶无天窗或洞口、屋顶的耐火极限不低于 1.00h，或相邻较高一面外墙为防火墙，且墙上开口部位采取了防火措施，其防火间距可适当减小，但不应小于 4m。

（3）安全疏散

生产加工场所的生产车间、厂房内应保持疏散通道畅通，疏散楼梯的最小净宽度不宜小于 1.1m，疏散走道的最小净宽度不宜小于 1.4m，门的最小净宽度不宜小于 0.9m。首层外门的总净宽度应按该层及以上疏散人数最多一层的疏散人数计算，且该门的最小净宽度不应小于 1.2m。生产车间、厂房的安全出口应分散布置，且不应少于2个。当符合以下条件时，可设置1个安全出口：

①甲类厂房每层建筑面积小于等于100m^2，且同一时间的生产人数不超过5人；

②乙类厂房每层建筑面积小于等于150m^2，且同一时间的生产人数不超过10人；

③丙类厂房每层建筑面积小于等于250m^2，且同一时间的生产人数不超过20人；

④ 丁、戊类厂房每层建筑面积小于等于400m^2，且同一时间的生产人数不超过30人；

⑤地下室、半地下室厂房或厂房的地下室、半地下室，其建筑面积小于等于50m^2，且经常停留人数不超过15人。

3. 消防安全管理检查

小型生产加工企业的法定代表人或者主要负责人应为本单位的消防安全责任人和消防安全管理人。消防安全责任人和消防安全管理人应当依照《消防法》有关规定履行消防安全职责，负责检查和落实本单位防火措施、灭火预案的制定和演练以及建筑消防设施、消防通道、电源和火源管理等，并定期开展防火检查、巡查。根据本企业生产加工特点，应重点加强对生产过程中的原料、半成品、成品摆放位置及机电设备周围物品种类的规范；对生产加工过程中使用的电热器具，如电熨斗等应固定使用地点，采取可靠的防火措施。

企业应参照社会单位“四个能力”建设标准，重点加强对本企业新入职员工的消防安全教育，有针对性地了解和掌握本单位的火灾危险性和防火措施，熟练使用各类消防设施和灭火器材，以及掌握组织和引导人员疏散的路线和方法。

4. 消防安全重点部位检查

生产加工场所在生产过程中可能会产生易燃、可燃气体或液体，少部分场所的生产设备还会有爆炸性危险。所以，在消防检查过程中应重点加强对以下部位的检查。

（1）生产加工场所内散发较空气轻的可燃气体、可燃蒸气的甲类厂房，宜采用轻质屋面板作为泄压面积，顶棚应尽量平整、无死角，厂房上部空间应通风良好。散发较空气重的可燃气体、可燃蒸气的甲类厂房和有粉尘、纤维爆炸危险的乙类厂房，应符合下列规定：

①应采用不产生火花的地面。采用绝缘材料作整体面层时，应采取防静电措施。

②散发可燃粉尘、纤维的厂房，其内表面应平整、光滑，并易于清扫。

③厂房内不宜设置地沟，确需设置时，其盖板应严密，地沟应采取防止可燃气体、可燃蒸气和粉尘、纤维在地沟内积聚的有效措施，且应在与相邻厂房连通处采用防火材料密封。

（2）生产加工场所内有爆炸危险的甲、乙类生产部位，宜布置在单层厂房靠外墙的泄压设施或多层厂房顶层靠外墙的泄压设施附近。有爆炸危险的设备宜避开厂房的梁、柱等主要承重构件布置。有爆炸危险的甲、乙类厂房的总控制室应独立设置。有爆炸危险的甲、乙类厂房的分控制室宜独立设置，当贴邻外墙设置时，应采用耐火极限不低于 3.00h 的防火隔墙与其他部位分隔。

（3）生产加工场所内有爆炸危险区域内的楼梯间、室外楼梯或有爆炸危险的区域与相邻区域连通处，应设置门斗等防护措施。门斗的隔墙应为耐火极限不低于 2.00h 的防火隔墙，门应采用甲级防火门并应与楼梯间的门错位设置。使用和生产甲、乙、丙类液体的厂房，其管、沟不应与相邻厂房的管、沟相通，下水道应设置隔油设施。

5. 电气线路及照明设施检查

其检查要点包括以下内容：

（1）生产加工企业场所内配电箱不应直接安装在可燃、易燃装修材料上，配电盘下不得堆放杂物。

（2）电闸箱内保险丝应使用合格的保险丝，不得使用铁丝或其他物品代替保险丝。

（3）进行电气线路敷设工程时，必须由经过国家正规培训的专业电工进行架设，且严禁私接乱拉电线，以防造成接头不严、铜铝混接、负荷过低、开关安装不规范等情况。

（4）生产加工厂房内的加工设备应充分考虑线路的承载能力，必要时应重新布线；大功率电器应尽量分布在不同的线路上，避免各种大功率电器因连接在同一线路上造成局部线路过载而发生事故。

（5）吊顶内电线的敷设应进行穿管敷设或暗敷。

6. 建筑消防设施检查

生产加工场所的灭火设施和器材设置因生产性质不同而区别较大，应按照相关规范要求进行设置，常见小型生产企业建筑消防设施设置要求如下：

（1）下列生产加工场所应设置室内消火栓系统：

①占地面积大于300m^2，耐火等级为一、二级且可燃物较少的单、多层丁、戊类厂房；

②耐火等级为三、四级且建筑体积不大于5000m^3的戊类厂房可不设置室内消火栓系统，但宜设置消防软管卷盘或轻便消防水龙。

（2）下列生产加工场所中应设置自动灭火系统，并宜采用自动喷水灭火系统：

①占地面积大于1500m^2或总建筑面积大于3000m^2的单、多层制鞋、制衣、玩具及电子等类似生产的厂房；

②占地面积大于1500m^2的木器厂房，泡沫塑料厂的预发、成型、切片、压花部位，以及高层乙、丙类厂房；

③建筑面积大于500m^2的地下或半地下丙类厂房。

（3）下列生产加工场所应设置雨淋自动喷水灭火系统：

①火柴厂的氯酸钾压碾厂房；

②建筑面积大于100m^2且生产或使用硝化棉、喷漆棉、火胶棉、赛璐珞胶片、硝化纤维的厂房。

（4）生产加工场所中任一层建筑面积大于1500m^2或总建筑面积大于3000m^2的制鞋、制衣、玩具及电子等类似用途的厂房应设置火灾自动报警系统。此外，生产加工场所内可能散发可燃气体、可燃液体的，应设置可燃气体报警装置。

二、小型仓储场所的消防监督检查

（一）小型仓储场所的火灾危险性

1. 违章建筑多，先天性火灾隐患大

小型仓储场所的位置相对偏僻，很多经营单位在仓储场所建设之初没有按规定办理包括消防审核在内的任何审批手续，导致很多仓储场所成为违章建筑，形成先天性火灾隐患。此外，小型仓储场所的经营者为了扩大业务，往往在原有仓储场所的基础上私自进行扩建，致使建筑防火分区面积过大，且与相邻建筑之间防火间距不足，超出了规范的规定要求。火灾一旦发生，不仅会造成火烧连营的局面，还将给消防队员的灭火救援工作带来很大的困难。

2. 消防基础建设较差，给水设施缺乏

大部分小型仓储场所都分布于城乡交汇的偏远地区，由于地方市政规划、资金、人力和财力资源等问题，很多仓储场所的周边地区没有敷设市政消防给水管网，这些仓储场所的消防水源只能以天然水源为主，而有的受地区环境和季节变换的影响，天然水源水质较差，无法按规范要求保证消防用水的水量。

3. 消防管理混乱，安全意识淡薄

小型仓储场所的经营者或管理者在日常管理工作中过于追求企业的经济效益，而忽略消防安全工作，漠视消防隐患的存在。集中表现为仓库内物品超量堆放现象严重，易燃可燃物混存，货物与货物之间堆放时没有设置必要的防火间距，以及堵塞疏散通道等。

4.“多合一”情况普遍，人为地增加了火灾危险隐患

有的经营者擅自改变建筑的使用性质，在仓储区域内私自设置办公、住宿区域，部分仓储场所甚至集储存、居住、办公、员工集体住宿等于一体而形成“多合一”建筑，破坏了原有的防火和疏散设施，增加了火灾隐患。

（二）仓储场所消防监督检查要点

1. 建筑物合法性检查

根据《消防法》《建设工程消防监督管理规定》和《消防监督检查规定》的相关规定，非储存易燃易爆危险品的仓储建筑实行消防设计和竣工验收备案抽查制度。

2. 建筑防火检查

根据仓储场所的特点，重点检查以下内容。

（1）平面布置

甲类仓库、多层乙类仓库和储存可燃液体的多层丙类仓库，其耐火等级不

应低于二级。单层乙类仓库，单层丙类仓库，储存可燃固体的多层丙类仓库和多层丁、戊类仓库，其耐火等级不应低于三级。一、二级耐火等级仓库的上人平屋顶，其屋面板的耐火极限分别不应低于 1.50h 和 1.00h。

（2）防火间距

甲类仓库与高层民用住宅和重要公共建筑的防火间距不应小于 50m。乙类仓库（除第六项物品）与民用建筑的防火间距不宜小于 25m，与重要的公共建筑的防火间距不应小于 50m。丁、戊类仓库与民用建筑耐火等级均为一、二级时，仓库与民用建筑的防火间距可适当减小，但应符合下列规定：

①当较高一面外墙为无门、窗、洞口的防火墙，或比相邻较低一座建筑屋面高 15m 及以下范围内的外墙为无门、窗、洞口的防火墙时，其防火间距不限；

②相邻较低一面外墙为防火墙，且屋顶无天窗或洞口、屋顶的耐火极限不低于 1.00h，或相邻较高一面外墙为防火墙，且墙上开口部位采取了防火措施，其防火间距可适当减小，但不应小于 4m。

（3）防火分隔

仓储场所内的员工宿舍严禁设置在仓库内。办公室、休息室等严禁设置在甲、乙类仓库内，也不应相贴邻。办公室、休息室设置在丙、丁类仓库内时，应采用耐火极限不低于 2.50h 的防火隔墙和 1.00h 的楼板与其他部位分隔，并应设置独立的安全出口。如隔墙上需开设相互连通的门时，应采用乙级防火门。

（4）储物堆垛间距

仓储场所库存物资每垛占地面积不宜大于 $100m^2$，堆垛与堆垛的间距不少于 1m，垛与墙的间距不少于 0.5m，堆垛与梁、柱的间距不少于 0.3m，主要通道宽度不少于 0.3m，垛与灯具垂直下方的间距不少于 0.5m。

（5）防爆泄压

甲、乙、丙类液体仓库应设置防止液体流散的设施。遇湿会发生燃烧爆炸的物品仓库应采取防止水浸渍的措施。同时，有爆炸危险的仓库或仓库内有爆炸危险的部位，宜按有关规定采取防爆措施，设置泄压装置。

3. 安全疏散检查

每座仓库的安全出口不应少于 2 个，当一座仓库的占地面积不大于 $300m^2$ 时，可设置 1 个安全出口。仓库内每个防火分区通向疏散走道、楼梯或室外的出口不宜少于 2 个，当防火分区的建筑面积不大于 $100m^2$ 时，可设置 1 个出口。通向疏散走道或楼梯的门应为乙级防火门。

此外，地下或半地下仓库的安全出口不应少于 2 个；当建筑面积不大于 $100m^2$ 时，可设置 1 个安全出口。地下或半地下仓库，当有多个防火分区相邻布置并采用防火墙分隔时，每个防火分区可利用防火墙上通向相邻防火分区的甲级防火门作为第二安全出口，但每个防火分区必须至少有 1 个直通室外的安全出口。

4. 消防安全管理检查

仓储场所单位应当依照《消防法》《机关、团体、企业、事业单位消防安全管理规定》的有关要求履行消防安全职责。重点加强以下两项消防管理工作：

（1）对仓储场所内所存货物的种类、数量和危险性以及扑救措施的培训和演练；

（2）仓储区应当设置醒目的禁火标识，场所内严禁吸烟和使用明火，确需动火作业的，应当办理动火手续，并指定专人进行监护。

5. 电气线路及照明设施检查

储存易燃易爆物品仓库的电气线路和用电设备的选用和安装应满足《爆炸危险环境电力装置设计规范》（GB 50058—2014）的防爆要求。

6. 消防设施检查

检查仓储场所是否设置与储存规模、火灾危险性、物料性质等相适应的消防设施器材；是否每年进行检测、维修，检测、维护保养记录是否完整准确。消防设施器材配备要求如下：

（1）仓储场所周围应设置室外消火栓系统。

（2）仓储场所占地面积大于 $300m^2$ 的应设置室内消火栓系统。其中，耐火等级为一、二级且可燃物较少的单、多层丁、戊类仓库，耐火等级为三、四级且建筑体积不大于 $5000m^3$ 的戊类仓库可不设置室内消火栓系统，但宜设置消防软管卷盘或轻便消防水龙。

（3）下列仓储场所中应设置自动灭火系统，并宜采用自动喷水灭火系统：

①每座占地面积大于 1000m^2 的棉、毛、丝、麻、化纤、毛片及其制品的仓库；

②每座占地面积大于 600m^2 的火柴仓库；

③邮政建筑内建筑面积大于 500m^2 的空邮袋库；

④可燃、难燃物品的高架仓库和高层仓库；

⑤设计温度高于 0℃的高架冷库，设计温度高于 0℃且每个防火分区建筑面积大于 1500m^2 的非高架冷库；

⑥总建筑面积大于 500m^2 的可燃物品地下仓库；

⑦每座占地面积大于 1500m^2 或总建筑面积大于 3000m^2 的其他单层或多层丙类物品仓库。

（4）仓储场所中建筑面积大于 60m^2 或储存量大于 2t 的硝化棉、喷漆棉、火胶棉、赛璐珞胶片、硝化纤维的仓库应设置雨淋自动喷水灭火系统。

（5）仓储场所中每座占地面积大于 1000m^2 的棉、毛、丝、麻、化纤、毛片及其制品的仓库，占地面积大于 500m^2 或总建筑面积大于 1000m^2 的卷烟仓库应设置火灾自动报警系统。仓储场所内可能散发可燃气体、可燃液体的场所应设置可燃气体报警装置。

第三节　小型加油站消防监督检查

加油站主要存储、销售汽油、柴油、乙醇汽油等燃料油品，具有较高的火灾和爆炸危险性。由于经营服务的需要，很多加油站建设在城市中心，数量多、分布广。小型加油站内虽然单次作业量相对较小，但作业频繁，流动车辆多，人员来往复杂，稍有不慎极易引发火灾爆炸事故，是影响城市居民安全的主要危险源之一，必须加强日常消防安全检查。

一、加油站的分级

汽车加油站，是指为机动车加注汽油、柴油等车用燃油并可提供其他便利性服务的场所。加油站主要由油气储存区、加油区、管理区三部分组成，有的加油站还设有便利店、洗车服务等辅助设施。

加油站根据其储油罐的容积通常划分为三个等级：一级加油站油罐总容量为 150 ～ 210m^3，单罐容量不大于 50m^3；二级加油站油罐总容量为 90 ～ 150m^3，单罐容量不大于 50m^3；三级加油站油罐总容量为 90m^3 以下，单罐汽油罐容量不大于 30m^3，单罐柴油罐容量不大于 30m^3。城市建成区不应建设一级加油站，公安派出所日常消防监督检查的重点主要是三级加油站。

二、小型加油站的火灾危险性

（一）储存物质本身易燃易爆

加油站主要经营汽油、柴油零售业务。汽油的闪点一般为 -50 ～ -30℃，爆炸极限为 1.5% ～ 6.48% 体积浓度。在正常温度下，汽油会挥发出大量蒸气，遇明火或电火花易发生燃烧或爆炸。汽油本身的理化性质决定了加油站的火灾危险性较大。

（二）油品作业火灾危险环节多

加油站火灾事故主要发生在卸油、量油、加油和清罐等作业环节。由于这四个环节都会使油品与空气接触，如果在作业中违反操作程序，使油品或油品蒸气在空气中与火源接触，就会导致火灾、爆炸事故的发生。

（三）加油站点消防管理难度大

一方面，加油站点多、线长、面广，经营成分复杂，既有集体又有个体，管理难度大；另一方面，有的加油站人员消防安全素质差，存在安全制度、消防组织不落实现象，个别加油站经营中还存在掺杂轻质油的问题，更增加了加油站的火灾危险性。此外，加油站外来人员多，个别司机、乘客防火意识差，接打手机现象普遍存在。

三、小型加油站消防监督检查要点

（一）设置位置检查

1. 站址选择

加油站的站址选择，应符合城乡规划、环境保护和防火安全的要求，并应选在交通便利的地方。在城市建成区不应建一级加油站和一级加油加气合建站。城市建区内的加油站，宜靠近城市道路，但不宜选在城市干道的交叉路口附近。加油站与站外建（构）筑物的防火间距应满足《汽车加油加气站设计与施工规范》的具体规定。

2. 平面布局

检查内容和要求主要包括以下内容：

（1）车辆入口和出口应分开设置。

（2）站区内车道或停车位宽度应按车辆类型确定。加油站的车道或停车位，单车道或单车停车位宽度不应小于 4m，双车道或双车停车位宽度不应小于 6m；站内的道路转弯半径应按行驶车型确定，且不宜小于 9m；站内停车位应为平坡，道路坡度不应大于 8%，且宜坡向站外；加油作业区内的停车位和道路路面不应采用沥青路面。

（3）加油作业区内，不得有“明火地点”或“散发火花地点”。

（4）柴油尾气处理液加注设施的布置规定：不符合防爆要求的设备，应布置在爆炸危险区域之外，且与爆炸危险区域边界线的距离不应小于 3m；符合防爆要求的设备，在进行平面布置时可按加油机对待。

（5）电动汽车充电设施应布置在辅助服务区内。

（6）加油站的变配电间或室外变压器，应布置在爆炸危险区域之外，且与爆炸危险区域边界线的距离不应小于 3m，变配电间的起算点应为门、窗等洞口。

（7）加油加气站内设置的便利店、汽车服务等非站房所属建筑物或设施，不应布置在加油加气作业区内，其与站内可燃液体或可燃气体设备的防火间距应符合《汽车加油加气站设计与施工规范》中有关三类保护物的规定。便利店、汽车服务等设施内设置明火设备时，则应视为“明火地点”或“散发火花地点”。其中，对加油站内设置的燃煤设备不得按设置有油气回收系统折减距离。

（8）加油站内的爆炸危险区域，不应超出站区围墙和可用地界线。

（9）加油站的工艺设备与站外建（构）筑物之间，宜设置高度不低于 2.2m 的不燃烧实体围墙。当加油加气站的工艺设备与站外建（构）筑物之间的距离大于《汽车加油加气站设计与施工规范》中规定防火间距的 1.5 倍，且大于 25m 时，可设置非实体围墙。面向车辆入口和出口道路的一侧可设非实体围墙或不设围墙。

（二）消防安全管理检查

消防安全管理方面重点检查以下内容：

（1）是否落实站区现场火源管理，是否存在在加油加气区内吸烟、营业期间动用明火等违规现象，辅助服务区内是否存在新增明火或散发火花地点；

（2）是否严格落实动火审批制度，因设备检修等须动用明火时是否停止加油加气作业，并提前采取清理置换罐体、管道油气，清除可燃物等可靠安全措施；

（3）是否按照操作规程进行卸油、加油（气）作业；

（4）是否落实防静电措施，并按要求对消防设施和防静电装置进行检查、维修、保养和检测；

（5）是否按有关要求对现场开展防火巡查、防火检查，及时发现并处置“跑、冒、滴、漏”现象；

（6）是否按要求委托相应资质的防雷检测机构对防雷设施进行定期检测，查阅检测报告结论是否合格；

（7）是否结合站内具体情况制定了灭火和应急疏散预案，并每年按要求进行演练。

（三）建筑防火检查

1. 加油站办公区和加油区的检查

具体包括以下要求：

（1）加油站内的站房及其他附属建筑物的耐火等级不应低于二级。当罩棚顶棚的承重构件为钢结构时，其耐火极限可为 0.25h，顶棚其他部分不得采用燃烧体建造。

（2）加油站内，爆炸危险区域内的房间地坪应采用不发火花地面并采取通风措施，站内不得设置经营性的住宿、餐饮和娱乐等设施。

（3）加油机不得设在室内，加油岛应高出停车场的地坪 0.2m、宽度不应小于 1.2m，加油岛上的罩棚支柱距加油岛端部不应小于 0.6m。

（4）罩棚应采用非燃烧材料制作，其有效高度不应小于 4.5m。罩棚边缘与加油机或加气机的平面距离不宜小于 2m。

2. 储油罐的检查

具体包括以下要求：

（1）汽车加油站的储油罐应采用卧式钢制油罐。加油站的汽油罐和柴油罐宜埋地设置，严禁设在室内或地下室。

（2）一、二级加油站的油罐宜设带有高液位报警功能的液位计。

（3）汽油罐与柴油罐的通气管应分开设置。管口应伸出地面 4m 及以上；沿建筑物的墙（柱）向上敷设的通气管管口，应高出建筑物的顶面 1.5m 及以上；通气管管口应安装阻火器；油罐车卸油必须采用密闭卸油方式；汽油罐车卸油宜采用卸油油气回收系统。

（4）加油站的地上罐应集中单排布置，罐与罐之间的净距不应小于相邻较大罐的直径。地上罐组的四周应设置高度为 1m 的防火堤，防火堤内堤脚线至罐壁净距离不应小于 2m。埋地罐之间距离不应小于 2m，罐与罐之间应采用防渗混凝土墙隔开。

（5）加油站的汽油罐车和液化石油气罐车卸车场地，应设罐车卸车时用的防静电接地装置。

3. 油品管道的检查

具体包括以下要求：

（1）加油站内的管道应埋地敷设，且不得穿过站房等建（构）筑物。

（2）当油品管道与管沟、电缆沟和排水沟相交叉时，应采取相应的防渗漏措施。

（3）地上或管沟敷设的油品管道的始末端和分支处应设防静电和防感应雷的联合接地装置。

（4）加油站内地面雨水可散流排出站外；当雨水有明沟排到站外时，在排出围墙之前，应设置水封装置；清洗油罐的污水应集中收集处理，不应直接进入排水管道。

（四）灭火器材检查

加油站工艺设备应配置灭火器材，并应符合下列规定：

（1）每 2 台加油机应配置不少于 2 具 4kg 的手提式干粉灭火器，或 1 具 4kg 的手提式干粉灭火器和 1 具 6L 的泡沫灭火器。加油机不足 2 台应按 2 台配置。

（2）地下储罐应配置 1 台不小于 35kg 的推车式干粉灭火器。当两种介质储罐之间的距离超过 15m 时，应分别配置。

（3）一、二级加油站应配置灭火毯 5 块、砂子 $2m^3$；三级加油站应配置灭火毯不少于 2 块、砂子 $2m^3$。加油加气合建站应按同级别的加油站配置灭火毯和砂子。

（五）供配电线路检查

加油站内一律不准私拉乱接电线；安装照明线应按照电器安装的有关规定进行，严禁违章作业。检查时，重点检查以下内容。

1. 加油站供电负荷

加油站的供电负荷等级可为三级，信息系统应设不间断供电电源；加油站的供电电源宜采用电压为 380/220V 的外接电源；加油站的供电系统应设独立的计量装置。

2. 加油站电力线路敷设

加油站的电力线路宜采用电缆并直埋敷设；电缆穿越行车道部分，应穿钢管保护；当采用电缆沟敷设电缆时，电缆沟内必须充砂填实；电缆不得与油品管道、热力管道敷设在同一沟内。

3. 电气设备

爆炸危险区域内的电气设备选型、安装、电力线路敷设等，应符合现行国家标准《爆炸危险环境电力装置设计规范》的有关规定；加油站内爆炸危险区域以外的照明灯具，可选用非防爆型；罩棚下处于非爆炸危险区域的灯具，应选用防护等级不低于 IP44 级的照明灯具。

4. 发电机组

当引用外电源有困难时，加油站可设置小型内燃发电机组，内燃机的排烟管口应安装阻火器。排烟管口至各爆炸危险区域边界的水平距离，应符合下列规定：排烟口高出地面 4.5m 以下时，不应小于 5m；排烟口高出地面 4.5m 及以上时，不应小于 3m。

第四节 居民住宅区消防监督检查

近些年，伴随着国家经济快速发展和城乡一体化建设逐步加快，城乡社区流动人口急剧增多，居民住宅区的消防安全形势日趋严峻。居民住宅区是每个家庭赖以生活的场所，一旦发生火灾，在给家庭带来经济损失的同时，也必然会严重影响社会的稳定和谐。因此，居民住宅区应成为公安派出所消防监督管理的重点之一。

一、居民住宅区的火灾危险性

（一）消防器材损坏，影响火灾扑救

当前，我国大部分居民住宅区都设置了相应的消防设施和灭火器材，但很多消防设施和灭火器材在建筑修建后没有得到有效的日常维护和保养，导致很多灭火器材丢失，消防设施无法使用。特别是在一些老式居民住宅区，内消防器材丢失和损坏现象十分普遍，加之一些居民住宅的产权复杂，房屋管理部门、物业服务企业、居民之间对物业管理费用相互扯皮，缺乏足够的资金维持日常消防设施的维护和保养。

（二）疏散通道不畅，人员疏散困难

居民住宅楼内的公共走廊、楼梯（间）是火灾发生后供居民及时疏散逃生的生命通道。在日常生活中，由于有的居民消防安全意识淡薄，将住宅内的部分公共空间据为己有，乱堆乱放各类生活杂物；还有的居民擅自在公共走廊内私装铁栅栏、防盗网进行隔断，将门前的公共空间当作自己的仓库随意存放私人物品，使住宅内的公共空间成为火势蔓延的快速通道。

（三）消防车道堵塞，灭火救援困难

大部分老式住宅区都没有建地下停车场或车库，住宅区内无处停车的矛盾越发尖锐。部分住宅小区的物业服务企业将小区公共道路或绿化区域私自改建为临时停车场，或者在小区公共道路上设置栏杆，划分停车位，使原本宽敞的消防车通道只能供小车勉强单向通行；还有一部分老式住宅区内无人管理，居

民私搭乱盖现象十分普遍，部分居民在住宅楼旁搭建自行车棚、雨棚或者仓库侵占消防车道；更有个别小区业主为了个人利益，在小区门前私自占用公共空间加装地锁，严重阻碍了消防车通行。

（四）家庭生活用火不慎

在日常家庭生活中，人们几乎每天都要与火打交道，比如动火烧饭、取暖、照明、驱蚊等，都是十分普遍的日常生活用火现象。生活用火过程中稍有不慎，往往就会引发火灾，酿成事故。

（五）家庭装修乱改乱拆，破坏建筑结构

很多业主在家庭装修工程中，往往为了建筑装修造型美观而忽视了建筑防火安全。部分业主将入户的防火门拆除，更换为豪华防盗门。一些小区业主在同一楼层购买了几套住宅，装修过程中将多套住宅打通为一套，擅自拆除住宅户与户之间或单元与单元之间的防火墙或承重墙，使住宅原先设计的防火分区遭到破坏。还有一些小区的业主为了生活需要，违章在住宅的天井上加盖防雨篷，将天井变成“中庭”，火灾发生后易形成“烟囱效应”，加速火势的蔓延。更有少部分业主在装修中为了增加房间采光面积，擅自拆除窗槛墙，将房间的窗户改为“落地窗”，使住宅上下层之间的竖向防火分隔被破坏，发生火灾后火焰很容易通过建筑外墙形成立体燃烧。

（六）电器使用不当，火灾危险性大

随着近些年城乡居民收入的提高，电视机、电冰箱、空调、洗衣机、烤箱、微波炉、热水器等各类家用电器几乎成为所有家庭生活中的必备物品。这些家用电器的大量使用，一方面会使家庭用电量在某些时段急剧增多，超出电气线路的承载能力，造成局部电气线路过热而引燃周围可燃物；另一方面，很多居民在选购家用电器时，只注重产品价格而忽视了产品质量，选购的电器产品质量存在缺陷，日常使用过程中容易因用电设备发生漏电、短路等现象而引发燃烧或者爆炸。此外，很多家庭在关闭用电器时只习惯使用电器开关而从不将电线插头从电源插座拔出，致使电器始终处于局部通电的状态，长期蓄热不仅会引起电器故障，有时还会造成电器起火引发火灾。

二、居民住宅区的消防监督检查要点

（一）建筑防火检查

居民住宅区内除住宅建筑外，通常还有一些供居民日常生活的小型公共建筑，如超市、发廊、洗衣店等。住宅建筑在与此类公共建筑合建时应保证住宅建筑的完整性，其建筑设置应符合下列规定：

（1）除商业服务网点外，住宅部分与非住宅部分之间应采用耐火极限不低于 2.00h 且无门、窗、洞口的防火隔墙和 1.50h 的不燃性楼板完全分隔。

（2）当为高层建筑时，应采用无门、窗、洞口的防火墙和耐火极限不低于 2.00h 的不燃性楼板完全分隔。

（3）住宅建筑外墙上两开口之间的墙体宽度不应小于 1m；小于 1m 时，应在开口之间设置突出外墙不小于 0.6m 的隔板。

（二）居民家庭消防安全检查

居民住宅火灾大多数都是因人们思想麻痹、忽视火灾隐患而造成的。其中，电气火灾和燃气事故是住宅发生火灾最主要的两个原因。对于居民家庭内的消防检查，公安派出所民警应充分利用深入居民家中走访的机会，在做好消防宣传“进家庭”工作的同时，有针对性地进行消防安全检查。

1. 电气线路的检查

主要包括以下内容和要求：

（1）电气线路的敷设应按照国家制定的《电气线路安装规范》设计，做到规范合理。在施工中，电线应采用新线，线路应采用穿管敷设安装，通过可燃装饰物表面时要穿轻质阻燃套管，对于有吊顶的房间，吊顶内的电线应采用金属管配线。需要穿过墙壁的电线，为了防止绝缘层破损，应将硬塑料管砌于墙内，两端出口伸出墙面约 1cm，分线处应采用分线盒。电气开关、插座应远离床、窗帘、地毯等可燃物，特别是插座距地面至少应有 20cm 间距，以防止拖地、房间潮湿造成线路短路打火而引燃地毯等可燃物。

（2）电气线路荷载应经计算确定，并留有一定的荷载余量，严禁超负荷使用。在设计安装电器线路时，要充分考虑家用电器设备的最大负荷量，合理选择导线类型和导线截面，电气设备与线路的负荷要达到要求并相配，安装必须符合规范要求。厨房、卫生间等潮湿的部位应采用有保护的绝缘导线。此外，要做好线路漏电和过负荷的保护措施，住宅应安装自动空气开关和熔断器，严禁采用铜丝、铝丝等替代保险丝。对单相电度表的选择也要参照用电总功率，要保证用电时通过的总电流不超过电表自身的额定电流。

（3）选购家用电器时，要选购经国家认证的质量过关、信誉良好、售后服务有保障的产品。在雷雨天气时尽量不要使用家用电器。另外，家用电器应保持干燥，通风良好，防止因进线受潮产生漏电打火而引起火灾。

（4）采用白炽灯具照明时，应与可燃物之间保持一定的安全距离，严禁用纸、布或其他可燃物遮挡灯具；镇流器不应直接安装在可燃的天花板或墙壁上，应采取隔热保护措施。

2. 炊事用火的检查

主要包括以下内容和要求：

（1）检查连接灶具和燃气管道的橡胶管是否出现老化、龟裂、松动的情况；

（2）严禁将液化天然气罐安装在橱柜内；

（3）油漆、干洗剂等可挥发性化学物品应远离炉灶存放。

（三）安全疏散检查

由于居民住宅内人员数量多，且大部分时间独自在家的都是老年人、妇女和儿童，因此，住宅内发生火灾时，必须要保证建筑内人员能及时有效疏散。公安派出所在日常消防监督检查中，要特别注意对居民住宅的安全疏散情况进行检查，对于附带商业服务场所的住宅要保证住宅部分与非住宅部分的安全出口和疏散楼梯应分别独立设置。住宅建筑应随时保持疏散通道的畅通，严禁占用公共空间堆放杂物。

1. 安全出口的检查

主要包括以下内容及要求：

（1）建筑高度不大于 27m 的建筑，当每个单元任一层的建筑面积大于 650m^2，或任一户门至最近安全出口的距离大于 15m 时，每个单元每层的安全出口不应少于 2 个。

（2）建筑高度大于 27m 且不大于 54m 的建筑，当每个单元任一层的建筑面积大于 650m^2 或任一户门至最近安全出口的距离大于 10m 时，每个单元每层的安全出口不应少于2个。当每个单元设置一座疏散楼梯时，疏散楼梯应通至屋面，且单元之间的疏散楼梯应能通过屋面连通，户门应采用乙级防火门；当不能通至屋面或不能通过屋面连通时，应设置2个安全出口。

（3）建筑高度大于54m的建筑，每个单元每层的安全出口不应少于2个。

（4）住宅部分和商业服务网点部分的安全出口和疏散楼梯应分别独立设置。

2. 疏散楼梯的检查

主要包括以下内容及要求：

（1）建筑高度不大于21m的住宅建筑可采用敞开楼梯间；与电梯井相邻布置的疏散楼梯应采用封闭楼梯间，当户门采用乙级防火门时，仍可采用敞开楼梯间。

（2）建筑高度大于21m且不大于33m的住宅建筑应采用封闭楼梯间；当户门采用乙级防火门时，可采用敞开楼梯间。

（3）建筑高度大于33m的住宅建筑应采用防烟楼梯间。户门不宜直接开向前室，确有困难时，每层开向同一前室的户门不应大于3樘且应采用乙级防火门。

（4）住宅单元的疏散楼梯，当分散设置确有困难且任一户门至最近疏散楼梯间入口的距离不大于10m时，可采用剪刀楼梯间，但应符合下列规定：

①应采用防烟楼梯间；

②梯段之间应设置耐火极限不低于1.00h的防火隔墙；

③楼梯间的前室不宜共用；

④共用时，前室的使用面积不应小于$6m^2$；

⑤楼梯间的前室或共用前室不宜与消防电梯的前室合用；

⑥楼梯间的共用前室与消防电梯的前室合用时，合用前室的使用面积不应小于$12m^2$，且短边不应小于2.4m。

（5）住宅建筑的户门、安全出口、疏散走道和疏散楼梯的各自总净宽度应经计算确定，且户门和安全出口的净宽度不应小于0.9m，疏散走道、疏散楼梯和首层疏散外门的净宽度不应小于1.1m。

（6）建筑高度不大于18m的住宅中一边设置栏杆的疏散楼梯，其净宽度不应小于 1m；建筑高度大于 100m 的住宅建筑应设置避难层。

（四）居民住宅区消防安全管理检查

居民住宅区的消防安全管理工作应按照“以人为本、居民自治”的原则，以建立“政府引导、社会支持、公众参与”的社会化消防治理为格局，基本达到“组织网络健全、文化教育覆盖、工作机制完善”的要求。公安派出所在日常消防监督检查工作中应重点检查以下内容。

1. 消防管理组织

居民住宅区的消防管理组织，通常是指居民住宅所在社区居委会成立的消防安全委员会。消防安全委员会应由社区居委会、小区物业服务企业、社区民警、治安联防队、辖区单位和居民代表参加，并切实担负起对所辖住宅区消防工作的组织领导、综合协调和监督检查职能。社区消防安全委员会应明确职责范围，定期召开工作会议研究部署消防工作，统一领导、协调和组织开展社区消防工作；明确社区居委会主任为消防安全责任人，确定一名副职为消防安全管理人，负责本社区的消防工作；配备 2 名以上专（兼）职消防管理人员，负责协调和组织开展社区消防工作。社区消防安全委员会应下设消防办公室，与社区警务室建立联系机制，协调开展好居民住宅区的消防工作。

2. 消防文化宣传

按照消防法律、法规的要求，居民住宅区应完善消防文化建设，在居民住宅区设置警示标识、防火宣传栏，建立《居民防火公约》。通过建立健全居民住宅区消防宣传阵地，在社区内营造出消防文化氛围。居民住宅区的消防安全委员会要结合消防宣传“七进”工作，每月组织 1 次居民广泛参与的消防宣传活动，每年要组织好“119”消防日宣传活动，针对不同人群，特别是住宅区内的老人、儿童和残疾人等弱势群体的需要，进行有针对性的教育活动，做到消防宣传精细化。有条件的地区，还可以以移动互联网为依托，对住宅区内的居民进行全覆盖的日常化消防宣传。

3. 防火巡查、检查制度

消防安全委员会应通过建立住宅区志愿组织或依托现有治安联防队、保安队伍，把住宅区消防与治安联防工作结合在一起，建立日常消防巡查制度。

消防巡查应填写巡查记录，巡查人员应记录巡查内容、部位、频次及检查发现的问题和处理措施，并在巡查记录上签名。日常消防巡查的重点应包括以下内容：

（1）居民住宅区内有无火灾隐患，是否有动火作业场所；

（2）住宅楼内消防设施和灭火器材是否完好，公共走廊和楼梯间是否畅通；

（3）居民住宅区内的公共消防设施是否完好，防火间距和消防车通道是否被占用、堵塞。

（五）消防设施检查

根据住宅建筑结构的不同，一般配有不同的消防设施。检查主要包括以下内容。

1. 消火栓

建筑高度大于 21m 的住宅建筑应设置室内消火栓。其中，建筑高度不大于 27m 的住宅建筑，设置室内消火栓系统确有困难时，可只设置干式消防竖管和不带消火栓箱的 DN65 室内消火栓。高层住宅建筑的户内宜配置轻便消防水龙。

2. 自动灭火系统

建筑高度超过 100m 的住宅建筑应设置自动灭火系统，并宜采用自动喷水灭火系统。

3. 火灾自动报警系统

建筑高度大于 100m 的住宅建筑，应设置火灾自动报警系统；建筑高度大于 54m 且不大于 100m 的住宅建筑，其公共部位应设置火灾自动报警系统，套内宜设置火灾探测器；建筑高度不大于 54m 的高层住宅建筑，其公共部位宜设置火灾自动报警系统，当设置需联动控制的消防设施时，公共部位应设置火灾自动报警系统。

4. 其他设施

高层住宅建筑的公共部位应设置具有语音功能的火灾声光警报装置或应急广播。高层住宅建筑的公共部分必须设置灭火器，其他住宅建筑的公共部位宜设置灭火器。

第五章 消防产品监督管理

消防产品是纳入国家强制性管理的公共安全类产品，消防产品的质量与国家经济建设、人民生命财产安全息息相关。因此，加强消防产品监督管理，打击假冒伪劣消防产品，维护消防产品市场秩序，是提高社会公共安全保障水平的一项长期工作。

第一节 消防产品监督管理概述

一、消防产品及其相关术语的含义

（一）消防产品的含义

消防产品，是指专门用于火灾预防、灭火救援和火灾防护、避难、逃生的产品。

（二）不合格的消防产品的含义

不合格的消防产品，是指产品质量不符合国家有关法律法规规定的质量要求，或者不符合采用的产品标准、产品说明、实物样品或者以其他方式表明的质量状况的产品。

（三）国家明令淘汰的消防产品的含义

国家明令淘汰的消防产品，是指国家及有关行政管理部门依据其职能，对消耗能源、污染环境、毒副作用大、技术明显落后的消防产品，按照一定的程序向社会公布自某时起禁止生产、销售和使用的消防产品。例如，哈龙是一种对臭氧层破坏性很强的物质，为了履行《关于保护臭氧层的维也纳公约》，我国制定了《哈龙整体淘汰计划》，明确规定了停止哈龙生产、销售和使用的具体时间。

（四）缺陷消防产品的含义

缺陷消防产品，是指消防产品存在危及人身、财产安全的不合理的危险，包括设计上的缺陷、制造上的缺陷和指示上的缺陷；消防产品不符合保障人身、财产安全的国家标准、行业标准中的安全要求的，是存在缺陷产品。产品不符合社会普遍公认的安全性的，亦是存在缺陷产品。

（五）消防产品质量的含义

消防产品质量，是指消防产品满足消防需要的适用性、安全性、可用性、可靠性、可维修性、经济性和环保性等所具有的特征和特性的总和。

二、消防产品的分类

消防产品的品种很多，按其性能和用途，大体上可分为以下六类。

（一）灭火剂产品

灭火剂，是指能够有效地破坏燃烧的条件，中止燃烧的物质。常见的灭火剂主要有水、泡沫、二氧化碳等。比较专业的主要有以下几种。

1. 干粉灭火剂

干粉灭火剂又称化学粉末灭火剂，其所使用的干粉是一种易于流动的微细固体粉末。一般借助于专用的灭火器或灭火设备中的气体压力，将干粉从容器中喷出，以粉雾的形式灭火。干粉灭火剂的组成成分主要有钠盐干粉、氨基干粉、通用或多用干粉和钾盐干粉等几种。干粉灭火剂按用途可分为普通干粉灭火剂、多用途干粉灭火剂和D类干粉灭火剂三类。

普通干粉灭火剂主要是全硅化碳酸氢钠干粉。这类灭火剂适用于扑灭B类火灾和C类火灾，又称为BC类干粉。BC类干粉按照其成分，还可分为钠盐干粉（以碳酸氢钠为基料）、紫钾盐干粉（以碳酸氢钾为基料）、钾钠盐干粉（以氯化钾或硫酸钾为基料）、氨基干粉（以尿素和碳酸氢钠或碳酸氢钾为基料）等。

多用途干粉灭火剂主要是磷酸铵盐干粉，具有抗复燃的性能，不仅适用于扑救液体、气体火灾，还适用于扑救一般固体物质的火灾（A类火灾），因此又称为ABC类干粉。ABC类干粉按照主要成分，还可分为磷酸盐干粉（以磷酸二氢铵、磷酸氢二铵、磷酸铵或焦磷酸盐等为基料）和碳硫氨基干粉（以碳酸铵与硫酸铵混合或聚磷酸铵为基料）等。

D 类干粉，是指适用于扑救 D 类物质的火灾的干粉。其基料目前主要有氯化钠、碳酸氢钠和石墨等。

干粉按粒径的大小可分为普通干粉灭火剂和超细干粉灭火剂两类。超细干粉灭火剂，是指粒径小于或等于 20μm 的固体粉末灭火剂。

2. 气溶胶灭火剂

气溶胶灭火剂是一种以液体或固体为分散相，以气体为分散介质所形成的粒径小于 5μm 的溶胶体系的灭火介质。其特点是：可以不受方向的限制绕过障碍物保护空间的任何角落，并能在着火空间有较长的驻留时间，从而实现全淹没灭火；不需耐压容器；灭火效率较干粉灭火剂更高；既可用于封闭空间，也可用于开放的空间，对臭氧层的耗损指标为零。由于该灭火剂具有不易降落、可以绕过障碍物等气体的特性，故在工程上也可当作气体灭火剂使用。按形成方式的不同，气溶胶灭火剂还可分为热气溶胶和冷气溶胶灭火剂两类。

3. 金属火灾灭火剂

扑救金属火灾可以选用的灭火剂，目前主要有以下几种。

（1）偏硼酸三甲酯（7150）

偏硼酸三甲酯是一种无色透明的可以固化的液体灭火剂，化学名称为三甲氧基硼氧六环，化学分子式为$(CH_3O)_3B_3O_3$，由硼酸三甲酯与硼酐按一定比例加热回流反应而制得。其灭火机理是，当把其喷洒到着火物质表面时，可在燃烧高温的烘烤下迅速固化，并把着火物质的表面包裹起来，使其与空气隔绝而使燃烧窒息。但是，由于其价格较贵，使用面不太广，故市场上销售较少。

（2）原位膨胀石墨灭火剂

原位膨胀石墨灭火剂是一种灰黑色鳞片状粉末，稍有金属光泽，是石墨层间化合物，由石墨与络合剂硫酸及水在辅助试剂存在下反应，并加入润湿剂，解吸和吸附除去对环境有害的分解产物，再加入无害的反应物而制得。其主要成分是原位膨胀石墨，具有不污染环境、易于储存、喷洒方便和易于清除灭火后金属表面上附着的固体物和回收未烧毁的剩余金属等优点。其主要用于扑救金属钠等碱金属和镁等轻金属火灾。其灭火机理是，将其喷洒在着火的金属表面上时，灭火剂中的反应物在火焰的高温作用下迅速呈气体逸出，使石墨迅速膨胀，且由于化合物的松装密度低，能够在燃烧的金属表面形成海绵状泡沫，与金属接触部分则被燃烧的金属润湿，生成金属碳化物或部分生成石墨层间化合物（若灭金属钠火灾，则生成的化合物为 $C_{64}Na$ 和 NaC_2），瞬间造成与空气隔绝的耐火膜，从而达到灭火的效果。

（二）灭火器产品

灭火器，是指将灭火剂充装于容器内，再借助自身的驱动压力，将其内部所充装的灭火剂喷出以扑救火灾，并可由人力移动的灭火器具。根据所充装灭火剂的不同，灭火器可分为水基型灭火器、泡沫灭火器、干粉灭火器、二氧化碳灭火器等几种。按照构造形式又可分为手提式和推车式两种，其中干粉灭火剂还有背负式的。

（三）消防电子产品

消防电子产品，是指专门用于消防安全的无线电和电子技术产品。目前电子消防产品主要有火灾探测器、火灾报警控制器、消防车用警报器和消防通信器材等。其中火灾探测器根据其作用原理的不同，有感烟探测器、感温探测器、感光探测器 3 种。感烟探测器有离子型和光电型 2 种；感温探测器有定温型、差温型 2 种；感光探测器分为紫外光型和红外光型 2 种。其他的消防电子产品还有可燃气体报警器、可燃气体检漏仪、静电电位计等。

（四）工程消防产品

所谓工程消防产品，是指工业与民用建筑、地下工程、轮船、飞机、海上石油钻井平台等安装使用的固定式灭火设备。目前主要有自动喷水灭火设备和泡沫、干粉、二氧化碳、混合气体（烟落尽）、气溶胶等灭火剂装配的固定灭火设备。这些固定设备若与自动报警设备连成一体，即成为自动报警灭火系统，近期已有发展为应用电子计算机控制的。另外，还有建设工程中用于消防安全的建筑防火构配件和设备等消防产品。

（五）消防装备产品

消防装备产品，是指装备于公安、专职、义务消防队用的消防车、艇，消防车随车装备和消防战斗员的个人装备等产品。

消防车是消防队伍最重要的灭火装备，在发生火灾时它是运载消防指战员、消防器具、灭火剂紧急出动，迅速驶向火场，为扑救火灾、抢救公民生命财产和保护消防员自身安全提供物资保证的重要装备。国产的消防车产品当前主要有泵浦消防车，水罐消防车，供水消防车，泡沫、干粉、二氧化碳和干粉、泡沫联用消防车，云梯车，登高平台车，举高喷射车，通信指挥车，火场照明、破拆工具，后勤供应、消防救护车和摩托消防车等。

消防车的随车装备有：吸水管、水枪、水带、滤水器、接口等供水线路上的器具，单杠梯、挂钩梯、二节和三节拉梯等消防梯，消防斧、铁铤、背负式金属切割机等破拆工具。

消防指战员的个人装备，是提高消防指战员战斗力和保护自身安全的消防产品。主要有头盔、战斗服、战斗靴，安全带、安全钩、保险钩，安全绳、腰斧、隔热服、避火服，空气或氧气呼吸器，手提式照明灯具等，还有用于救人或自救的救生网、救生袋、缓降器等。

（六）防火产品

防火产品，是指专为防止火灾而使用的消防产品，主要有防火门、防火玻璃、防火涂料、防火堵料、防火阀门、防火烟筒、火星熄灭器（防火帽）、阻火器、阻燃电缆、阻燃织物、阻燃材料等，以及其他与防止火灾有关的产品。

防火材料、阻燃制品的消防安全性能，应当符合国家标准或者行业标准，并经依照《产品质量法》的规定确定的检验机构检验合格。

上述这些消防产品均属消防产品管理的对象和范围。随着科学技术的进步、国民经济的发展、工业生产技术水平的提高，还会有更多新的消防产品问世。

三、消防产品监督管理的目的及原则

（一）消防产品监督管理的目的

由于消防产品的质量直接关系到在预防火灾时和发生火灾后能否有效发挥作用，及时处置火灾，保障公共安全和人身、财产安全，因此，必须对消防产品实施监督管理，其主要目的在于：

（1）督促消防产品的生产、销售、安装、维修和使用单位自觉遵守国家法律法规、产业政策、技术标准和消防产品市场准入制度，依法惩处消防产品生产、销售、安装、维修和使用等环节的违法行为，维护消防产品市场秩序，杜绝因消防产品质量问题产生的火灾隐患。

（2）制止生产、销售或者使用不合格的消防产品以及国家明令淘汰的消防产品，确保消防产品质量，使其在火灾预防、灭火救援和火灾现场防护、避难、逃生时发挥应有的作用，预防和减少火灾危害，保障人身和财产安全。

（二）消防产品监督管理的原则

消防产品使用量大、应用范围广，仅仅依靠政府行政手段进行监管显然达不到预期效果，在市场经济条件下，必须利用市场调节和行政监管相结合的方法，将消防产品把关的任务分解到生产、流通、销售和使用的各个环节，充分发挥各方面的力量对消防产品质量进行管理，才能更好地确保消防产品质量。因此，消防产品监督管理应当遵循企业负责、行业自律、中介评价、政府监管的原则。

1. 企业负责

企业负责就是要求消防产品生产企业必须严格执行国家标准和行业标准，保证出厂的消防产品质量并对其终生负责。

按产品标准生产合格的消防产品是消防产品生产企业的责任。销售、安装、维修环节是消防产品质量控制体系的延伸，消防产品在这些环节中产生的任何影响使用质量的问题都应由企业负责。

2. 行业自律

行业自律就是要求行业自律组织共同制定、实施切实可靠的行业自律规范，并使之在产品质量保证活动中发挥重要作用。

行业自律组织是消防产品生产企业按照地域或产品类别组成的自律性组织，如行业协会的消防产品分会。由于国家法律法规只适用于消防产品质量市场准入方面的管理工作，当涉及某些明显违规但取证较困难的企业行为时，就需要行业自律组织制定有针对性的操作规范、指导性文件等进行行业自律规范，采取自我监督、市场调节的方法，约束企业的违规行为，保证整个行业产品质量的稳定性。

3. 中介评价

消防产品管理体制改革后，政府不再直接管理企业，企业也不再由上级主管部门直接管理。要判定消防产品质量是否合格、消防产品企业质量控制能力是否符合要求，既不可能由政府监管部门决定，更不可能由企业自己说了算，这就必然要求由独立于企业和政府监管部门以外的第三方即中介评价机构负责。其可以不受其他两方利益的干扰，对消防产品质量和企业质量保证能力进行评价。

消防产品质量管理中介评价原则是市场经济体制的要求。因此，担负着消防产品质量保证能力评定任务的中介评价机构必须具备相应的评价能力，公平、公正地完成评价工作。

4. 政府监管

政府监管是消防产品管理中的重要原则。政府有关职能部门在消防产品管理中主要承担监管职责、起到指导服务的作用。监管是指下令部门通过行政手段建立一套管理机制，颁布各种规章制度并采取抽查方法检查其规章制度的执行情况，奖优罚劣，从而达到保证消防产品质量的目的。服务是指政府部门利用自身工作特点，积极建立与企业、用户和中介机构的沟通机制，为各个方面信息流通疏通渠道、解决问题，帮助整个消防产品市场建立良性运作机制，达到维护消防产品质量、促进企业发展、全社会共同受益的目的。

四、消防产品质量监督管理的主体

由于影响消防产品质量的环节甚多，因此，为了便于消防产品质量的监管，《消防法》第 25 条明确规定：“产品质量监督部门、工商行政管理部门、公安机关消防机构应当按照各自职责加强对消防产品质量的监督检查。”这也就是说，根据消防产品管理领域和对象的不同，消防产品质量监管主体由不同的特定的国家机关承担，包括产品质量监督部门、工商行政管理部门、公安机关消防机构这三方监管主体，通过其在各自职责范围内对消防产品的质量监督实施分段监管，联合协作，形成合力，整顿和规范消防产品市场环境，确保消防产品质量。

（一）产品质量监督部门

产品质量监督部门作为消防产品质量监督主体，依据《消防法》和《中华人民共和国产品质量法》（以下简称《产品质量法》）等有关规定，负责消防产品生产领域的监督管理，并依法履行以下职责：

（1）组织开展消防产品生产领域的监督抽查；

（2）对举报投诉消防产品生产领域的违法行为进行核查；

（3）对生产不合格的消防产品或者国家明令淘汰的消防产品的违法行为依法实施行政处罚；

（4）负责消防产品质量认证、检验机构的资质认定和监督管理；

（5）负责制定有关消防产品的技术标准和市场准入制度；

（6）根据需要进行的其他形式消防产品监督检查。

（二）工商行政管理部门

工商行政管理部门作为消防产品质量监督主体，依据《消防法》和《产品质量法》等有关规定，主要负责消防产品流通领域的监督管理，并依法履行以下职责：

（1）组织开展消防产品流通领域的监督抽查；

（2）对举报投诉消防产品流通领域的违法行为进行核查；

（3）对销售不合格的消防产品或者国家明令淘汰的消防产品的违法行为依法实施行政处罚；

（4）负责消防产品生产、销售、安装、维修、质量认证和检验机构等企业营业执照发放的监督管理。

（三）公安机关消防机构

公安机关消防机构作为消防产品质量监督主体，依据《消防法》等有关规定，主要负责消防产品使用领域的监督管理，并依法履行以下职责：

（1）组织开展消防产品使用领域的专项监督抽查；

（2）在实施建设工程消防验收及工程竣工备案抽查、公众聚集场所开业使用前消防安全检查和消防监督检查时，依照有关规定对消防产品实施监督检查；

（3）对举报投诉消防产品使用领域的违法行为进行核查；

（4）依法对消防产品质量认证机构、消防设施检测等消防技术服务机构实施监督管理；

（5）负责对发现的人员密集场所使用不合格的消防产品或者国家明令淘汰的消防产品的违法行为实施行政处罚，此外，还应当将发现不合格的消防产品和国家明令淘汰的消防产品的情况通报产品质量监督部门、工商行政管理部门；

（6）负责制定有关消防产品的法律法规和市场准入制度；

（7）负责向社会提供符合消防产品市场准入制度的消防产品信息；

（8）根据需要进行的其他形式消防产品监督检查。

第二节　消防产品质量责任主体及其责任

消防产品的生产者、销售者、使用者和安装维修者是消防产品质量责任主体。为了落实消防产品质量责任制，确保消防产品质量，使其在火灾发生时能够发挥应有的作用，《消防法》《产品质量法》等有关法律法规分别明确规定了消防产品质量责任主体应承担的消防产品质量责任和义务、违法应承担的法律责任。所谓消防产品质量责任，是指消防产品质量责任主体必须依法为一定产品质量行为和不为一定产品质量行为的责任，其义务包括为一定行为的积极义务和不为一定行为的消极义务。消防产品质量法律责任，是指消防产品质量责任主体违反有关法律法规的规定，不履行法律义务，应当依法承担的法律后果。产品质量法律责任又包括相应的行政责任、民事责任和刑事责任。

一、消防产品生产者的产品质量责任和法律责任

（一）消防产品生产者的产品质量责任和义务

根据有关法律法规的规定，消防产品生产者的产品质量责任和义务主要包括以下方面：

第一，消防产品生产者应当对其生产的消防产品质量负责，其产品质量应当符合下列要求：（1）消防产品不存在危及人身、财产安全的不合理的危险，有保障人体健康和人身、财产安全的国家标准的，必须符合国家标准；没有国家标准的，必须符合行业标准。（2）具备产品应当具备的使用性能，但是，对产品存在使用性能的瑕疵作出说明的除外。（3）符合在产品或者其包装上注明

采用的产品标准，符合以产品说明、实物样品等方式表明的质量状况。

第二，产品或者其包装上的标识必须真实，并符合下列要求：（1）有产品质量检验合格证明。（2）有中文标明的产品名称、生产厂厂名和厂址。（3）根据产品的特点和使用要求，需要标明产品规格、等级、所含主要成分的名称和含量的，用中文相应予以标明；需要事先让消费者知晓的，应当在外包装上标明，或者预先向消费者提供有关资料。（4）限期使用的产品，应当在显著位置清晰地标明生产日期和安全使用日期或者失效日期。（5）使用不当，容易造成产品本身损坏或者可能危及人身、财产安全的产品，应当有警示标志或者中文警示说明。

第三，消防产品生产者应建立有效的质量管理体系，保持消防产品生产条件，保证出厂产品质量符合相关法律法规和标准要求。

第四，消防产品生产者应当建立消防产品销售流向登记制度，如实记录产品名称、批次、规格、数量、销售去向等内容，并在产品或者包装上粘贴标志。

第五，消防产品未按照国家标准或者行业标准的强制性规定经型式检验合格和出厂检验合格，不得出厂销售。

第六，禁止生产下列消防产品：（1）列入强制性产品认证目录而未取得强制性产品认证证书的。（2）新研制的尚未制定国家标准、行业标准而未取得技术鉴定证书的。（3）产品质量不合格的。（4）国家明令淘汰的。（5）其他不符合国家有关规定的。

（二）消防产品生产者的产品质量法律责任

消防产品生产者不履行法律法规规定的责任和义务，应当承担相应的法律责任。

1. 行政责任与刑事责任

第一，生产不符合保障人体健康和人身、财产安全的国家标准、行业标准的产品的，责令停止生产，没收违法生产的产品，并处违法生产产品货值金额等值以上 3 倍以下的罚款；有违法所得的，并处没收违法所得；情节严重的，吊销营业执照；构成犯罪的，依法追究刑事责任。

第二，在产品中掺杂、掺假，以假充真，以次充好，或者以不合格产品冒充合格产品的，责令停止生产，没收违法生产的产品，并处违法生产产品货值金额 50% 以上 3 倍以下的罚款；有违法所得的，并处没收违法所得；情节严重的，吊销营业执照；构成犯罪的，依法追究刑事责任。

第三，生产国家明令淘汰并停止销售的产品的，责令停止生产，没收违法生产的产品，并处违法生产产品货值金额等值以下的罚款；有违法所得的，并处没收违法所得；情节严重的，吊销营业执照。

第四，伪造产品产地的，伪造或者冒用他人厂名、厂址的，伪造或者冒用认证标志等质量标志的，责令改正，没收违法生产的产品，并处违法生产产品货值金额等值以下的罚款；有违法所得的，并处没收违法所得；情节严重的，吊销营业执照。

第五，产品标识不符合法律法规规定的，责令改正；有包装的产品标识不符合法律法规规定，情节严重的，责令停止生产，并处违法生产产品货值金额 30% 以下的罚款；有违法所得的，并处没收违法所得。

第六，拒绝接受依法进行的产品质量监督检查的，给予警告，责令改正；拒不改正的，责令停业整顿；情节特别严重的，吊销营业执照。

第七，在广告中对产品质量作虚假宣传，欺骗和误导消费者的，依照《中华人民共和国广告法》的规定追究法律责任。

第八，对生产者专门用于生产前述第一、第二所列的产品或者以假充真的产品的原辅材料、包装物、生产工具，应当予以没收。

2. 民事责任

第一，因消防产品存在缺陷造成人身、缺陷产品以外的其他财产（以下简称他人财产）损害的，生产者应当承担赔偿责任；生产者能够证明有下列情形之一的，不承担赔偿责任：（1）未将产品投入流通的。（2）产品投入流通时，引起损害的缺陷尚不存在的。（3）将产品投入流通时的科学技术水平尚不能发现缺陷的存在的。

第二，因消防产品存在缺陷造成人身、他人财产损害的，受害人可以向产品的生产者要求赔偿，也可以向产品的销售者要求赔偿。属于产品生产者的责任，产品销售者赔偿的，产品销售者有权向产品生产者追偿。属于产品销售者的责任，产品生产者赔偿的，产品生产者有权向产品销售者追偿。

第三，因产品存在缺陷造成受害人人身伤害的，侵害人应当赔偿医疗费、治疗期间的护理费、因误工减少的收入等费用；造成残疾的，还应当支付残疾者生活自助具费、生活补助费、残疾赔偿金以及由其扶养的人所必需的生活费等费用；造成受害人死亡的，并应当支付丧葬费、死亡赔偿金以及由死者生前扶养的人所必需的生活费等费用。因产品存在缺陷造成受害人财产损失的，侵害人应当恢复原状或者折价赔偿；受害人因此遭受其他重大损失的，侵害人应当赔偿损失。

二、消防产品销售者的产品质量责任和法律责任

（一）消防产品销售者的产品质量责任和义务

根据有关法律法规的规定，消防产品销售者的产品质量责任和义务主要包括以下方面：

第一，消防产品销售者应当建立并执行进货检查验收制度，验明产品合格证明和产品标识。对依法实行强制性产品认证或者技术鉴定的消防产品，还应当查验有关证书。

第二，消防产品销售者应当建立消防产品进货台账，如实记录产品名称、规格、数量、供货商及其联系方式、进货时间等内容。进货台账保存期限不得少于 2 年。

第三，消防产品销售者应当采取措施，保持销售的消防产品的质量。

第四，消防产品销售者不得伪造产地，不得伪造或者冒用他人的厂名、厂址。

第五，消防产品销售者不得伪造或者冒用认证标志等质量标志。

第六，消防产品销售者销售产品，不得掺杂、掺假，不得以假充真、以次充好，不得以不合格产品冒充合格产品。

第七，禁止销售下列消防产品：（1）列入强制性产品认证目录而未取得强制性产品认证证书的；（2）新研制的尚未制定国家标准、行业标准而未取得技术鉴定证书的；（3）产品质量不合格的；（4）国家明令淘汰的；（5）其他不符合国家有关规定的。

（二）消防产品销售者的产品质量法律责任

消防产品销售者不履行法律法规规定的责任和义务，应当承担相应的法律责任。

1. 行政责任与刑事责任

第一，销售不符合保障人体健康和人身、财产安全的国家标准、行业标准的产品的，责令停止销售，没收违法销售的产品，并处违法销售产品（包括已售出和未售出的产品，下同）货值金额等值以上 3 倍以下的罚款；有违法所得的，并处没收违法所得；情节严重的，吊销营业执照；构成犯罪的，依法追究刑事责任。

第二，在产品中掺杂、掺假，以假充真，以次充好，或者以不合格产品冒充合格产品的，责令停止销售，没收违法销售的产品，并处违法销售产品货值金额 50% 以上 3 倍以下的罚款；有违法所得的，并处没收违法所得；情节严重的，吊销营业执照；构成犯罪的，依法追究刑事责任。

第三，销售国家明令淘汰并停止销售的产品的，责令停止销售，没收违法销售的产品，并处违法销售产品货值金额等值以下的罚款；有违法所得的，并处没收违法所得；情节严重的，吊销营业执照。

第四，伪造产品产地的，伪造或者冒用他人厂名、厂址的，伪造或者冒用认证标志等质量标志的，责令改正，没收违法销售的产品，并处违法销售产品货值金额等值以下的罚款；有违法所得的，并处没收违法所得；情节严重的，吊销营业执照。

第五，销售失效、变质的产品的，责令停止销售，没收违法销售的产品，并处违法销售产品货值金额 2 倍以下的罚款；有违法所得的，并处没收违法所得；情节严重的，吊销营业执照；构成犯罪的，依法追究刑事责任。

第六，产品标识不符合有关法律法规规定的，责令改正；有包装的产品标识不符合有关法律法规，情节严重的，责令停止销售，并处违法销售产品货值金额 30% 以下的罚款；有违法所得的，并处没收违法所得。

第七，销售者销售上述第一项至第五项规定禁止销售的产品，有充分证据证明其不知道该产品为禁止销售的产品并如实说明其进货来源的，可以从轻或者减轻处罚。

第八，拒绝接受依法进行的产品质量监督检查的，给予警告，责令改正；拒不改正的，责令停业整顿；情节特别严重的，吊销营业执照。

第九，在广告中对产品质量作虚假宣传，欺骗和误导消费者的，依照《中华人民共和国广告法》的规定追究法律责任。

2. 民事责任

第一，售出的产品有下列情形之一的，销售者应当负责修理、更换、退货。给购买产品的消费者造成损失的，销售者应当赔偿损失：（1）不具备产品应当具备的使用性能而事先未作说明的；（2）不符合在产品或者其包装上注明采用的产品标准的；（3）不符合以产品说明、实物样品等方式表明的质量状况的。

销售者依照前述规定负责修理、更换、退货、赔偿损失后，属于生产者的责任或者属于向销售者提供产品的其他销售者（以下简称供货者）的责任的，销售者有权向生产者、供货者追偿。

销售者未按照前述规定给予修理、更换、退货或者赔偿损失的，由产品质量监督部门或者工商行政管理部门责令改正。

生产者之间、销售者之间、生产者与销售者之间订立的买卖合同、承揽合同有不同约定的，合同当事人按照合同约定执行。

第二，由于销售者的过错使产品存在缺陷，造成人身、他人财产损害的，销售者应当承担赔偿责任。销售者不能指明缺陷产品的生产者，也不能指明缺陷产品的供货者的，销售者应当承担赔偿责任。

第三，因产品存在缺陷造成人身、他人财产损害的，受害人可以向产品生产者要求赔偿，也可以向产品销售者要求赔偿。属于产品生产者的责任，产品销售者赔偿的，产品销售者有权向产品生产者追偿。属于产品销售者的责任，产品生产者赔偿的，产品生产者有权向产品销售者追偿。

第四，因产品存在缺陷造成受害人人身伤害的，侵害人应当赔偿医疗费、治疗期间的护理费、因误工减少的收入等费用；造成残疾的，还应当支付残疾者生活自助具费、生活补助费、残疾赔偿金以及由其扶养的人所必需的生活费等费用；造成受害人死亡的，并应当支付丧葬费、死亡赔偿金以及由死者生前扶养的人所必需的生活费等费用。因产品存在缺陷造成受害人财产损失的，侵害人应当恢复原状或者折价赔偿；受害人因此遭受其他重大损失的，侵害人应当赔偿损失。

三、消防产品使用者的产品质量责任和法律责任

（一）消防产品使用者的产品质量责任和义务

根据有关法律法规的规定，消防产品使用者应履行以下责任和义务：

第一，消防产品使用者应当查验产品标识，选用合格的消防产品。实行强制性产品认证制度或者技术鉴定制度的消防产品，还应当查验有关证明材料。

第二，建设工程设计单位应当选用具有国家标准、行业标准或者经技术鉴定合格的消防产品。

第三，建设单位、施工单位和工程监理单位应当组织对消防产品实施安装前的核查检验；核查检验不合格的，不得安装。施工单位应当建立安装质量管理制度，严格执行有关标准、施工规范和相关要求，保证消防产品的安装质量。工程监理单位应当对消防产品的安装质量进行监督。

第四，消防产品使用单位应当建立并实施消防产品检查、使用和维修管理制度，按照国家标准、行业标准配置消防设施、器材，并定期组织检验、维修，确保完好有效。

第五，禁止使用下列消防产品：（1）列入强制性产品认证目录而未取得强制性产品认证证书的；（2）新研制的尚未制定国家标准、行业标准而未取得技术鉴定证书的；（3）产品质量不合格的；（4）国家明令淘汰的；（5）其他不符合国家有关规定的。

（二）消防产品使用者的产品质量法律责任

消防产品使用者不履行法律法规规定的责任和义务，依法应当承担以下法律责任。

1. 行政责任

第一，有下列情形之一的，由公安机关消防机构依照《消防法》予以行政处罚：（1）建设单位要求建筑施工企业使用不符合市场准入的消防产品、不合

格的消防产品或者国家明令淘汰的消防产品的；（2）建设工程施工单位安装不符合市场准入的消防产品、不合格的消防产品或者国家明令淘汰的消防产品，降低消防施工质量的；（3）工程监理单位与建设单位或者施工单位串通，弄虚作假，安装、使用不符合市场准入的消防产品、不合格的消防产品或者国家明令淘汰的消防产品的；（4）建筑设计单位选用不符合市场准入的消防产品，或者国家明令淘汰的消防产品进行消防设计的。

第二，人员密集场所使用不合格的消防产品或者国家明令淘汰的消防产品的，由公安机关消防机构依照《消防法》予以处罚。

第三，隐匿、转移、变卖、损毁被公安机关消防机关查封、扣押的物品的，由公安机关消防机构处被隐匿、转移、变卖、损毁物品货值金额等值以上3倍以下的罚款；有违法所得的，并处没收违法所得。

2. 刑事责任

消防产品使用者不履行上述法律法规规定的责任和义务，构成犯罪的，依法追究相应的刑事责任。

四、消防产品维修者的产品质量责任和法律责任

（一）消防产品维修者的产品质量责任和义务

根据有关法律法规的规定，消防产品维修者应履行以下责任和义务：

第一，消防产品维修者应当对其维修的产品质量负责，保证维修产品质量满足相关标准要求。维修后的产品应当张贴维修标识，标明维修单位、维修日期和安全使用日期等规定内容。

第二，消防产品维修者应当具有固定的维修场所，必要的维修、检测设备和专业维修队伍，制定质量管理制度和维修操作规程。

第三，维修人员应当经过专业培训取得相应的资格，持证上岗。

（二）消防产品维修者的产品质量法律责任

消防产品维修者不履行法律法规规定的责任和义务，依法应当承担以下法律责任。

1. 行政责任

第一，消防产品维修者出具虚假文件的，责令改正，处5万元以上10万

元以下罚款，并对直接负责的主管人员和其他直接责任人员处 1 万元以上 5 万元以下罚款；有违法所得的，并处没收违法所得；给他人造成损失的，依法承担赔偿责任；情节严重的，由原许可机关依法责令停止执业或者吊销相应资质、资格。

第二，消防产品维修者出具失实文件，给他人造成损失的，依法承担赔偿责任；造成重大损失的，由原许可机关依法责令停止执业或者吊销相应资质、资格。

2. 刑事责任

消防产品维修者不履行上述法律法规规定的责任和义务，构成犯罪的，依法追究相应的刑事责任。

第三节　消防产品市场准入制度

消防产品市场准入，是指体现市场的主体（消防产品的生产者与销售者）和客体（消防产品）进入市场的程度的一种政府行政许可行为。消防产品市场准入制度，就是为保证消防产品的质量安全，只有具备规定条件的生产者才允许进行生产经营活动、具备规定条件的消防产品才允许生产销售的监督制度。实行消防产品市场准入制度是贯彻落实《消防法》和《产品质量法》，确保消防产品质量安全的重要措施。为了推动消防产品质量的提升，切实把住消防产品质量关，目前我国的消防产品市场准入制度实行强制性产品认证、技术鉴定制度，即对纳入强制性产品认证目录的消防产品，实行强制性产品认证制度；对新研制的尚未制定国家标准、行业标准的消防产品，实行技术鉴定制度。

一、消防产品强制性认证制度

（一）消防强制性产品认证制度的含义及作用

1. 强制性产品认证制度的含义

强制性产品认证，又称 CCC 认证，是指通过制定强制性产品认证的产品目录和强制性产品认证实施规则，经法定认证机构对列入《中华人民共和国实施强制性产品认证的产品目录》（以下简称《目录》）的产品实施强制性的检测和工厂检查。

强制性产品认证制度，是我国政府为保护国家安全，防止欺诈行为，保护人体健康或者安全，保护动植物生命或者健康，保护环境，对涉及人类健康和安全、动植物生命和健康以及环境保护和公共安全的产品，依法实施的通过认证手段评价产品是否符合国家强制要求的一种市场准入制度。它要求产品必须符合国家标准和相关技术规范。凡列入《目录》的产品，没有获得指定认证机构的认证证书，没有按规定施加认证标志，一律不得出厂、销售、进口或者在其他经营活动中使用。

2. 强制性产品认证制度的作用

强制性产品认证制度对推动国家有关法律法规和技术标准的贯彻，规范市场经济秩序，打击假冒伪劣行为，促进产品的质量管理水平和保护消费者权益等，具有其他工作不可替代的作用和优势。强制性产品认证制度由于其科学性和公正性，已被世界大多数国家作为产品市场准入的手段广泛采用。

（二）消防产品强制性认证制度的含义及特征

1. 消防产品强制性认证制度的含义

消防产品强制性认证，是指通过由国务院产品质量监督部门会同国务院公安部门制定强制性产品认证的消防产品目录和消防产品强制性认证实施规则，经具有法定资质认证机构的公安部消防产品合格评定中心按照国家标准、行业标准的强制性要求，对列入《目录》的消防产品实施强制性的检测和审核。

2. 消防产品强制性认证制度的特征

为了预防和减少火灾事故，保障国家和人民生命、财产安全，我国对涉及人民生命、财产安全和社会公共安全的部分消防产品，在统一产品目录，统一技术规范的强制性要求、标准和合格评定程序，统一认证标志，统一收费标准的前提下，实行强制性产品认证制度。消防产品强制性认证制度已发展成为我国消防产品市场准入的主要模式，是国家维护消防产品质量安全的重要制度，其主要特征体现在以下三个方面。

（1）强制性

凡依法纳入《目录》的消防产品必须由具有法定资质的认证机构认证合格后，方可生产、销售、使用；未获得强制性产品认证证书或未标注强制性认证标志，不得出厂、销售、进口或在其他经营活动中使用。所谓具有法定资质，是指依照《中华人民共和国认证认可条例》的规定，设立认证机构，应当经国务院认证认可监督管理部门批准，并依法获得法人资格后，方可从事批准范围内的认证活动。未经批准，任何单位和个人不得从事认证活动。目前，承担消防产品强制性认证工作的指定认证机构为公安部消防产品合格评定中心；承担消防产品强制性认证工作的实验室分别为国家固定灭火系统和耐火构件质量监督检验中心、国家消防装备质量监督检验中心、国家消防电子产品质量监督检验中心和国家防火建筑材料质量监督检验中心。

（2）合法性

消防产品质量认证机构对消防产品实施认证，必须按照国家标准和行业标准的强制性要求进行。除此之外，认证机构实施认证时，还要遵守法律、行政法规、执业准则的要求，对认证服务质量负责。

（3）公开性

对纳入强制性产品认证范围的消防产品，实行目录管理，由国务院产品质量监督部门会同公安部门制定并向社会公布消防产品目录，未纳入目录的，不需要认证机构进行认证。消防产品质量经过认证，由认证机构颁发产品质量认证证书，准许企业在产品或产品的包装上使用产品质量认证标志。认证机构应当对其认证的消防产品实行有效的跟踪调查，认证的消防产品不能持续符合认证要求的，认证机构应当暂停其使用甚至撤销认证证书，并予公布。

二、消防产品技术鉴定制度

《消防法》第 24 条第 3 款规定："新研制的尚未制定国家标准、行业标准的消防产品，应当按照国务院产品质量监督部门会同国务院公安部门规定的办法，经技术鉴定符合消防安全要求的，方可生产、销售、使用。"

（一）消防产品技术鉴定的含义及本质

1. 消防产品技术鉴定的含义

消防产品技术鉴定，是指经国务院产品质量监督管理部门和国务院公安部门共同指定的技术鉴定机构，依法按照规定的形式和程序，对新研制的尚未制定国家标准或行业标准的消防产品，就其主要性能、技术水平、试（投）产或在生产中使用的可行性、市场前景等方面是否符合消防安全要求等进行综合审查评价，并作出相应的鉴定意见的活动总称。

2. 实行消防产品技术鉴定制度的本质

由于新研制的消防产品往往没有国家标准或者行业标准，一时难以纳入《目录》，不能对该产品实行强制性产品认证，如果再没有其他办法允许市场准入，将不利于消防新产品的推广应用。因此，为了鼓励、支持消防新技术研发和消防新产品的推广应用，保证新研制的消防产品质量，《消防法》规定，对新研制的尚未制定国家标准、行业标准的消防产品，应当按照国务院产品质量监督部门会同国务院公安部门规定的办法，经技术鉴定符合消防安全要求的，方可生产、销售、使用。新研制的消防产品在经实践验证后性能比较稳定、可靠，也可能逐步制定行业标准、国家标准，纳入强制性产品认证范围，允许更多企业生产并扩大使用范围。实行消防产品技术鉴定制度，从本质上讲为研制消防新产品企业的产品市场准入提供了可行途径，是国家鼓励、支持消防科学研究和技术创新的关键环节，它与消防产品强制性认证制度有着相辅相成的作用。

（二）实行消防产品技术鉴定制度的消防产品范围

对新研制的尚未制定国家标准、行业标准的消防产品，实行消防产品技术鉴定制度。

（三）消防产品技术鉴定制度的构成要素及实施主体

1. 消防产品技术鉴定制度的构成要素

消防产品技术鉴定制度的构成要素主要包括产品范围、技术鉴定实施规则与管理要求。

2. 消防产品技术鉴定制度的实施主体

国务院产品质量监督管理部门和国务院公安部门负责制定和公布消防产品技术鉴定实施规则，并对消防产品技术鉴定活动实施监督。具体实施技术鉴定工作由国务院产品质量监督管理部门和国务院公安部门共同指定的消防产品技术鉴定机构按相关要求进行。

公安机关消防机构应当将经技术鉴定合格的消防产品信息予以公布。

3. 消防产品技术鉴定机构的条件及责任

（1）消防产品技术鉴定机构的条件

国务院产品质量监督管理部门和国务院公安部门共同指定的消防产品技术鉴定机构应当是具有第三方公正性的消防行业社团或者中介机构，并具备下列条件：

①符合消防产品技术鉴定机构建设规划和资源配置要求；

②有固定的场所和必要的设施；

③有符合技术鉴定要求的管理制度；

④有10名以上消防技术人员，其中有3名以上高级工程师，有2名以上从事消防标准化工作5年以上的专家；

⑤熟悉消防产品的行业状况和国家产业政策。

（2）消防产品技术鉴定机构的责任

消防产品技术鉴定机构及其鉴定人员应当遵守有关法律、法规和产业政策。严格按照消防产品技术鉴定实施规则开展技术鉴定工作，客观公正地出具消防产品技术鉴定证书，对技术鉴定结果负责，并依法承担法律责任。

（四）生产者委托消防产品技术鉴定的条件

1. 生产者委托消防产品技术鉴定的条件

消防产品生产者委托消防产品技术鉴定，应当具备下列条件：（1）消防产品设计结构合理、性能先进，技术先进适用，具备全新的功能或较原技术有明显改进，有应用、推广价值；（2）具备必需的标准、工艺规程、工装、检测等手段，工艺技术文件齐全；（3）达到设计要求，符合国家标准、行业标准或用户要求的技术经济指标；（4）技术资料齐全，数据真实准确；（5）符合安全、环保等有关规定；（6）符合规定的鉴定申报程序。

2. 生产者委托消防产品技术鉴定应提交的材料

消防产品生产者委托消防产品技术鉴定，应当提交符合下列条件的证明文件：（1）具有法人资格，有健全有效的质量管理制度和责任制度；（2）具有与所生产的产品相适应的专业技术人员、生产条件、检验手段、技术文件和工艺文件；（3）其生产的产品具有符合有关国家标准或者行业标准以及保障人体健康和人身、财产安全的产品标准。

境外消防产品生产者可以委托在我国境内有固定生产场所或者经营场所的进口商、销售商申请技术鉴定。

（五）消防产品技术鉴定的程序和证书时限

1. 消防产品技术鉴定的程序

消防产品技术鉴定应当按以下程序进行：（1）生产者向消防产品技术鉴定机构提出书面委托，并依法提交规定的有关证明文件。（2）消防产品技术鉴定机构对有关文件资料进行审核，审查产品标准，并将审查合格的产品标准报国务院公安部门消防机构备案。（3）消防产品技术鉴定机构按照技术鉴定实施规则，组织开展消防产品工厂生产条件检查和产品检验。（4）消防产品技术鉴定机构自接受委托之日起90日内，作出是否合格的结论。产品检验时间不计入技术鉴定的时限，但消防产品技术鉴定机构应当将检验时间告知当事人。（5）技术鉴定合格的，消防产品技术鉴定机构应当颁发消防产品技术鉴定证书；不合格的，应当书面通知委托人，并说明理由。

2. 消防产品技术鉴定证书的时限

消防产品技术鉴定证书有效期为2年。有效期届满，需要继续生产消防产品的，应当在有效期届满前的6个月，向原出具技术鉴定证书的消防产品技术鉴定机构提出换证申请。

在消防产品技术鉴定证书有效期内，消防产品生产者生产条件、检验手段、生产技术或者工艺发生较大变化的，应当重新进行消防产品技术鉴定。

第四节　消防产品监督检查

一、消防产品监督检查的形式

我国对消防产品实行以日常监督检查和监督抽查相结合的监督检查方式。消防产品监督检查的形式主要有以下几个方面。

（一）结合消防监督检查、建筑工程消防验收等对消防产品进行日常监督检查

公安机关消防机构在开展消防监督检查的过程中，可以同时对消防产品进行监督检查。在进行建设工程消防验收时，应当在执行验收规定的同时，依照《消防产品现场检查判定规则》和《消防产品一致性检查要求》，对消防产品进行监督抽查，对建设工程消防产品的市场准入手续、产品的一致性和产品的质量性能进行监督检查。

（二）消防产品专项监督抽查

对在日常开展的消防产品质量监督检查工作中发现的较为严重、比较普遍的消防产品质量问题，可结合实际依法开展专项监督抽查。所谓较严重和普遍的问题，是指消防产品的防火、灭火主要性能存在严重缺陷，或检查发现的问题具有一定普遍性。公安机关消防机构应当根据本行政区域流通、使用的消防产品质量问题严重的情况，分析原因、研究对策、制订方案，协调组织有关部门的力量，发挥舆论宣传作用，有针对性地组织开展集中专项质量整治活动，促进消防产品质量的提高。

公安机关消防机构对使用领域的消防产品质量开展的专项监督抽查，由省级以上公安机关消防机构制订监督抽查计划，由县级以上的公安机关消防机构具体实施。

（三）对群众举报涉及消防产品质量问题的核查

公安机关消防机构对有关消防产品质量问题和违法行为的群众举报、投诉，应当建立登记制度，填写《消防违法行为举报、投诉查处情况记录》，并根据“分级负责、归口办理，谁主管谁负责、谁交办谁督办、谁承办谁落实”的原则和案情轻重程度，指定专人或转（交）送下一级公安机关消防机构或者移送质量监督部门、工商行政管理部门进行调查处理。调查处理结果要按照《公安机关消防机构信访工作规定》的有关要求，反馈给举报人或有关部门。

（四）根据需要进行的其他消防产品监督检查

除了上述三方面的监督检查外，公安机关消防机构还应当根据需要，适时开展其他形式的消防产品监督检查。例如，配合质检部门针对产品质量开展的监督抽查、行业抽查和地方抽查，进行消防产品抽样检查；根据重大活动消防保卫工作的需要，组织开展消防产品监督检查等。

二、消防产品监督检查的内容

公安机关消防机构实施消防产品监督检查，应当检查下列内容。

（一）消防产品市场准入制度检查

1. 市场准入资料审查

公安机关消防机构应当根据各类消防产品执行相应市场准入制度的类别，检查有关准入资料证明并且进行核实。

（1）列入强制性消防产品认证目录的消防产品是否具备强制性消防产品认证证书和强制性认证发（换）证检验报告，并检查产品或者包装上使用强制性认证标志的情况；

（2）按照强制性国家标准或者行业标准的强制性规定，应当进行型式检验和出厂检验的消防产品，是否具备型式检验合格和出厂检验合格的证明文件；

（3）新研制（或进口）的消防产品是否具备技术鉴定证书；

（4）防火材料、阻燃制品是否符合《公共场所阻燃制品及组件燃烧性能要求和标识》的有关规定，并按照《阻燃制品标识管理办法（试行）》的要求在规定位置加施阻燃制品标识；

（5）列入身份信息管理制度的消防产品是否具有身份标准，并利用消防产品跟踪管理系统核查消防产品的来源是否合法。

2. 消防产品一致性检查

根据市场准入类别中消防产品的要求和特征的不同，对消防产品实物的外观标识、型号规格、结构部件、材料选用、尺寸允差、性能参数以及生产厂名、厂址与产地等方面与该产品获得强制性认证、技术鉴定发（换）证检验报告中对主责产品的具体描述和照片进行核对，并且判定产品实物与检验报告中的描述情况是否一致。

（二）消防产品质量现场检查

公安机关消防机构对一些正在安装或者还未安装的消防产品实施现场监督检查时，可以利用便携式的检测仪器或工具检查、测试产品的主要性能、基本功能或者规格尺寸，并就检查、测试结果与该产品的技术标准进行对比判定。

（1）测试消防产品的关键性能是否符合《消防产品现场检查判定规则》的要求。

（2）测试消防设施、器材是否保持正常运行状态，且完好有效。对一些安装后的消防产品可在检查现场进行检测，如自动报警系统的功能试验，自动喷水灭火系统的末端试水，防火门、防火卷帘的启闭功能，灭火器的喷射性能，消防应急灯的应急照明功能，防排烟系统各种阀门的启、闭性能以及消防控制系统的信息采集、控制和联动功能测试等。

（三）法律、行政法规规定的其他内容

按照有关法律、行政法规的规定，检查其他与消防产品质量有关的内容，包括：产品的包装、运输、装卸、储存方式，存放场所的环境条件等。

三、消防产品监督检查的程序

（一）消防产品日常监督检查程序

公安机关消防机构在消防监督检查和建设工程消防监督管理工作中，对使用领域的消防产品质量进行日常监督检查，按照公安部《消防监督检查规定》《建设工程消防监督管理规定》《消防产品监督管理规定》执行。

（二）对群众举报、投诉涉及消防产品质量问题的核查程序

公安机关消防机构接到对消防产品质量问题的举报或投诉，应当按照公安部《公安机关办理行政案件程序规定》的相关规定和《消防产品监督管理规定》的程序处理。

1. 及时受理、登记

对不属于本单位管辖的，24h 内移送并告知报案人；对属于本单位管辖的，按照消防产品质量判定程序及时调查处理。

2. 核查处理

公安机关消防机构应在 3 个工作日内到现场核查，并对消防安全违法行为进行依法处理。

3. 告知

核查、处理情况应当在 3 个工作日内告知举报、投诉人；无法告知的，应当在受理登记中注明。举报、投诉人要求保密的，应当为其保密。

（三）消防产品专项监督抽查程序

1. 基本要求

进行消防产品专项监督检查时，应注意以下基本要求：

（1）消防监督检查人员不得少于两人，必须着制式警服，并向被检查单位或人员出示执法身份证件。

（2）进行消防产品监督检查应当填写《消防产品监督检查记录》。检查结束时，应当将《消防产品监督检查记录》交被检查单位主管人员阅后签名；被检查单位主管人员不在场或者对检查记录有异议或拒绝签名的，检查人员应当注明情况。

（3）《消防产品监督检查记录》交所属公安机关消防机构存档备查。

2. 现场判定程序

消防监督检查人员对消防产品进行监督检查时，可以依据《消防产品现场检查判定规则》对消防产品质量进行现场判定。对现场抽样的消防产品是否合格能够当场判定的，可以当场判定。对现场检查判定为不合格的，应当在 3 个工作日内将判定结论送达被检查人，并出具《消防产品现场检查判定不合格通知书》。

3. 抽样检验程序

消防监督检查人员对消防产品质量有疑义但现场无法判定的或被检查人对消防产品现场检查判定结论有异议的，公安机关消防机构应当在 5 个工作日内依照有关规定将样品送符合法定条件的产品质量检验机构进行监督检验，并自收到检验结果之日起 3 个工作日内，将《消防产品质量检验结果通知书》送达被检查人。抽查样品应当随机抽取，由被抽样单位无偿供给，其数量不得超过检验的合理需要（通常为 1 ～ 3 件）。抽样时，填写《消防产品质量监督抽查抽样单》，并由被抽样单位负责人签字确认。

4. 复检程序

复检时，应履行以下程序：

（1）生产、销售、安装、维修、使用单位对现场检查判定结果或抽样检验结果有异议的，可以自收到检验结果之日起 5 日内向实施监督检查的公安机关消防机构填写《消防产品复检申请表》。

（2）公安机关消防机构受理复检申请，当场出具《消防产品复检受理凭证》。

（3）公安机关消防机构受理复检申请后，应当在 5 个工作日内将备用样品送检。

（4）自收到复检结果之日起 3 日内，将复检结果告知申请人。

（5）复检申请以一次为限。复检合格的，费用列入监督抽查经费；不合格的，费用由申请人承担。

5. 责令限期改正程序

公安机关消防机构发现使用依法应当获得市场准入资格而未获得准入资格的消防产品或者不合格的消防产品、国家明令淘汰的消防产品等使用领域消防产品质量违法行为，应当依法责令限期改正，并将发现消防产品的情况通报产品质量监督部门、工商行政管理部门和公安部消防产品合格评定中心。公安机关消防机构应当在收到当事人复查申请或者责令限期改正期限届满之日起 3 个工作日内进行复查。复查应当填写记录。

6. 信息公布

质量监督部门、工商行政管理部门和公安机关消防机构应当依照有关规定将消防产品质量监督抽查结果、严重的消防产品违法行为的行政处罚情况等有关信息向社会公布。

四、消防产品监督检查的注意事项

公安机关消防机构进行消防产品监督检查时，应注意以下事项：

一是检查的程序要合法。

二是注意证据的收集。通过实地照相、录像等形式进行记录、取证，获取违法的证据。

三是检查记录应交被检查单位主管人员阅后签名。

四是对消防产品进行现场检验前，样品应得到被检查单位主管人员确认；产品数量较多时，应采取随机抽样方式获取样品。

五是进行调查询问时，检查人员应当至少有两人以上在场。

六是注意取得相关的证人证言材料，并采用各种方法固定保存。

七是实施查封、扣押时应当严格按程序进行，会同被查封、扣押的单位主管人员查点清楚，写明被查封或者扣押物品清单，一式两份，由物品持有人或者见证人签名后，一份交给持有人或者见证人，一份附卷备查。查封、扣押到期时，应及时作出处理决定，逾期不作出处理决定的，应当退还当事人；需要解除查封、扣押的，应当出具《查封 / 扣押物品、文件发还凭证》。

第六章 火灾事故原因调查

任何一个单位，一旦发生火灾，往往会在政治上带来不良影响，在经济上造成重大损失，甚至造成人员伤亡。而任何一起火灾的发生，都有其直接或间接的原因，都是火灾发生单位在消防安全工作上存在问题的一次大暴露。因此，及时查明事故起因，找出导致火灾发生的根本所在，研究防止火灾事故的对策，对有效防止火灾事故的发生、推动消防安全工作的开展，具有十分重要的意义。

第一节 火灾事故概述

一、火灾及其分类

（一）火灾的定义及构成要件

1. 火灾的定义

根据国家标准《消防基本术语》的规定，火灾，是指在时间或空间上失去控制的燃烧所造成的灾害。由此可知，火灾是由失去控制的燃烧造成的，但并非失去控制的燃烧。那种把火灾当作失去控制的燃烧的观点是错误的。

2. 火灾的构成要件

根据火灾的定义，火灾应当由以下三个要件构成：

（1）必须造成灾害，包括人员伤亡或财物损失等；

（2）该灾害必须是由燃烧造成的；

（3）该燃烧必须是失去控制的燃烧。

要确定一种燃烧现象是否为火灾，应当根据以上三个条件去判定。比如，人们在家里用煤气做饭的燃烧就不能算火灾，因为它是有控制的燃烧；又如，垃圾堆里的燃烧，虽然该燃烧是失去控制的燃烧，但该燃烧没有造成灾害，所以也不能算作火灾。因此，火灾必须是由于失去控制的燃烧而造成人员伤亡或（和）财产损失的灾害。

（二）火灾的分类

1. 按人员伤亡和财物损失金额的大小分

国务院第493号令颁布的《生产安全事故报告和调查处理条例》（自2007年6月1日起施行），按人员伤亡和财物损失金额的大小，将生产安全事故分为特别重大、重大、较大和一般四个等级标准。公安部2007年6月26日下发的《关于调整火灾等级标准的通知》将火灾等级标准调整为：特别重大火灾、重大火灾、较大火灾和一般火灾四类。

（1）特别重大火灾，是指造成30人以上死亡，或者100人以上重伤，或者1亿元以上直接财产损失的火灾；

（2）重大火灾，是指造成10人以上30人以下死亡，或者50人以上100人以下重伤，或者5000万元以上1亿元以下直接财产损失的火灾；

（3）较大火灾，是指造成3人以上10人以下死亡，或者10人以上50以人下重伤，或者1000万元以上5000万元以下直接财产损失的火灾；

（4）一般火灾，是指造成3人以下死亡，或者10人以下重伤，或者1000万元以下直接财产损失的火灾。

注：“以上”包括本数，“以下”不包括本数。

2. 按燃烧物质的性状分

根据国家质检总局和国家标准委批准的推荐性国家标准《火灾分类》（GB/T 4968—2008），按可燃物的类型和燃烧特性，将灭火器、灭火剂适用对象中的火灾分为六个类别。

（1）A类火灾，指固体物质火灾。这种物质通常具有有机物性质，一般在燃烧时能产生灼热的余烬；

（2）B类火灾，指液体或可熔化的固体物质火灾；

（3）C类火灾，指气体火灾；

（4）D类火灾，指金属火灾；

（5）E类火灾，指带电火灾。物体带电燃烧的火灾；

（6）F类火灾，指烹饪器具内的烹饪物（如动植物油脂）火灾。

二、火灾原因调查的基本任务

根据《消防法》第51条的规定，火灾扑灭后，消防救援机构负责调查火灾原因，统计火灾损失，并根据火灾现场勘验、调查情况和有关的检验、鉴定意见，制作《火灾事故认定书》，作为处理火灾事故的证据。

（一）调查火灾原因

火灾原因分为起火原因和致灾原因两类。起火原因，是指直接引起物体燃烧的原因；致灾原因，是指导致人员伤亡和经济损失的原因。

为了发现消防安全工作中的问题或难题，积累消防安全工作正、反两方面的经验和资料，从中找出问题的症结所在，采取针对性的改进措施和对策，防止类似事故的再次发生，并为改进火灾扑救工作，调整灭火作战计划，增加新的灭火设备或器材，研究新的灭火战术、技术对策提供经验和素材，为消防科研部门提供研究课题，为单位的消防安全解决实际问题，对每一起火灾都必须查明致灾原因。

（二）统计火灾经济损失和人员伤亡情况

统计火灾经济损失和人员伤亡情况是为国家提供准确的、时效性强的火灾情报和统计资料，为制定消防工作对策提供决策依据。

火灾损失分为直接损失和间接损失两类。火灾直接损失，是指被烧毁、烧损、烟熏和灭火中被拆，水渍以及因火灾引起的污染所造成的损失。火灾间接损失，是指因火灾而停工、停产、停业所造成的损失，以及现场施救、善后处理费用（包括清理火场，人身伤亡之后所支出的医疗、丧葬、抚恤、补助救济、歇工工资等费用）。

在火灾发生后和扑救过程中，因烧、摔、砸、炸、窒息、中毒、触电、高温辐射等所致的人员伤亡，均应属于火灾人员伤亡的统计范围。

（三）做出火灾事故认定

为了依法追究火灾责任者的责任，使火灾肇事者受到应有的惩罚，使职工群众从中受到警示教育，从而提高人们的防火警惕性，消防救援机构应当根据现场勘查和技术鉴定等提供的事实根据，确定火灾事故的性质，对火灾事故做出认定，以便有关部门根据火灾事故的性质、情节和后果，对有关责任者提出处理意见，及时有力地打击过失犯罪和放火犯罪，维护社会治安，保护人民群众的利益和国家的利益。

（四）总结火灾教训，依法对火灾事故做出处理

火灾原因查清之后，应当按照有关法律程序和要求做好善后处理工作。为总结火灾教训，应当坚持事故原因查不清不放过、领导和职工受不到教育不放过、未定出防火改进措施不放过的“三不放过”原则。对火灾肇事者和相关责任人及时做出严肃认真的处理，以教育本人和群众，体现消防法规的严肃性。

火灾原因认定，就是将调查询问的情况、火场勘查的情况和物证技术鉴定的情况等进行综合分析和逻辑推理，对火灾发生的原因做出正确的结论。

三、火灾事故原因调查的管辖与分工

（一）火灾事故原因调查的管辖

1. 基本管辖

（1）火灾事故调查由县级以上人民政府公安机关主管，并由本级消防救援机构实施；尚未设立消防救援机构的，由县级人民政府公安机关实施。

（2）铁路、交通、民航、林业消防救援机构负责调查其消防监督范围内发生的火灾。

（3）军事设施发生火灾需要消防救援机构协助调查的，由省级人民政府消防救援机构或者公安部消防局调派火灾事故调查专家协助。

（4）跨行政区域的火灾，由最先起火地的消防救援机构按照分工负责调查，相关行政区域的消防救援机构予以协助。

（5）对管辖权发生争议的，报请共同的上一级消防救援机构指定管辖。县级人民政府公安机关负责实施的火灾事故调查管辖权发生争议的，由共同的上一级主管公安机关指定。

2. 管辖的要求

（1）上级消防救援机构应当对下级消防救援机构火灾事故调查工作进行监督和指导。上级消防救援机构认为必要时，可以调查下级消防救援机构管辖的火灾。

（2）消防救援机构接到火灾报警后，应当及时派员赶赴现场，并指派火灾事故调查人员开展火灾事故调查工作。

（3）公安派出所应当协助公安机关火灾事故调查部门维护火灾现场秩序，保护现场，控制火灾肇事嫌疑人。

3. 需要公安机关刑侦部门参加调查和立案侦查的火灾事故

具有下列情形之一的火灾事故，消防救援机构应当立即报告主管公安机关并通知具有管辖权的公安机关刑侦部门，公安机关刑侦部门接到通知后应当立即派员赶赴现场参加调查；涉嫌放火罪的，公安机关刑侦部门应当依法立案侦查，消防救援机构予以协助。

（1）有人员死亡的火灾；

（2）国家机关、广播电台、电视台、学校、医院、养老院、托儿所、幼儿园、文物保护单位、邮政、通信、交通枢纽等部门和单位发生的社会影响大的火灾；

（3）具有放火嫌疑的火灾。

（二）火灾事故调查的分工

1. 各省火灾事故原因调查的分工

火灾事故调查由火灾发生地消防救援机构按照下列分工进行：

（1）一次火灾死亡 10 人以上的，重伤 20 人以上或者死亡、重伤 20 人以上的，受灾 50 户以上的火灾事故，由省、自治区人民政府消防救援机构负责调查；

（2）一次火灾死亡 1 人以上的，重伤 10 人以上的，受灾 30 户以上的火灾事故，由设区的市或者相当于同级的人民政府消防救援机构负责调查；

（3）一次火灾重伤 10 人以下或者受灾 30 户以下的火灾事故，由县级人民政府消防救援机构负责调查；

（4）其他仅有财产损失的火灾事故调查，由省级人民政府公安机关结合本地实际做出管辖规定，报公安部备案。

2. 直辖市火灾事故原因调查的分工

（1）一次火灾死亡 1 人以上的，重伤 10 人以上的，受灾 30 户以上的火灾事故，由直辖市消防救援机构负责调查；

（2）一次火灾重伤10人以下或者受灾30户以下的火灾事故，直辖市的区、县消防救援机构负责调查。

四、火灾事故原因调查工作的组织

火灾原因调查工作，是一项政策性、技术性、时效性很强的工作，必须依据《消防法》的授权和公安部《火灾事故调查规定》，统一组织，统一指挥，专人承办，严肃认真地对待。对重大、特大火灾案件或疑难火灾案件，消防救援机构的领导同志应亲自挂帅，组成火灾联合调查组，具体领导组织火灾调查工作。

（一）火灾调查组的成立

火灾调查组应由县以上公安机关负责人组织，并担任领导工作。其成员一般由消防救援机构和起火单位的保卫部门、安技部门及其上级部门组成，根据需要，同级人民检察院、人民法院、监察、安全生产监管等有关部门也可参加，必要时，可聘请有关技术人员参加。火灾联合调查组组成后，应根据需要分设现场保护组、调查询问组、现场勘查组、损失核查组等专业小组。

（二）火灾调查组的职责

根据火灾调查的任务、作用和有关要求，火灾调查组应当严格履行以下职责：

（1）查明起火原因和致灾原因；

（2）统计人员伤亡及经济损失情况；

（3）认定火灾的性质和责任，提出对火灾责任者的处理建议；

（4）提出火灾处理及防止类似火灾再次发生所应采取措施的建议；

（5）检查控制火灾的应急措施是否得当和落实；

（6）写出火灾调查报告。

（三）火灾调查人员的职权

火灾调查人员受公安机关指派，有下列职权：

（1）有权要求有关单位派人参加调查工作；

（2）有权根据需要封闭火灾现场；

（3）有权要求有关单位和人员提供必要的资料；

（4）有权对有关人员进行询问；

（5）有权检查和提取火场物证、痕迹或采取应急措施（包括必要时依法对人身进行检查）；

（6）必要时报经公安机关领导批准，有权对火灾肇事者及嫌疑人依法采取传唤、拘留等手段进行审查。

五、火灾调查人员的基本要求

由于火灾原因调查工作是一项政策性、专业性、时效性都很强的非常严肃的工作，所以，火灾调查人员必须在政治上、思想上、技术上和纪律上符合有关要求。

（一）火灾调查人员的基本素养

火灾现场，特别是重大火灾现场，经过消防队及群众扑救和物资疏散以至破拆后，常常变得杂乱无章，形成一片废墟，给火灾调查工作带来很大困难。火灾调查人员要从这混乱中理出头绪，从细微的残留痕迹中发现起火点，确定起火原因，就必须具备过硬的本领。这种本领也就是火灾调查人员必须具备的基本素养。它一般包括以下三个方面。

1. 政治素养

由于火灾原因调查工作的政策性强，所以要求每一位火灾调查人员都必须具有较高的思想觉悟和政策水平，作风正派，能够秉公办事。

2. 文化素养

火灾调查人员进行火灾原因调查，要胜任调查询问、现场勘查及原因分析等一系列工作，就必须有坚实的文化基础做保障。文化基础即文化素养。它包括汉语写作能力；逻辑分析能力、证人心理知识、笔录知识及快速记录能力；一定的专业基础知识（如物理、化学、火灾燃烧学）等基本功。

3. 专业技能素养

从事火灾原因调查工作，重点是查明起火原因和致灾原因，而这些工作的完成必须具备一定的专业基本技能。专业基本技能一般包括两个方面：一是消防基本业务，包括可燃物及危险品的危险特性、燃烧特性和管理知识，生产工艺防火知识，电气防火和建筑防火知识等；二是火调基本技能，主要包括现场勘查和调查询问技术，如现场拍照、绘图识图、痕迹鉴别技能，询问技巧和记录技巧等技能。

（二）火灾调查人员的条件

火灾调查人员除了应具备以上素养外，从法学角度看还应满足以下两个条件：

（1）具有火灾调查所需要的某一方面的特长；

（2）与所发生的火灾没有直接的利害关系。

（三）火灾调查人员的纪律

根据火灾调查人员应当具备的条件，在进行火灾调查工作时，火灾调查人员有下列情形之一者，应当主动自行回避，或由调查组组长或上一级领导决定回避：

（1）是本案的当事人或本案当事人的近亲属；

（2）本人或其近亲属与本案有利害关系；

（3）与本案当事人有其他关系，可能影响公正处理本案的。

六、火灾事故原因调查工作应遵循的基本原则

火灾事故调查，应当坚持群众路线和及时、客观、公正、合法的原则。

（一）群众路线

火灾形成的原因多而复杂，涉及的面也很广，有人为的因素也有自然的因素；有直接的人或设备的因素，也有间接的社会的因素；有时原因暴露得比较明显，但更多的时候比较隐蔽。所以，要及时查明火灾原因，就必须坚持专门机关与群众相结合的群众路线。切不可仅仅靠几个火灾调查人员孤立地办案。因为在各类火灾中，尽管有的离奇特异、错综复杂，但无论是什么原因造成的，都有其特殊的背景。这个背景只有本地区、本单位的群众最清楚。例如，放火案，尽管罪犯诡计多端，但不可能一点儿蛛丝马迹也不留下，而这些蛛丝马迹有时可能躲过专门机关的专门人员，但难以逃脱人民群众的眼睛。所以，

对这类案件只有动员和依靠人民群众才能侦破。

另外，众多的火灾事故都与人的因素有关，而往往一起火灾事故的形成，都有一个过程。无论是设备的因素、人的因素、管理的因素还是技术的因素，本单位的职工群众最了解、最清楚。因此，不管火灾的原因多么离奇复杂，只要我们集中群众智慧，依靠群众、动员群众、群策群力，许多疑难问题都能迎刃而解，很多疑难棘手的火灾事故也能查个真相大白。具体到群众中的每一个人，由于受条件的限制，情况不可能了解得十分全面，但通过发动群众，把每个群众了解的都汇集起来，经过认真的分析和甄别，那么火灾原因和有关情况就可以搞清楚。随着科学技术的发展、先进技术的应用，会完善和提高对火灾原因调查的手段，但这些技术和手段也必须在依靠群众的基础上才能更好、更充分地发挥作用。因此，我们在加强技术现代化的同时，必须加强群众工作的基础建设。

（二）及时

火灾原因调查工作，在时间上来说及时非常重要。一起火灾事故发生后，如果能够及时展开调查，就能及时查清其原因，否则就可能成为谜案。火灾原因调查工作的及时应包括八个方面：一是到场及时，就是在得到火灾报警的第一时间就要及时赶到火场，及时观察火场的火焰及烟雾颜色、蔓延途径和施救的影响等情况；二是对有关人员询问及时，就是对与火灾有关的人员要及时进行询问，以免时间长了嫌疑人串供，得不到真实的情况；三是火场保护及时，就是将有关的火灾现场及时保护起来，尽量减少因火灾施救造成的破坏；四是火场勘查及时，为了减少因时过境迁对火灾现场造成的破坏，火灾扑灭后应当及时进行勘查，及时获得有关的物证；五是物证鉴定及时，就是对经过现场勘查得到的物证应当及时进行鉴定确认，以免因时间拖久使其失去物证的效能；六是损失统计及时，就是在火灾扑灭后，在不影响起火原因调查的基础上，要及时对火灾损失进行统计，以尽快恢复生产和工作，减少损失；七是对有关责任者控制和处理及时，为了及时查处有关责任者，对涉及的有关责任者和涉嫌犯罪的有关人员，应当及时给予有效控制，防止逃逸，以免给责任追究带来困难；八是制定今后改进措施及时，就是在起火原因和致灾原因都调查清楚之后，应当及时制定今后的改进措施，以防止类似事故再次发生。

（三）客观

客观，就是指按事物的本来面目去反映，不掺杂个人的主观意愿，也不为他人意见所左右，就是实事求是；就是做到是就是、非就非，泾渭分明，不夸大，也不能缩小。绝不能主观臆断，先入为主，捕风捉影，以偏概全，混淆黑白，使火灾调查工作步入歧途。我们办理每一个火灾案件、处理每一个火灾责任者，轻则拘留、罚款，重则处以刑罚甚至关及性命，来不得半点儿虚假和马虎。因此，火灾调查人员必须自觉洗刷唯心观念，克服主观主义和形而上学，无条件地坚持实事求是的思想路线，发扬踏实细致的工作作风和百折不挠的求是务实精神，全面收集证据，详尽占有材料，直到把事实真相全部查清楚，保证做出的结论经得起历史的检验。

（四）公正

公正就是平等、公平正直，没有偏失。其基本内涵是人们之间权利或利益的合理分配关系。如果人们之间的权利或利益分配（分配过程、分配方式和分配结果）是合理的，则称之为公正；反之，则称之为不公正。这也就是说，公正，是指人们之间分配关系上的合理状态。火灾事故原因调查工作涉及当事人的切身利益，必须做到公平正义。要做到公平正义就应当态度端正，依法办事，做到调查实事求是、处理不偏不倚。

（五）合法

社会主义法治是无产阶级和劳动人民意志的集中反映，是治国安邦之宝，是打击敌人、惩罚犯罪、保护人民的锐利武器。火灾调查人员必须加强法治观念，严格执行国家的法律，把法律的原则贯彻到整个火灾调查工作中去，这样才能体现法律的尊严。由于火灾调查人员在执行公务中，必然会遇到这样或那样的问题，如果不懂法或法治观念不强，就有可能侵犯公民的权利和自由，伤害群众的利益，引起人民群众的不满，造成工作上的失误，甚至出现冤假错案。如果出现这种情况，那就不仅仅是失职，甚至可能是犯罪。因此，每一个火灾调查人员，都必须依法办事，做到有法必依、执法必严、违法必究，彻底查清火灾事故的原因，使火灾责任者受到应有的惩处，使犯罪分子得到有力的打击，使人民群众从中受到有益的教育。

第二节　火灾事故原因调查的程序

为了及时有效地调查火灾，根据火灾的规模大小，火灾原因的调查有简易程序和一般程序两种。

一、简易程序

（一）可以适用简易调查程序的火灾

同时具有下列情形的火灾，可以适用简易调查程序：

(1) 没有人员伤亡的；

(2) 直接财产损失轻微的（如河北省公安厅规定直接财产损失 5 万元以下的火灾）；

(3) 当事人对火灾事故事实没有异议的；

(4) 没有放火嫌疑的。

（二）实施简易调查程序的要求

适用简易调查程序的，可以由一名火灾事故调查人员调查，并按照下列程序实施：

(1) 表明执法身份，说明调查依据；

(2) 调查走访当事人、证人，了解火灾发生过程、火灾烧损的主要物品及建筑物受损等与火灾有关的情况；

(3) 查看火灾现场并进行照相或者录像；

(4) 告知当事人调查的火灾事故事实，听取当事人的意见，当事人提出的事实、理由或者证据成立的，应当采纳；

(5) 当场制作《火灾事故简易调查认定书》，由火灾事故调查人员、当事人签字或者捺指印后交付当事人；

(6) 火灾事故调查人员应当在 2 日内将《火灾事故简易调查认定书》报所属消防救援机构备案。

二、一般程序

（一）一般要求

（1）除适用简易调查程序外，消防救援机构对火灾进行调查时，火灾事故调查人员不得少于 2 人。必要时，可以聘请专家或者专业人员协助调查。

（2）复杂、疑难的火灾，公安部和省级人民政府公安机关应当成立火灾事故调查专家组协助调查。专家协助调查的火灾事故，专家组应当出具专家意见。

（3）火灾发生地的县级消防救援机构应当根据火灾现场情况，排除现场险情，初步划定现场封闭范围，设置警戒标志，并应当对火灾现场封闭的范围、时间和要求等予以公告。禁止无关人员进入现场，控制火灾肇事嫌疑人。

（4）消防救援机构应当根据火灾事故调查需要，及时调整现场封闭范围，并在现场勘验结束后及时解除现场封闭。

（5）消防救援机构应当自接到火灾报警之日起 30 日内做出火灾事故认定；情况复杂、疑难的，经上一级消防救援机构批准，可以延长 30 日。火灾事故调查中需要进行检验、鉴定的，检验、鉴定时间不计入调查期限。

（二）火灾事故现场调查

1. 火灾事故知情人员的询问

火灾事故调查人员应当根据调查需要，对发现、扑救火灾的人员，熟悉起火场所、部位和生产工艺的人员，火灾肇事嫌疑人和被侵害人等知情人员进行询问。对火灾肇事嫌疑人可以依法传唤。必要时，可以要求被询问人到火灾现场进行指认。

询问应当制作笔录，由火灾事故调查人员和被询问人签名或者摁指印。被询问人拒绝签名或摁指印的，应当在笔录中注明。

2. 火灾现场勘验

勘验火灾现场应当遵循火灾现场勘验规则，采取现场照相或者录像、录音，制作现场勘验笔录和绘制现场图等方法记录现场情况。

对有人员死亡的火灾现场进行勘验的，火灾事故调查人员应当对尸体表面进行观察并记录，对尸体在火灾现场的位置进行调查。

现场勘验笔录应当由火灾事故调查人员、证人或者当事人签名。证人、当事人拒绝签名或者无法签名的，应当在现场勘验笔录上注明。现场图应当由制图人、审核人签字。

3. 现场提取痕迹、物品的程序

现场提取痕迹、物品，应当按照下列程序实施：

（1）量取痕迹、物品的位置、尺寸，并进行照相或者录像。

（2）填写火灾痕迹、物品提取清单，由提取人、证人或者当事人签名；证人、当事人拒绝签名或者无法签名的，应当在清单上注明。

（3）封装痕迹、物品，粘贴标签，标明火灾名称和封装痕迹、物品的名称、编号及其提取时间，由封装人、证人或者当事人签名；证人、当事人拒绝签名或者无法签名的，应当在标签上注明。

（4）提取的痕迹、物品，应当妥善保管。

4. 现场实验

根据调查需要，经负责火灾事故调查的消防救援机构负责人批准，可以进行现场实验。现场实验应当照相或者录像，制作现场实验报告，并由实验人员签字。现场实验报告应当载明下列事项：

（1）实验的目的；

（2）实验时间、环境和地点；

（3）实验使用的仪器或者物品；

（4）实验过程；

（5）实验结果；

（6）其他与现场实验有关的事项。

（三）检验与鉴定

火灾事故调查的检验与鉴定，主要包括技术鉴定、医学鉴定和价格鉴证三个方面。

1. 技术鉴定

（1）现场提取的痕迹、物品需要进行技术鉴定的，消防救援机构应当委托依法设立的鉴定机构进行，并与鉴定机构约定鉴定期限和鉴定检材的保管期限。

（2）有人员死亡的火灾，消防救援机构应当立即通知本级公安机关刑事科学技术部门进行尸体检验。公安机关刑事科学技术部门应当出具尸体检验鉴定文书，确定死亡原因。

2. 医学鉴定

对火灾中受伤人员的人身伤害的医学鉴定由法医进行。卫生行政主管部门许可的医疗机构具有执业资格的医生出具的诊断证明，可以作为消防救援机构认定人身伤害程度的依据。但是，具有下列情形之一的，应当进行医学伤害鉴定：

（1）受伤程度较重，可能构成重伤的；

（2）火灾受伤人员要求做鉴定的；

（3）当事人对伤害程度有争议的；

（4）其他应当进行鉴定的情形。

3. 价格鉴证

消防救援机构可以根据需要委托依法设立的价格鉴证机构对火灾直接财产损失进行鉴定。对受损单位和个人提供的由价格鉴证机构出具的鉴定意见，消防救援机构应当审查下列事项：

（1）鉴证机构、鉴证人是否具有资质、资格；

（2）鉴证机构、鉴证人是否签名、盖章；

（3）鉴定意见依据是否充分；

（4）是否存在其他影响鉴定意见正确性的情形。

对符合规定的，可以作为证据使用；对不符合规定的，不予采信。

（四）火灾损失统计

火灾受损单位和个人，应当于火灾扑灭之日起 7 日内向火灾发生地的县级消防救援机构如实申报火灾直接财产损失，并附有效证明材料。

消防救援机构应当根据受损单位和个人的申报、依法设立的价格鉴证机构出具的火灾直接财产损失鉴定意见以及调查核实情况，按照有关规定，对火灾直接经济损失和人员伤亡进行如实统计。

（五）火灾事故认定

消防救援机构应当根据现场勘验、调查询问和有关检验、鉴定意见等调查情况，及时做出起火原因和灾害成因的认定。

1. 起火原因的认定

对起火原因已经查清的，应当认定起火时间、起火部位、起火点和起火原因；对起火原因无法查清的，应当认定起火时间、起火点或者起火部位以及有证据能够排除的起火原因。

2. 灾害成因的认定

灾害成因的认定应当包括下列内容：

（1）火灾报警、初起火灾扑救和人员疏散情况；

（2）火灾蔓延、损失情况；

（3）与火灾蔓延、损失扩大存在直接因果关系的违反消防法律法规、消防技术标准的事实。

3. 火灾事故原因认定的要求

（1）消防救援机构在做出火灾事故认定前，应当召集当事人到场，说明拟认定的起火原因，听取当事人意见；当事人不到场的，应当记录在案。

（2）消防救援机构应当制作《火灾事故认定书》，自做出之日起 7 日内送达当事人，并告知当事人向消防救援机构申请复核和直接向人民法院提起民事诉讼的权利。无法送达的，可以在做出火灾事故认定之日起 7 日内公告送达。公告期为 20 日，公告期满即视为送达。

（3）消防救援机构做出火灾事故认定后，当事人可以申请查阅、复制、摘录《火灾事故认定书》、现场勘验笔录和检验、鉴定意见，消防救援机构应当自接到申请之日起 7 日内提供，但涉及国家秘密、商业秘密、个人隐私或者移交公安机关其他部门处理的，依法不予提供，并说明理由。

（六）火灾事故认定复核

火灾原因调查的复核是预防和减少错案的重要步骤，不可认为可有可无而马虎从事。

1. 火灾事故认定复核的条件

当事人对火灾事故认定有异议的，可以自《火灾事故认定书》送达之日起 15 日内，向上一级消防救援机构提出书面复核申请。复核申请应当载明复核请求、理由和主要证据。复核申请以一次为限。

2. 火灾事故认定不予复核的情形

复核机构应当自收到复核申请之日起 7 日内做出是否受理的决定并书面通知申请人。有下列情形之一的，不予受理：

（1）非火灾当事人提出复核申请的；

（2）超过复核申请期限的；

（3）已经复核并做出复核结论的；

（4）任何一方当事人向人民法院提起诉讼，人民法院已经受理的；

（5）适用简易调查程序做出火灾事故认定的。

3. 受理复核申请的要求

（1）除火灾事故认定不予复核的情形外，符合复核条件的火灾事故认定消防救援机构应当受理。消防救援机构受理复核申请的，应当书面通知其他相关当事人和原认定机构。

（2）原认定机构应当自接到通知之日起 10 日内，向复核机构做出书面说明，并提交火灾事故调查案卷。

（3）复核机构应当对复核申请和原火灾事故认定进行书面审查，必要时，可以向有关人员进行调查；火灾现场尚存且未变动的，可以进行复核勘验。

（4）复核机构应当自受理复核申请之日起 30 日内，做出复核结论，并在 7 日内送达申请人和原认定机构。

（5）复核审查期间，任何一方当事人就火灾向人民法院提起诉讼并经人民法院受理的，消防救援机构应当终止复核。

（6）原火灾事故认定主要事实清楚，证据确实、充分，程序合法，起火原因和灾害成因认定正确的，复核机构应当维持原火灾事故认定。

4. 责令原认定机构重新做出火灾事故认定的条件

原火灾事故认定具有下列情形之一的，复核机构应当责令原认定机构重新做出火灾事故认定：

（1）主要事实不清，或者证据不确实、充分的；

（2）违反法定程序，影响结果公正的；

（3）起火原因、灾害成因认定错误的。

5. 责令原认定机构重新做出火灾事故认定的要求

（1）原认定机构接到重新做出火灾事故认定的复核结论后，应当重新调查，在 15 日内重新做出火灾事故认定，并撤销原《火灾事故认定书》。

（2）重新调查需要委托检验、鉴定的，原认定机构应当在收到检验、鉴定意见之日起 5 日内重新做出火灾事故认定。

（3）原认定机构在重新做出火灾事故认定前，应当向有关当事人说明重新认定情况；重新做出的《火灾事故认定书》，应当按照规定的时限送达当事人，并报复核机构备案。

第三节　火灾事故现场保护措施

火灾事故现场是提取查证火灾原因痕迹物证的重要场所。保护火灾现场的目的是发现起火物、引火物，根据着火物质的燃烧特性、火势蔓延、放火犯罪的痕迹，研究火灾发展蔓延的过程，为确定起火点和收集物证创造条件。因此，火灾现场一旦遭到破坏，就会直接影响火灾现场勘查工作的顺利进行，影响获取火灾现场诸因素的客观资料，影响勘查工作的质量，同时也会影响火调人员做出准确的判断。所以，保护好火灾现场是做好现场勘查工作的前提。

一、火灾事故现场保护范围的划定

火灾事故现场保护范围的划定，应根据着火物质的性质和燃烧特点等不同情况来决定。在保证能够查清火因的前提下，应尽量将保护范围缩到最小限度。如在建筑群中起火的建筑物只有一幢，那么需要保护的现场一般也只限于起火的那一幢。如果着火的部位只是一个房间，则需要保护的火场也应限定在起火的这个房间内。在一般情况下，建筑物火灾在被烧建筑物外墙的 1 米之内、露天火灾在被烧物质范围外的 1 米之内都应划为现场保护区。但是，当起火部位不明显，对起火点位置看法有分歧或初步认定的起火点与火场遗留痕迹不一致时，其保护范围还应根据现场条件和勘查工作的需要扩大，当起火原因怀疑为电气设备故障所致时，凡属与火场用电设备有关的线路、电器（总配电盘、开关、灯座、插座)、设备(电机、托动设备)及它们通过和安装的场所都应划入被保护的范围。如果起火点与故障点不一致，甚至相距很远时，其保护范围还应扩大到发生故障的那个场所。对于爆炸火灾的现场，除应把抛出物的着地点列入保护范围外，同时还应把爆炸破坏或影响波及的建筑物列入保护的范围。但并不是把所有这些范围都禁锢起来，而只是将有助于查明原因、分析爆炸过程及爆炸威力的有关物件保护或圈定起来。

火灾现场保护的时间应从发现起火时起至失去保护价值时止。火场保护的撤销，应由消防监督机构或立案机关决定。

二、火灾事故现场保护的基本要求

(一)火灾现场保护要及时、严密

火灾事故现场的保护工作应当从发现起火时开始，不要等消防队或火调人员到达后再开始。所以，能够最早到达火场和发现起火单位的义务消防员、专职消防队员、治保人员、街道居委会以及单位负责人等都有责任保护现场，广大的干部群众都有义务和权利协助保护好现场。火调人员到达现场后必须立即布置保护现场的措施。火灾现场保护人员应当是政治上可靠、身体健康、与火案没有直接联系的人，应佩戴袖标，且不应少于 3 人，并保证任何时刻的在场人数都不少于 2 人。

(二)火灾事故现场保护期间的要求

火灾事故现场在保护期间，未经火灾调查机构同意，严禁任何人进入保护范围。对无抢救价值的物资不应随意翻动。如发现火灾现场已被破坏，应当依法对故意破坏或擅自变动现场的人给予处罚，并勒令其恢复原状。火灾扑救人员和现场保护人员应注意观察现场情况和人员活动情况，发现疑点，应及时向火灾调查组反映。同时，在实施勘查现场前，现场保护人员应详细记录现场变动情况。

(三)要迅速勘查，尽量缩短保护时间

火灾调查人员在接到报警后应迅速到达火场，及时组织力量进行勘查，并积极部署火场保护工作，以减少在火灾发生、发展过程中或火灾发生后，由于人为的或自然的因素，引起火场不同程度的变化。同时，在勘查过程中应根据

情况逐步缩小现场保护的范图，压缩保护的时间，以利灾后的恢复。

（四）扑火过程应加强现场的保护

扑火救灾的过程也应视为火灾现场保护的重要组成部分。火场指挥员在灭火行动中应充分注意这一点。在火势被控制后扑灭残火时或对火场进行检查时，不宜用直流水直射重点保护区，最好采用雾状水，以尽量避免破坏现场或移动物证。同时，在检查时应尽量不移动室内物品和电器（开关、电闸）、机器设备，避免踩踏或破坏物品。对可能盛有危险品的容器不宜随便触摸和挪动，以免破坏上面可能留有的指纹痕迹。当灭火过程中所使用的动力设备（如链锯、便携式发动机、手抬机动泵等）需要加油时，应在火场以外的地方进行，以免溢出的汽油误为物证。如在消防监督机构的火灾调查人员还未到达火场之前火已被扑灭，灭火的消防中队不应马上离开火场，以免给现场保护工作留下空当。应交由企业单位的保卫人员或街道辖区派出所安排保护，如果企业保卫人员或街道辖区的派出所工作人员也未来到，参加灭火的消防中队或专职消防队应坚守火场或留下部分人员看守，待公安火灾调查人员到场后，把了解的情况向他们进行介绍，将保护现场的任务移交后再离开。

第四节　火灾事故调查询问

火灾事故调查询问是通过和那些掌握着有关起火原因、起火点和火灾蔓延等第一手情况的人员交谈，以尽可能准确地再现火灾的过程，获得有关人员亲眼看见的火灾情况，为查明起火原因收集证据材料的活动。

一、调查询问的作用

（1）能为火调人员提供采取紧急措施的素材。在刚发生火灾不久就应及时进行调查询问，当事人、群众记忆犹新，提供的情况比较详细、准确，这些情况常常是采取急救、灭火、排险或消除障碍等紧急措施的重要依据。

（2）通过调查询问最早发现起火的人，可对准确地判断起火点提供很有价值的情况，使勘查范围缩小，加快火灾调查的进程。

（3）验证现场情况。通过调查询问可使实地勘验的情况与调查了解的情况互相印证，使火场勘查工作进一步深入细致。

（4）通过调查询问所获得的材料，可以配合实地勘验，认定火灾痕迹、物证和火灾的因果关系。通过调查询问还可以帮助判断有关物证是否为原来现场所有、某物证是否变动了位置等。

（5）通过向当事人、有关的群众调查了解现场物品的种类、性质、数量及位置关系，了解火场的生产设备、工艺条件及生产中的故障情况，了解火源、电源的使用及其他情况等，可帮助发现哪些地方有哪些痕迹和物证，帮助分析火灾是怎样形成的。

（6）可帮助查找火灾肇事者和放火犯罪分子。通过调查询问，可以了解现场的人、物、事以及相互关系的详细情况，了解火灾发生时群众的所见所闻。同时，还可以找到火灾肇事者和放火犯罪分子直接的见证人，并能够更清楚地说明事情的原委。

二、调查询问的主要对象及主要内容

火灾调查询问一般分为初步询问和详细询问两个过程。初步询问是消防监督机构接到火警或报告后在扑救火灾的同时进行的初步询问；详细询问是在调查工作全面展开时有重点、有目标地进行的专门询问。详细询问针对不同的对象，还有不同的询问内容。实践证明，以下十种人是火灾调查应当询问的主要对象。这十种人并不是每次火灾都要全部询问，询问时要根据具体情况和需要进行选择。

（一）初步询问的人

由于初步询问是在扑救火灾的过程中进行的，所以时间比较紧，人手也不齐，因此应主要询问起火单位名称、地址和所属系统；报警人姓名、单位、职务和报警时间等；起火部位、着火物品、蔓延过程和烟火的气味、颜色、高度等现象；灭火出动、到场、控制火势、扑灭火灾的时间与灭火力量、战斗方法；上级领导到场的时间、姓名、职务，以及火灾原因和损失的初步调查情况等。

（二）最早发现火灾的人和报警人

向最早发现火灾的人和报警人应主要了解以下情况：发现起火的时间，最初起火的部位和能够证实起火时间、起火部位的依据，发现起火的详细经过，在什么情况下发现，起火前有什么征象，发现时有什么声、光、味等现象。发现起火后火场的变化情况，火势蔓延的方向，燃烧范围，火焰的烟雾和颜色，是否有可疑的人出入火场，还有什么其他已知的现象和可疑的情况，以及还有谁知道以上这些情况等。为了验证起火时间和起火部位的准确性，除了通过实地勘验外，还应找第二个、第三个起火发现人进行核实。

（三）最先到达火场扑救的人

有时最先参加扑救的人也可为确定起火部位提供重要的线索，所以也应将其列为重点调查询问的对象。向最先到达火场扑救的人包括首先进入现场的消防执勤人员尤其是火情侦察员主要了解以下情况：到场时火灾发展的形势和特点，火势蔓延和扑灭的过程；扑救过程中是否发现了可疑的物件、痕迹和可疑的人；起火单位的消防器材和设施是否遭到了破坏；起火点附近在扑救过程中是否经过破拆和破坏，原来的状态怎样以及采用何种方式灭火，使用什么灭火剂，作用如何，等等。

（四）着火时在场的人和起火前最后离开着火部位的人

向着火时在场的人和起火前最后离开着火部位的人应主要了解以下情况：离开起火部位之前是否吸烟、动用了明火，生产设备运转情况，本人具体作业或其他活动的内容及位置；离开时火源、电源的处理情况，是否关闭燃料气源、电源，附近有无可燃物以及种类、性质、数量；离开时有无异常气味和响动，门窗关闭情况，其他在场人的具体位置和活动内容，有无他人来往，来此的目的，具体活动及来往的时间；最后离开起火部位的具体时间，有无证人以及对火灾原因的见解和依据，等等。

（五）熟悉起火部位情况的人

向熟悉起火部位情况的人包括在此工作、生产、居住及经常来往的人应主要了解以下情况：

（1）起火部位存放、使用的物料、产品情况，包括种类、数量、相互位置、有无自燃性或其他化学危险性及存放日期、存放条件等。

（2）起火部位的明火源、电源、热源等情况，包括生产、生活用火的设备和器具与可燃物的距离，使用燃料及运行使用情况，灯具的种类、位置、功率和使用情况等。

（3）设备和工艺情况，包括在什么位置，使用何种原料和生产设备生产何种产品，以及设备的安全设施和生产操作安全制度等。

（4）以往生产及设备的使用情况，火灾之前什么设备、什么原因、发生过何种故障；是否发生过火灾以及改进工艺、设备检修、检查情况；谁操作，精神状态、操作技术如何；有谁常来此及活动的内容等。

（六）火灾责任者和火灾受害人

向火灾责任者和火灾受害人应主要了解以下情况：有无本人因生产、生活用火，用电不慎，疏忽大意或违反安全操作规程引起火灾的可能；起火前后及起火时当事人、受害人在何处，何位置，在做什么，肇事前或受灾后的行动等。对于居民火灾还应了解受害人与邻居的关系或有无仇人，判断有无因私仇或纠纷而放火的可能。

（七）火灾现场周围的群众

向火灾现场周围的群众应主要了解以下情况：起火当时和起火前后耳闻目睹的有关情况，如看到什么可疑的人进入或离开现场，看到什么火光和火焰颜色，听到什么异常的爆炸声或喊叫声；群众对起火的各种反映、议论、情绪及其他活动；当事人的有关情况，如政治、经济、作风和思想品质，家庭和社会关系，火灾前后的行为表现；当地地理环境特点、社会风土人情、人员往来情况，等等。

（八）火灾发生单位的领导

向火灾发生单位的领导应主要了解以下情况：消防安全制度的执行情况，生产中有无火灾隐患及整改情况，已往火灾事故或其他事故方面的情况等。

（九）基层公安保卫人员和现场保护人员

向基层公安保卫人员和现场保护人员应主要了解以下情况：火灾发生后都有哪些人进入火灾现场，进去做什么，现场哪些部位因采取保护措施变动过，是如何变动的，在保护现场过程中，特别是抢救人命、扑灭火灾、排除爆炸时发现了什么重要的情况和可疑的人与事等。

（十）首先到达火场的消防队员

首先到达火场的消防队员，尤其是看到燃烧实际位置及其蔓延扩大情况的消防队员，是火灾调查人员获得资料的宝贵来源。在火因调查的步骤和要求方面，受过训练的消防指战员所提供的情况，对于火调人员来说尤其宝贵。因为他们知道哪些细节情况最重要、哪些不重要。所以，应重视对消防指战员的调查询问。了解的主要内容包括：

（1）接近和到达火场时火场总的情况；

（2）风速、风向和气温等气候情况；

（3）正在撤离现场的汽车和人员，如果可能的话还应记录下汽车牌照号码和人员的外貌特征；

（4）到达时火场的烟雾和火焰的颜色，建筑物的着火程度，燃向左、右、前方的火苗和火焰的高度（如部分火焰已窜上墙或到达屋顶，或整个房间都燃烧起来），火焰蔓延的速度和方向；

（5）有无异常气味或引火物的迹象，开始用水扑火时有无异常反应，有无互有联系或没有任何联系的多处着火，木质材料有无异常或不平均的燃烧状况；

（6）着火前在地板、墙壁或天花板上有无开凿进出的孔洞，门窗是关着还是开着的，若关着是否锁着，有无破门窗而入的迹象；

（7）消防设施启动部分是否失灵，消防设施系统有无故障，如喷水系统阀门状况，火灾探测和报警系统是否失灵，防火门是否打得开，是否有损坏痕迹等；

（8）建筑物内有无不该有的东西，现场是否有失踪的物品，如衣物、家具、电视机、电冰箱等是否失踪，抽屉里、隔板上的物品是否被洗劫一空等；

（9）公用事业设备有无损坏的痕迹，如打开的气体开关、破裂的气体管道、电气设备的改动等；

（10）有无蜡烛或蜡烛的残留物，有无火柴或火柴盒、打火机，如有受害者，其位置情况等。

三、火灾事故原因调查询问的基本步骤

火灾事故调查询问活动可被视为询问者与被询问者之间的谈话，但又是一

项十分严肃的执法公务活动。所以，在调查询问时应注意一定的程序。火灾调查人员应当根据调查需要，对发现和扑救火灾人员，熟悉起火场所、部位和设备人员，火灾肇事嫌疑人和受害人等知情人员进行询问。对火灾肇事嫌疑人可以依法传唤。必要时，可以要求被询问人到火灾现场进行指认。询问应当制作笔录。

第一步，引入话题。火灾事故调查询问活动，应当是一种有的放矢的谈话，不能是漫无边际的侃大山。所以调查询问时，应首先制订和选择询问方案。由以往的经验可知，如果调查询问是以随便提问的方法进行的，则被询问者的回答似乎更准确、更详细。所以，询问开始时，询问者要有意将所提的问题范围扩大些，使被询问者有机会用自己的语言来描述火灾的经过。不要提出针对性很强的问题，以免使被询问者回答出实际上不是他们亲眼看见的而是询问者的提问所暗示的事实。询问者应该对被询问者所谈的目击的每一件事都表示出兴趣，要附和被询问者，不要加任何评论。在被询问者陈述时，应适当地记下所谈的要点。这些要点有可能成为有关火灾原因分析的重要依据，或成为下一步需要查明的重要内容。

第二步，详细询问。当被询问者详细叙述火灾发生的情况后，询问者就应将谈话引入第二阶段。在这一阶段，询问者应当掌握谈话的主动权。如果被询问者提供的情况似乎已够完整和准确，询问者就不必再进一步探明细节情况。相反，如果询问者感到对方还没有把情况全部讲出来，或者叙述得还不够准确，与以前询问时提供的情况有矛盾时，就应做进一步的核实。核实工作可以直接提问的方式进行，或请被询问者对自己所说的某些内容做进一步的说明。此时，询问者不应该对被询问者所述情况的准确性表态，也不要流露出认为被询问者故意隐瞒情况的想法。倘若询问者流露出对被询问者责难的意思，那么就可能得不到准确、完整的情况。如有不够准确、完整和故意隐瞒的情况，可在下一阶段对目击者提供的内容做进一步的查明。

第三步，重点提问。在此阶段，调查询问人员应该提出一些具体问题，这些问题在每次火灾调查的询问中都是差不多的。它们应该有针对性，事先就写好，能使被询问者做出简单而又明确的回答。即使目击者所谈的内容已经包括这些问题的要点，询问者仍旧应该把它们重复一遍，以保证它们的可靠性和完整性。

第四步，提出补充。在询问者结束询问前，应该提问被询问者是否还有什么要补充的。最后这么一问是很有必要的，因为这样能促使被询问者回忆以前没有谈到的火灾情况。这一作最后补充的机会能使目击者感到自己有充分发表意见的权力，同时往往能使其补充更多的情况。

第五步，结束询问。在对被询问者所要了解的内容已询问完之后，若被询问者没有要补充的内容，询问便可进入结束程序。这时，应将询问笔录交与被询问者阅看或向其宣读核对，经核对无误后应让被询问者在询问笔录上逐页签字，并应在签名处和每一有涂改的地方按上手印，这是作为书证所必需的。同时，询问人员、记录人员也应在笔录上签字。至此，这一询问过程结束。

四、火灾事故调查询问的基本技巧和要求

（一）调查询问的基本技巧

调查询问的对象是十分复杂的，他们不仅有性格、性别、年龄、职业、爱好、文化和觉悟程度的不同，而且有的与火灾事故的发生有一定的利害关系，有的还与嫌疑人有密切的关系。所以，从社会心理学角度来看，火灾调查的询问工作也必须掌握一定的技巧。

1. 利用矛盾

利用矛盾就是利用口供中的自相矛盾之处，攻其不备，使其无法自圆其说。有些火灾肇事者，为了逃避责任，不想交代造成火灾的经过，而说些离题万里的话，在这种情况下，可以随时抓住口供中前后矛盾的话，或所谈情况与客观事实的矛盾之处，突然发问，使其在没有思想准备的情况下，无法自圆其说。

2. 重复询问

对调查询问中的重点问题，要反复询问两次以上。因为被调查询问者想不到询问人员会重复询问，第一次编造的具体情节会很快遗忘，同时又起到了验证作用。

3. 巧妙运用证据

由于一些火灾肇事者有侥幸心理，会自信火调人员不可能掌握证据，所以

可能拒不交代。在这种情况下，询问人员若能巧妙地运用证据，往往可以收到较好的效果。

4. 包抄迂回

包抄迂回就是从外围向内推进，步步深入的办法。在时间上要拖长，使被讯问者注意力分散，摸不清询问人员的具体所指，使其失掉戒心，或产生错误判断。在谈话范围逐渐缩小时，也就基本上把所要问的问题收集了起来。

5. 给予辅助

给予辅助就是当被询问人在语言表达上有困难时，利用各种机会提供话题、给予辅助。这时询问人要善于助人，态度要好，使被询问人感到轻松自在，这在询问的第一步中最为重要。只有使被询问者显得自在了，在询问的第二步、第三步才会取得有效的结果。

6. 摘要提示

摘要提示就是把被询问者松散的谈话加以适当的归纳，摘出要点提示给他，这样能使被询问者所谈的内容相应地集中。

7. 引发话题

调查询问人员必须时刻掌握谈话范围，不要离题太远。有时则应引发话题，避免停顿。引发话题应在被询问者处于恐惧、怀疑、惊诧等心理状况或精神出现不安的情况下采用，可以利用他们心情的不稳定，视对方的情况采取单刀直入、开门见山、投石问路等方法。

8. 用情感化

对于那些容易冲动而且重感情的人，要触动其内心感情发生变化，使其谈出问题。所以，在调查询问中要持友好的态度，并表现出足够的好奇心。尤其对“到底发生了什么事情”表示出兴趣，只要询问者表示出稍微相信，他们就会积极地告诉你有关的事情，并对情况不做丝毫的掩饰。

对于那些有生理缺陷或由于着火、爆炸受伤难以表述事故经过的人，询问者要表现出明显的同情，使对方对询问者产生信赖。可以这样说，询问成功与否在很大程度上取决于被询问者对询问者的信赖程度。

9. 根据询问对象选择询问方法

由于调查询问的对象十分复杂，且有些与火灾有些直接或间接的关系，所以调查询问时应根据不同的询问对象选择不同的技巧和方法：

（1）对最早发现起火的人、报警人和先行扑救的群众，一般情况下与火灾没有什么利害关系，所以询问时通常可以以信赖的口吻直接向他提出所要了解的有关问题，但也应注意特殊情况。

（2）在询问当事人或受害人时，首先要安定其情绪，然后再问话。如果被询问者受重伤，应先送医院抢救，再根据健康情况，找适当时机进行谈话。对于生命垂危的人，应取得医生协助，抓紧时间，简短提问。不能讲话的可借助手势、笔写等方法获取材料。

（3）在场的人和起火前最后离开起火部位的人，往往与火灾责任有一定的关系，易有惧怕追究责任或怕被怀疑的心理，可能隐瞒歪曲真实情况。应当正确运用开导的方法，排除其心理上的疑虑，从多角度询问，提出疑点，发现破绽立即追问，以使其不能够隐瞒和歪曲事实。

（4）对于火灾嫌疑人，要先听后提问，不要过早地揭露矛盾，以免暴露意图。同时要严肃地对他们讲明，应如实提供证言，如果有意作伪证或隐瞒事实、隐匿罪证，要负法律责任。

（5）对小学生和儿童进行询问时，最好由家长或老师陪同一起谈话，这样容易鼓起孩子说话的勇气，反映真实的情况。

10. 收束话题

当主要问题谈到一定程度时，就要有层次地将话题收束。此时，要对照调查提纲，对调查的内容略加总结，若有遗漏可以用提问方式重引话题。

（二）调查询问的基本要求

1. 及时

火灾原因的调查询问是一项时间性十分强的工作，必须抓住起火不久，人们记忆犹新、精神比较兴奋、尚未受到外界影响、顾虑比较小的有利时机，迅速赶赴火场，立即调查。否则，时过境迁，证据被毁，证人遗忘或当事人串供等，会给火因调查带来极大的困难，甚至造成火因无法调查清楚的结果。因此，火灾调查询问应在大火被控制住时立即开始，对应当调查询问的人不隔夜地及时查问，尤其防止怕负责任而串供。实践证明，调查越及时，获得情况相对来说越真实和准确。

2. 全面

在调查询问过程中，要按照何时、何地、何事、何人、何故的“五何要素”向被询问者问清来龙去脉。要听取正面的、肯定的意见，也要听取反面的、否定的意见，要听先进群众的意见，也要听后进群众的意见。绝不能只听一面之词，满足于一得之见。只有全面、细致、详尽地占有材料，才能透过现象看本质，准确地查证火灾事故。

3. 细致

在调查询问过程中，不仅要注意那些明显的情节，而且还要注意发现与案件有关的所有的细枝末节。一个看来很平常的情况，一个很细微的痕迹、物证（如一个烟头、一个火柴梗、一个盛过汽油的玻璃瓶、一根毛发、一滴血迹等），往往都能成为查明火因的重要线索和证据。

4. 客观

客观就是要按照事件的本来面目去认识。调查询问是一项非常实际的调查研究活动，所以要有实事求是的科学态度，绝不能先入为主、偏听偏信，更不能主观臆断地去分析判断，否则会把火调工作引入歧途。

5. 合法

火因调查的询问工作是一项严肃的政策性很强的司法活动，所以在询问时必须严格遵守有关的法律规定和程序要求。在索取证言材料时，必须有 2 人以上参加并主动出示证件，询问证人时，应坚持单独询问的原则，不要让无关人员在场；一般不应对两个以上的证人同时进行询问和取证。实践证明，同时询问几个证人，往往互相影响，失去证言的真实性。几个当事人同时被询问，也往往因为各种关系，不能客观地反映事件真相，有时甚至会共同掩盖事实。

五、调查询问记录与证言的审查和印证

（一）询问记录的印证

在进行调查询问时，要及时准确地做好笔录。因为经核实后，经证人签名的笔录或录音是证据的一个重要组成部分。

1. 笔录的内容

笔录的内容主要包括询问的时间、地点、参加人员；被询问人的姓名、年

龄、性别、职业、工作单位、家庭住址；询问的中心内容，即被询问人员反映情况及所述的情况。

2. 记录方式的选择

记录的方式常见的有笔录和录音两种。采用何种方式来记录被询问者的谈话内容，要依据询问的目的和询问过程中每一步的具体需要而定。如果需要逐字逐句地记下目击者（被询问者）所讲的话，就应用录音机将整个询问过程都录下来。但是，逐字逐句地记下常常是不必要的，因为这样做既不实用，也收不到好的效果，尽管录音机能准确无误地记录下所有的谈话内容，但它会使被询问者紧张起来，而且被询问者所叙述的某些方面，对于火因调查来说并非全有实际用途，冗长的记录往往会妨碍人们了解重要细节，因此，除非遇到特别重大的火灾，使用录音记录并不一定是最理想的手段。根据有关规定的要求，在讯问重大火灾肇事者及有关责任人时，应在文字记录的同时，也采用录音记录。其他的询问中，在第三步时为获得被询问者所供情况的准确记录，亦可采用录音记录。

3. 记录的方法

记录的方法应与谈话的每一阶段相一致。在第一步，可以记录下在第二步中要搞清楚的问题。此时，少量地做些记录能使被访者感到自在，以利于询问的顺利进行，同时还能使被询问者意识到一些需进一步说明的问题。第二步的内容更加集中于对于火灾调查来说特别重要的情况。因此，询问者应记录下自己提的问题和回答的情况，使所提的问题获得完整明确的答案。答案的可靠程度对于火灾调查人员来说，在分析火灾原因上具有重要的作用，所以应该重复被访者的回答，以核实其准确性。对重要的情况可同时用录音记录下来。

（二）证言的审查与印证

由于证人证言的形成和来源有许多复杂的情况，因此，对在调查询问中所收集的各种反映材料，必须经过多方面的审查和印证后，才可作为分析问题的依据，而并不是所有调查询问来的材料都可以作为证据材料。证言的审查和印证一般包括以下几个方面：

（1）审查证人的年龄、性别、职业和个人成分，以判断其识别分析问题的能力。因为一个人的年龄和职业，决定了他的认识能力和判断能力，所以审查证人的年龄、性别、职业是分析和印证其提供情况可信程度的基本依据。

（2）审查证人发现起火的时间和他当时的位置与行动，以判断所供证言是否符合客观事实。对于知情人提供的开始燃烧的部位，必须了解他发现这种情况时所在的位置。因为位置不同，看到的现象也会有差异，所看到的范围也不一样。所以要收集从不同位置看到同样事件的有关资料，将人们提供的情况，用几何学的方法进行审查，以此得出起火部位的准确概念。对此，利用现场进行实地勘验，是很有必要的。

对于起火点的情况，发现越早越容易看清。但有这种有利时机的情况并不常见。起火部位燃烧的情景，会因燃烧物体的不同而不同。因此，对起火部位要做出准确的描述，对一般人来说是难以做到的。所以在审查火灾发现人发觉着火时的情景时，应当首先搞清在何时、何处、怎样发现的，所指部位处于何种状态等。例如，在夜间从室外暗处看到室内映红的玻璃和一闪一闪的火焰，可以判定室内起火。在白天多数要从窗缝或瓦缝冒出的烟来判断。这就是明亮度对视觉影响的缘故。由于白天和黑夜的亮度不同，所以发现起火的条件也不一样。

（3）审查报警人的报警动机，报警前后的时间、位置和行动。

（4）审查证人与火灾责任的关系。如对于起火证人有责任，则他们的谈话往往会含糊其词、避重就轻，所以不要轻信他们提供的情况，要慎重印证。

（5）审查证人的身体和生理状况。根据其生理上有无缺陷、记忆力如何、理解力是否正常等情况判定其能否得到所说的见证情况。

（6）审查证言来源，是证人亲眼看见的，还是听嫌疑人讲的，还是纯属道听途说的。

（7）审查提供证言的过程，情况是证人主动讲的，还是在反复追问下被迫提供的。

（8）审查证人与责任或嫌疑人之间的关系。

（9）审查证人的一贯表现和证言中的具体内容或情节，分析是否符合客观事物的发展规律。

（10）审查证人的证言前后、几次证言、各个证人的证言之间，同其他证据有无矛盾。当然和其他证据不一样的证言也不一定不准确，关键是要正确地分析它们之间的矛盾及其关系。

最后指出一点，第一出动到达火场的消防指战员，在火场上了解的情况，对判断起火点和起火原因有很大的作用。但实践证明，消防人员提供的情况，往往由于他们在火场上将注意力集中于迅速控制火势、把火扑灭，而不能注意很多火场上的细节，所以，对于他们的证言也应一一核对。

第五节　火灾事故现场勘查

火灾事故现场勘查是法定的火灾调查机关依法对火灾发生场所和相关场所、物品、人身、尸体以及能够为确定火灾原因作为物证的一切对象进行实地调查的查看活动，是火灾原因调查项目的一项重要工作。

一、火灾事故现场勘查的目的、任务和要求

（一）火灾事故现场勘查的目的

火灾事故现场勘查的目的主要是通过实地勘查来收集证据，确定起火部位最初起火点，获取火场上留下的有关痕迹、物证；验证群众对火灾起因的反映。

实践证明，现场勘查的好坏，是查明真实火因的关键所在。现场勘查得好，就能及时提供有价值的物证材料，用以正确分析判断火灾原因和事故性质。相反，如若勘查得不好，现场痕迹、物证未能发现或发现了而未及时提取，时过境迁，就会给查明火因带来很大的困难。

（二）火灾事故现场勘查工作的任务

火灾事故现场勘查工作必须弄清如下情况：

（1）火场方位及地形状况；

（2）建筑物和构筑物的耐火等级及其在火灾中被烧损的程度；

（3）设备、储罐等所处的位置及被火烧的情况；

（4）金属结构受热变色、变形、烧熔、破裂、倒塌等情况；

（5）火灾蔓延和烟熏状况；

（6）火场残留物的状况；

（7）起火物及其位置和火灾前使用情况；

（8）爆炸中心和冲击波破坏的范围和程度，飞出物的材质、体积、重量、分布点、方向和距离等；

（9）人员伤亡的位置和原因及数量；

（10）消防设施的效能情况及其他。

（三）火灾事故现场勘查的基本要求

勘查火灾事故现场应当遵循火灾现场勘查规则，采取现场照相或者录像、录音，制作现场勘查笔录和绘制现场图等方法记录勘查情况。

勘查有人员死亡的火灾现场时，火灾调查人员应当对尸体表面进行观察并记录，对尸体在火灾现场的位置进行调查。

现场勘查笔录和现场图，应当由火灾调查人员、当事人或者证人签名，当事人、证人拒绝签名或者无法签名的，应当在现场勘查笔录、现场图上注明。

二、火灾事故现场勘查的基本步骤和方法

火灾事故现场勘查采取的步骤和方法，应视火灾现场的实际情况而定。对起火点比较明确、原因比较清楚的一般火灾，可以简化勘查步骤，可直接同有关人员进入现场，开展做笔录、拍照、绘图等工作，简捷地达到验证火场情况和提取物证的目的。对于火灾情况比较复杂、现场情况破坏比较严重的火场，在了解火灾的简要过程后，就应针对火场的具体情况，按照先静观后动手、先拍照后提取、先外表后内部、先自视后镜观、先上面后下面、先重点后一般的原则，分步骤进行具体勘查。

（一）临场准备

在公安消防监督机构接到火灾报告的同时，火灾调查人员就应迅速到达火场，利用各种手段（录像、照相），从不同位置和角度迅速记录下现场着火物质的燃烧、蔓延以及扑救情况。在保证安全的条件下，深入现场内部观察燃烧的特点和火场蔓延情况，提取在灭火行动中不易保留的物证。如果条件许可的话，可立即进行下一步的勘查。但在具体勘查之前还应做一些必要的临场准备工作。

1. 向保护现场的负责人了解现场保护工作的进行情况

应同保护现场的负责人取得联系，了解现场保护工作的进行情况，如果发现问题，应迅速采取补救措施。

2. 向起火单位或有关人员了解火灾现场的基本情况

向起火单位或火灾发现人、报警人、现场保护人了解火灾发生、发展过程及火灾发生后有谁到过现场等情况。当火场设有调查询问组时，这项工作应由调查询问组来做，但现场勘查组也必须先了解火灾的大致情况后，才能进入现场进行实地勘查。

3. 邀请现场勘查见证人

在火灾发生单位或当地基层组织协助下，邀请两名与火灾无关、为人公正的公民作为现场勘查的见证人。这是勘查结果具有诉讼证据作用的重要条件。对请来的见证人，应当在交代任务的同时，向他们交代必须遵守的纪律，指出在整个勘查过程中，见证人不能触动现场的任何物品，特别要强调不能向任何人透露现场情况。但对那些将来处理时牵涉不到诉讼的火灾，就不必专门邀请见证人。

4. 邀请有关专业技术人员参加

如果火场较大，情况比较复杂，而本身技术力量不足时，可邀请有关专业技术人员参加。同时，在可能的条件下应制订相应的勘查计划，并在执行中酌情修改补充。如果在火灾现场还存有爆炸物、危险建筑、余火或大量积水，有继续成灾或危及人员生命的可能性时，应立即联系有关单位排除险情，然后再进行勘查。

（二）环境勘查，确定起火范围

环境勘查，是指火灾调查人员在火灾现场的外围或周围对现场进行巡视和观察，以对整个现场获得总体概念，确定起火范围的一项勘查活动。同时通过对环境的勘查还可以明确火场方位与四周建筑物的关系，确定有无外部引火源的可能，还可以发现起火部位和起火点及确定下步勘查的范围。

1. 环境勘查的主要内容

（1）道路及墙外有无可疑人员的出入痕迹和引火物残体痕迹，以判断有无放火的可能。

（2）火场周围居住的居民和工厂烟囱的高度与起火建筑物的距离、当时的风向、烟囱当时有无飞火及锅炉燃料的情况等，以判断是否为烟囱飞火所致。

（3）起火建筑上空附近和内部有无电气线路通过，通信线路有无与电力线路混触现象，以判定是否有电线短路、漏电等引起火灾的可能。

（4）起火建筑物四周地下的可燃气体、液体管道阀门情况，以判断有无漏气、漏液而导致火灾的可能。

（5）观察火场地形、火场最高物体与周围物体的相对高度，可能的雷击点与着火范围之间的关系等，以判断是否为雷击所致。

（6）从火场外围看着火建筑物的燃烧范围、倒塌方式和形式，破坏最严重部分和门窗上方及其他部位的烟熏情况；门窗扇、阳台铁围栏杆的变形情况及破碎玻璃的散落方向、抛出物的分布情况等。

2. 环境勘查的要求

环境勘查工作应当由现场勘查组负责人率领所有参加实地勘查的人员在火场周围巡视，必要时可用望远镜观察。其次序是先向外后向内，先看上后看下，先地面后地上。发现可疑痕迹、物证，应及时拍照，并可将实物取下。

（三）初步勘查，确定起火部位

初步勘查又称静态勘查，是指在不触动现场物体和不变动物体原来位置的情况下所进行的一种确定起火部位的勘查。其目的是核定环境勘查的初步结论，结合当事人或有关人员提供的起火前物品的位置、设备状况以及火源、热源、电源等情况印证勘查，查清火灾的蔓延路线、确定起火部位。并根据火场特点和痕迹物证，合理解释火流的来龙去脉，重点找出蔓延特点，确定火场中心。

1. 火场初步勘查的主要内容

（1）现场有无放火痕迹，门窗的破坏、物品的移动情况等；

（2）不同的方向、高度、位置的燃烧终止线；

（3）不同部位各种着火物质的燃烧情况和同一物体不同方向的烧毁情况；

（4）建筑物、构筑物及设备装置塔、架倒塌的部位、方向和形成倒塌的原因；

（5）墙壁及设备的烟熏火烧情况，包括烟迹的位置和形状；

（6）金属、玻璃、陶瓷制品的变形熔化情况；

（7）火源、热源的位置及状态。

实践证明，大部分火灾现场通过以上七项内容的初步勘查，都能够判断清楚火势蔓延的路线，确定起火部位和下一步勘查的重点。

2. 火场初步勘查的方法和要求

火场初步勘查应从火场内部站在可以观察到整个火场的制高点，对火场的场面从上到下、由远到近地巡视。观察整个火场的残留状态，并寻出一条可以在火场中巡行的通道。沿着所选择的通道，对火灾现场进行从上到下、由远及近的全面观察。对重点部位、可疑点要反复观察。

（1）要观察火灾终止线的具体情况。火灾不都是由一点向四周蔓延的，所以在观察火灾蔓延终止部位周围的情况时，要观察火灾终止线的具体情况，分析判断为何在此终止，以防漏掉真正的起火点。例如，有一侧砖墙，火就可能向一个方向蔓延，这时如果只注意周围严重的烧毁情况，忽视了停止部位附近的具体情况，就有可能把起火点的位置搞错。

（2）要注意观察整体的蔓延情况。当一个建筑群中有几栋建筑物被烧毁，或一个建筑物的几层、几间被烧时，要注意观察整体的蔓延情况，要仔细观察研究每栋、每层、每个房间起火蔓延的路径。建筑物的火灾蔓延规律一般是：栋与栋之间在下风方向蔓延，如果离得较近，也可能由辐射和热气流综合作用引燃蔓延，这时的引火点位置一般比起火建筑物低，层与层之间一般通过楼梯、送风管道及其他竖向孔洞蔓延，有时也通过窗口向上蔓延，在楼层未被烧毁时是不会由上向下蔓延的，同层建筑物的各房间之间一般是通过门、筒、走廊蔓延，平房多通过闷顶蔓延。根据这些规律，要在火流曾经蔓延过的地方寻找蔓延的痕迹，分析哪一栋、哪一层、哪一间先着火，进而再找到起火点。

（3）对现场中遗留的物体不可轻易抛弃。对现场中遗留的一些物体，哪怕是剩下一块木板、熔化了的金属片、落在地上的玻璃块、搭落的电线等，对研究分析火因都可能起到作用，所以，不可轻易抛弃。

（4）对烧毁的建筑物及其内部物体一般不要轻易挖掘。对烧毁的建筑物及其内部物体，应综合原来的状况进行考查研究，要索取火灾现场起火前建筑物和设备安装的平面图及其他有关资料，以便对照分析救火中或灭火后被人移动过的物体。可按起火前的方位复原，按照起火前的本来面目和火灾中延烧的状态考查。例如一张床，不同的部位被烧的情况不同，但在灭火过程中被人搬走了，将它放回原来的位置可以看清火是从哪个方向烧过来的。所以，在初步勘查阶段，一般不要动手拆卸被烧的物体，不要剥离和移动堆积物，只要起火部位没有确定，一般就不要挖掘现场。

（5）应认真细致地观察每一烧毁物体的状态，探寻其烧毁的特点，分析其成因，参照其他调查资料综合比较，以取得可靠的结果。火场烧毁的状况一般是与火灾发展蔓延的规律分不开的，但勘察人员不要习惯于套用规律而忽视了烧毁状况所特有的并不突出的特点，使勘查结果出现错误。例如，热气流向上升，建筑火灾向上蔓延，几层着火从下层找原因，这是一个规律，但也有特殊性。如果一个多层建筑的竖井中，管道的包敷材料因某种原因着火，烧熔烧掉的带火的包敷材料就会一直烧到底层，而且整个竖井内都会猛烈燃烧，火灾会通过各层竖井的木门向走廊蔓延，发生立体火灾。勘查时，如果不注意竖井的这些燃烧状态，尤其不注意每层竖井门和门框烧毁及烟熏的状态，不认真提出为什么各层都同时着起来的问题，就容易使调查工作盘旋在第一层而使勘查走弯路。再如，一般情况下距火源近的可燃物质应先着起火来，但是，如果火源是强烈的辐射源，且位置在比较靠近墙的地方，由于墙的阻挡作用，往往离火源较远的可燃物先被引着，而被墙阻挡的可燃物就可能后着火或不被引着。因此，初步勘查时应认真细致地观察每一烧毁物体的状态，探寻其烧毁的特点，分析其成因，参照其他调查资料综合比较，以取得可靠的结果。

（四）详细勘查，确定起火点

详细勘查又称动态勘查，是指对初步勘察过程中发现的痕迹、物证，在不破坏的原则下，采用逐个仔细翻转移动的方式进行勘验和收集物证，以确定起火点的一项勘查活动。其作用是核实初步勘查的结果，进一步确定起火部位，排除初步勘查中的疑点，找出起火点，验证调查询问中获得的有关起火物、助燃物和起火点的情况，确定下一步勘查的对象。

1. 详细勘查的内容

（1）可燃物的烧毁和烧损状态

主要根据可燃物的位置、形态、燃烧性能、数量、燃烧痕迹，分析其受热或燃烧的方向。根据燃烧炭化或烧损的程度，分析燃烧蔓延的过程。

（2）分析哪些地方先于哪些地方燃烧，物体塌落的层次和方向

建筑物、构筑物以及室内的物体等都会在火灾中发生倾倒和塌落。例如，木结构屋架经过燃烧失去了强度就会倒塌，钢结构屋架也同样会抵挡不了高温的破坏而塌陷，存放物品的地板、垫木、货架、桌椅、柜橱等经过燃烧，不仅本身会塌落倾倒，放在上面的物品也会掉落。被烧结构和物体的塌落或倾倒是按照燃烧的顺序和程序及程度形成层次和方向的。因此，我们可以据此分析哪些地方先于哪些地方燃烧。

（3）物质的熔痕和粘连物

火灾现场上电气线路以及用电设备上的熔痕，有的能够直接反映出起火原因和火势蔓延的路线；金属、玻璃、塑料等物质因受热变形、熔化或同其他物质粘连在一起等，都对分析火灾的发展过程有很强的证明作用。

（4）建筑物结构和构件的耐火性能及其燃烧过程

建筑火灾的发展蔓延速度，是由建筑物结构和起火点周围构件的耐火性能、建筑物内存放可燃物资的多少和燃烧性决定的。从起火燃烧到燃烧终止的全部过程，都直接受到这些因素的影响，这对确定起火部位和燃烧时间，是一个重要的参考因素。

（5）烟熏痕迹

就是要根据火灾空间和建筑物结构分析烟雾流速和途径；根据烟熏的形态和颜色分析火灾的燃烧强度和蔓延过程。

（6）物资的烧损状态和人员伤亡状态

例如，物资的堆积层次、厚度，被烧后残留物的形态，悬挂物掉落的位置和形态，不燃物质的被损及被烧烤的情况，收集物质现场的残存的发火物证；人员烧死、烧伤的情况及死者姿态，伤者遇难前的行动判断等。

通过以上内容的勘查，仔细研究每种现象和各个痕迹形成的原因，把现场中心与火灾蔓延有关联的各种事物和现象联系起来，客观地、有根据地判断火灾发展蔓延的路径，找出起火点的位置以及在该部位可能出现的起火原因。

2. 详细勘查的方法

详细勘查的方法，实践中经常使用的有剖面勘查、逐层勘查和全面扒掘

三种。

（1）剖面勘查

剖面勘查就是在确定的起火部位，将地面上的残留物分开一个剖面，仔细观察残留物每层的燃烧状况，辨别残留物在第几层堆积，或在起火部位的不同点分开几个剖面，比较各点每层的堆落物质和燃烧状况，分析火势发展蔓延的情况。但在建立这些剖面时不要破坏原堆积物的层次，对于塌落的堆层可制成梯形剖面。

（2）逐层勘查

逐层勘查就是对火场上燃烧残留物的堆层由上到下逐层剥离，以观察每一层物体的烧损程度和烧毁状况。但在剥离中要注意收集物证和记录每层的情况。因为这种勘查方法完全破坏了堆层的原始状态，所以在操作时要特别细致和认真。

（3）全面扒掘

全面扒掘是对需要详细勘查的范围比较大，只知道起火点的大致方位，但又缺乏足够的材料证明确切的起火点位置的火场采用的一种方法。根据火灾现场具体情形可分别采取围攻扒掘、分段扒掘或一面推进扒掘等方式。但不论哪种方式，都要采用层层剥离的方法。

3. 详细勘查的要求

（1）要注意确定扒掘的范围

火灾现场面积一般都很大，但是能够表明起火原因的痕迹、物证，一般只能集中在一个地方或一个地段，其余大部分是起火后因蔓延而被燃烧的地方。这些地方可能存在火灾蔓延的痕迹，但不容易发现能够证明起火原因的痕迹，因而需要进行全面的扒掘。扒掘的范围，根据引火物、燃烧物以及放火痕迹所在的位置及其分布情况而定。能够证明起火原因的痕迹一般都集中在起火部位的起火点，所以扒掘勘查的工作范围应为起火部位周围。这个范围不宜划的太大，以免浪费时间和精力，也不宜太窄，以免遗漏痕迹。

（2）要明确扒掘的目标和寻找的对象

扒掘寻找的目标通常是起火点、引火物、发火物、致火痕迹以及与起火原因有关的其他物品和痕迹等。具体对象应根据调查询问及初步勘查所得的经过分析和验证的材料而定，不要主观决定。

（3）扒掘过程要耐心细致

特别是在接近起火部位时，应做到“三细”，即细扒、细看、细闻。扒掘时应使用双手或铁丝制成的小扒子仔细扒掘，绝对禁止使用锹、镐等较大的工具。当在扒掘中发现堆层中有较大的物体或长方形物件时，不能搬撬或者拉出，防止搅乱层次。应将它们保留，并使之不自然跌落或翻倒，将物体上面和周围的堆积物看清楚并细心观察，待检验得出结论后再将其搬出继续扒掘。

当发现可疑物质时，要细心辨别其种类、用途和特征。在清除发现物体的尘埃时，不要用手剥，应用毛刷或吹气轻轻除去。当发现某些不能辨认的可疑物质时，应迅速去化验分析。

（4）要注意物品与痕迹的原始位置和方向

起火点是根据物品的烧毁程度及痕迹特点确定的，如果物品被移动了位置或变动了方向而未加查明，则会由此做出错误的判断。辨别物品是否改变了方向的方法有：询问事主和了解情况的人，根据物品原始的印痕加以辨认；查找有无变动的痕迹，查看物品所处的位置是否正常。

（5）物证要待分析后才能提取

在火灾现场发现的痕迹和物证，在做记录和照相后，应使其保留在所发现的具体位置上，保持原来的方向、倾斜度等。因为火灾现场实地勘验，特别是起火点及起火原因的判断，往往需要进行反复勘验才能确定。对于一个具体痕迹、物证，只有充分搞清它的形成过程和各种特征及证明作用时，才能按提取物证的一般方法提取。对于起火点和起火原因的扒掘，必须在实地勘验最终结束前才能提取。有的时候需要邀请证人、当事人和起火单位代表过目，统一结论后再提取。

（五）专项勘查，确定起火原因

专项勘查是专为查找发火物、发热体及其他可供给火源能量的物体和物质等具体对象，以确定起火原因的勘查。其目的是根据发火物、发热体等具体引火对象的性能、用途，使用和存放状态，变化特征等，分析因什么发生故障，或什么原因造成的火灾。

1. 专项勘查的内容

（1）根据各种引火物，如油丝、油瓶残体等物品的特征分析它的来源；

（2）根据电气线路有无短路点或过负荷现象及其特有的痕迹，分析是否是短路或过负荷的原因；

（3）根据用电设备有无过热现象和内部故障，分析导致过热和内部故障的原因；

（4）查机械设备有无摩擦痕迹和造成摩擦的原因；

（5）查反应容器内部物料性质、数量和工艺条件；

（6）查储存容器泄漏的原因及形成爆炸混合气的条件；

（7）查自燃物质的特性及自燃的条件。

2. 专项勘查的方法

专项勘查，根据不同的对象而采取不同的方法。有关内容可参照相关专业书籍的具体要求去做。

（六）现场勘查的善后处理

火灾现场在经过了前五步的勘查之后，如果原因已基本查清，那么现场就无须再保留，应及时经现场负责人决定，通知着火单位进行清理，并将勘查中借用的工具、器材及其他物品如数交还原主。对提取的实物证据要妥善保存，某些收取的物证应如数交还物主。但对因主、客观条件的限制，一次不能勘查清楚的火灾现场，还需要对某些关键部位或疑难问题继续重新勘查时，在经现场负责人批准、征得起火单位同意后，在一定时期内可以保留。但应根据需要尽量压缩保留的范围。当需要全场保留时，应将全部现场封闭；当需要局部保留时，应将现场的某一段予以保护。凡是确定需要继续保留的现场，都必须妥善加以安排，指定专人看护，不得使现场痕迹受到破坏。

三、火灾事故现场勘查记录

火场勘查记录是研究起火原因的重要依据，同时也是处理火灾责任者的证据之一，所以做好火场勘查记录是非常必要和重要的。在现代的科学技术手段下，火场记录的方式主要有现场勘查笔录、现场照相和现场制图三种。

（一）现场勘查笔录

1. 现场勘查笔录的主要内容

现场勘查笔录的结构分为绪论、叙述事实和结尾三部。

（1）绪论部分

在绪论部分应主要记述：接到报警的时间，起火和发现起火的时间、地点，报警人和当事人的姓名、单位，以及关于他们叙述的发现起火的经过；现场勘查负责人和参加实地勘查人员的姓名、职务，现场见证人和保护人的姓名、职业，勘查工作开始和结束的时间，勘查的程序和当时的气象条件等。

（2）叙述事实部分

在叙述事实部分应主要记述：现场的位置及周围环境，现场建筑结构，起火前建筑物内设备的安装使用、物资存放、生产工艺及生产的火灾危险性质等情况，火灾后各部位的建筑物、设备及物资的烧毁程度、状况、面积和人员伤亡情况，起火点及周围勘查所见的情况，火灾现场上的遗留物和痕迹的详细情况，现场的反常情况等。

（3）结尾部分

在结尾部分应说明提取物证、痕迹的名称和数量，并由现场勘查的负责人、工作人员和见证人签名。

2. 现场勘查笔录的记载要求

火灾现场勘查是很严肃的工作，所以记载一定要客观、全面、完整。记载的顺序应当和勘查的顺序相吻合，以免重复或遗漏；记述要简明扼要，突出重点，用词要确切、通俗易懂，不得使用模棱两可的语句，如“较近”“不远”“旁边”等，也应尽量避免使用过于专业化的术语和名词。在勘查中，如果进行尸体外表检验、物证检验、调查实验等，应单独制作笔录，并由主持人、检验人、见证人签名，但在勘查笔录中应加以扼要记载。对于多次勘查的现场，每次勘查均应作补充笔录。

（二）现场照相

现场照相是为了准确表明建筑物中的楼层布局、工艺流程或房间中的尸体、物证、痕迹、起火部位、起火点、火灾现场概貌等情况而采用照相手段记录的一种方法。

1. 现场照相的分类

按反映对象的不同，现场照相可分为概貌照相、现场方位照相、重点部位照相和细目照相四种。概貌照相是为了反映火场环境，现场方位照相是为了反映起火部位，重点部位照相是为了反映起火点，细目照相是为了反映痕迹、物证。

2. 现场照相的要求

各种照相的内容，根据反映对象的不同有不同的要求。

（1）概貌照相和现场方位照相

概貌照相和现场方位照相主要应拍摄：燃烧过程和火灾现场的全景，建筑物的外貌；首先起火的楼房外部的燃烧扩散情况及其迹象；垃圾、野草等可燃物的燃烧迹象；穿破篱笆或门，进入建筑物内的迹象以及其他值得怀疑的痕迹和物证；等等。

（2）重点部位照相和细目照相

重点部位照相和细目照相重点应拍摄：火场残留物的全貌；发掘各个阶段的迹象；发掘勘验过程中发现的重要场面、重要物体和起火点；首先着火的区域和着火点及最先着火物质的迹象；具有特异状态的部位；现场制图的翻拍；等等。

（三）现场制图

1. 现场制图的作用

现场制图主要是用来描绘现场内部的平面结构、设备布局、烧毁物的状态、着火部位，反映与火灾原因有关的物体痕迹、现象和它们之间的相互关系等，主要有方位图、概貌图、重点部位图和细目绘图几种。

2. 现场制图的要求

（1）绘制现场图要根据不同的对象绘制不同的图，如比例图、示意图、比例示意结合图等。对于局部图可根据需要绘制局部平面图、局部平面展开图、局部立体图和局部剖面图等。

（2）不论什么图，图上都应准确地标明起火点、物体、痕迹的原始位置，并与勘验笔录的记载相吻合，还应标明某些人的位置和行动的痕迹，对尸体还应标明位置和姿态。

（3）绘制现场图的符号应采用标准图例。绘制线条要清晰，粗线、细线要分明，实线、虚线使用要得当。

（4）要注明图的名称、测量方法、比例尺、方向、风向、图例、说明及绘制日期。图面要整洁，字迹要工整。最后绘图人要签字。

四、火灾事故现场物证的提取与鉴定

（一）火灾事故现场物证的提取

现场提取痕迹、物品，应当按照下列方法和步骤进行：

（1）量取痕迹、物品的位置、尺寸，并进行照相或者录像。

（2）填写火灾痕迹、物品提取清单，由提取人、当事人或者证人签名；当事人、证人拒绝签名或者无法签名的，应当在清单上注明。

（3）封装痕迹、物品，应当粘贴标签，标明火灾名称、提取时间，痕迹、物品名称、序号等，由封装人、当事人或者证人签名；当事人、证人拒绝签名或者无法签名的，应当在标签上注明。

（4）提取的痕迹、物品应当妥善保管。

（5）痕迹、物品或者证据可能因时间、地点等原因灭失的，可以先行登记保存。

（二）物证技术鉴定

物证技术鉴定，是指对现场勘查中发现并收集的各种痕迹、物证的审查、分析、检验和鉴定。其目的是根据这种物证的本质特征，分析它的形成条件以及与火灾形成过程的联系，从而确定对火灾的证明程度。物证技术鉴定的方法主要有：化学分析鉴定、物理分析鉴定、模拟试验、直观鉴定和法医鉴定等几种。

1. 化学分析鉴定

化学分析鉴定，是指以测定火场残留物的化学组成及化学性质为主要目的的一种鉴定方法。根据分析的原理，有化学分析法和仪器分析法两种。

（1）化学分析法

化学分析法，是指以化学反应为基础的分析方法。其优点是所用仪器设备简单，测定结果准确度高；缺点是分析速度比较慢，灵敏度较低，一般要求被测组分的含量在1%以上。化学分析法的主要内容是：

①分析起火点残留物中是否含有可燃性、自燃性的气体、液体或固体的成分，都含有些什么物质，其闪点、自燃点、爆炸极限是多少；

②测定某种物质的热稳定性、氧化温度、分解温度及其发热量；

③测定某混合物中各种物质的含量；

④测定某一生产过程中能否产生不稳定的敏感性物质；

⑤测定某一物质在某一温度下是如何发生化学变化的，反应程度如何；

⑥测定某一物质的自燃条件（通常用热谱分析）。

通过以上的分析可以达到两个目的：一是根据残留物、产物，分析火场中原来存在的是什么物质，有无危险性，在什么条件下可引起燃烧；二是根据火场中的某些物质是否发生化学变化及反应程度来判断火场温度。

（2）仪器分析法

仪器分析法，是指借助光学仪器测量试样的光学性质、电化学性质等物理或物理化学性质而求出待测组分及其含量的方法。其中利用物质的光学性质分析的方法有比色法、比浊法、分光度法等；利用电学及电化学性质的分析方法有电重量分析法、电容量分析法和极谱分析法等。随着科学技术的发展，又有许多新的分析方法得到发展，如色谱分析、质谱分析、离子选择电极、核磁共振等。

仪器分析方法的优点是操作简单、迅速、灵敏度高，能够准确地检出试样中的微量和痕量成分。例如，有的火灾现场由于燃烧比较彻底，特别是起火部位更为严重，在现场能够提取的物证所含的被测组分往往是微量的，也不易搞清楚是什么物质，在这种情况下若采用仪器分析法分析，就可得到鉴定。对于吸附于固体物质的微量气体和浸润在泥土里的微量液体，分离后利用仪器分析法也可很快测知其组分。

2. 物理分析鉴定

物理分析鉴定，是指对物质物理特性的测定。常见的火场物证的物理分析鉴定有如下几种。

（1）金相分析

金相分析即通过金属物体内部金相组织的变化，分析发生这种变化的条件，从而判断火场温度及发生这种变化原因的分析方法。

（2）剩磁检测

剩磁检测即通过测定火场上铁磁性物件的磁性变化，以判断该物体附近当时是否有大电流通过的方法。这一方法主要用来检验、鉴别是否有可能是雷击和较大电流短路造成的火灾。

（3）炭化导电测量

因为电弧和强烈火焰可使木材等有机材料炭化导电，所以通过炭化层电阻的测量，可鉴别是否是电弧造成的火灾或分析火势蔓延的方向。

（4）力学性能测定

力学性能测定主要是对材料包括焊缝的机械强度、硬度等方面的测定，以分析破坏原因、破坏力及火场温度。

（5）断面及表面分析

断面及表面分析主要是对金属材料破裂面的断面特征和材料内外表面腐蚀程度的观察检验，从而分析判断材料的破坏形式和破坏原因。

3. 模拟实验（现场实验）

火灾模拟实验，是指仿效失火前的实际样子进行实验，以检验火场痕迹、物证，验证起火原因和有关证言真实性的一种方法。消防救援机构可以根据调查需要进行现场实验。

（1）火灾模拟实验主要解决的问题

①某种火源能否引起某种物质着火，其热辐射能将相距多远的物质引燃，引燃某种物质需要多长时间；

②某种物质燃烧时出现什么现象（焰色、烟色、气味等），在某种燃烧条件下遗留什么样的残留物及其他痕迹；

③某种物质在什么条件下（温度、压力、湿度、遇酸、遇碱、水、混入杂质）能够自燃；

④检验证人证言的属实性等。

（2）火灾模拟试验的要求

在进行模拟试验时，应尽量在原来的起火点进行。如果不具备在原地进行试验的条件，可另选相似条件的地点或实验室进行。值得注意的是，火灾的发生有很大的偶然性，是很多因素共同作用的后果，尽管模拟实验的条件和起火条件十分相近，但它毕竟不是起火的客观事实，是人为主观进行的，所以有时也不能使起火过程再现，有的甚至会起到“反证”作用。因此，不能以试验成功与否作为认定火灾结论的唯一依据，要结合其他证据统一认定。

现场实验应当照相或者录像，制作现场实验报告，并由实验人员和见证人员签字。现场实验报告的内容包括实验的目的、时间、环境、地点、使用的仪器或者物品、过程以及实验结果等。

4. 直观鉴定

直观鉴定，是指具有鉴定资格的人根据自己的知识、经验，用感官或简单仪表对物证进行鉴别的鉴定。由于直观鉴定一般是在缺乏测量分析仪器或无法进行测量分析以及不必用仪器测量分析的情况下，凭鉴定人的实践经验鉴定的，所以鉴定人必须具备一定的资格才行。具有这种鉴定资格的人主要包括以下几种：

（1）公安消防监督机构从事火场勘查和物证检验的专门人员，以及有丰富实践经验的其他公安消防人员；

（2）受公安消防监督机构的委托、聘请的科学研究人员或工程技术人员；

（3）其他具有鉴定能力的人。

根据有关法律程序的要求，与火灾责任有利害关系的人不能参与上述任何一种鉴定。机关、企业、事业单位和人民团体不能作为鉴定人。

5. 法医鉴定

法医鉴定是法医专业技术的检验。通过法医鉴定结论，我们可以分析死、伤者与火灾的关系，借以判断火灾性质和火灾原因。

对火灾受伤人员人身伤害的医学鉴定由法医进行。卫生行政主管部门许可的医疗机构具有执业资格的医生出具的诊断证明，可以作为消防救援机构认定人身伤害程度的依据。但是，具有下列情形之一的，应当进行医学伤害鉴定：

（1）受伤程度较重，可能构成重伤的；

（2）火灾受伤人员要求做鉴定的；

（3）当事人对伤害程度有争议的；

（4）其他应当进行鉴定的情形。

6. 物证的善后处理

火灾原因调查工作应当重视物证的善后处理。对各种物证，经有关方面的专家和技术部门鉴定做出结论，并在火灾事故处理完毕后，应予销毁、废弃或物归原主。当火灾事故需要司法部门处理时，则应在调查终结后将有关物证和案卷一并移送人民检察院。对于鉴定有分歧的物证，应当保存至鉴定结论统一时为止。对于具有典型意义的实物证据和各种痕迹，消防救援机构应当保存或复制，以备总结经验。

第六节　火灾损失统计

火灾损失统计可反映火灾在一定时间、地点和原因条件下的一些量的相互关系，反映在一定情况下的规律和特点，从而为依法处理消防责任事故，制定消防工作的方针、政策、计划、措施等提供依据。所以，火灾损失统计是消防监督管理的一项重要内容。

一、火灾损失统计的意义和要求

（一）火灾损失统计的意义

《消防法》第 51 条第 1 款规定：“消防救援机构有权根据需要封闭火灾现场，负责调查火灾原因，统计火灾损失。”所以，火灾损失统计是法律赋予消防救援机构的一项重要职责。其意义主要体现为以下几点。

1. 为保卫国民经济建设提供消防安全资料

通过火灾损失统计可掌握并弄清我国火灾的现状、发生的规律和特点，掌握每年火灾发生的次数、人身伤亡、经济损失及各类火灾原因等。在这些资料的基础上可以更好地为进行城乡规划和建设服务，并为建筑设计防火审核提供可靠依据，使整个国民经济建设和城乡规划建设等方面符合消防安全的要求。

2. 为制定消防工作的方针、政策、法规、措施和研究火灾规律特点提供可靠的技术依据

火灾损失统计不仅仅是统计典型的重大火灾，而且要对每起火灾都进行全面的考察和统计，即不仅要统计次数和损失，而且还要统计各个地区、各个

时期、各个系统、各个行业、各个部位及其起火原因等各方面与火灾有关的因素。因此，它可为更好地制定灭火对策、加强火灾的预防和消防监督管理等提供可靠依据。

3. 为有效进行火灾扑救，消防站合理布局及消防中队的建设提供可靠资料

火灾损失统计不仅要统计与防火工作有关的数据，而且还要统计与灭火工作有关的各种情况和数据。从这些统计数字中既可以分析消防站布局是否合理，也可以分析影响火灾扑救的有利及不利因素，全面分析火灾扑救的全过程及战斗状况，为更好地制订灭火作战方案，更及时有效地开展火灾扑救工作提供依据。

4. 为消防科研提供课题

通过对每起火灾的生成、发展、扑救、危害等各方面的资料进行统计，可分析本区域的消防工作状况，并找出工作中的薄弱环节，从而针对其关键性的技术问题进行防火、灭火和器材装备、队伍建设等方面的研究工作。因此，它又是制订消防科技发展规划、确定科研课题的重要依据。

（二）火灾损失统计的任务和对火灾损失统计人员的要求

1. 火灾损失统计的任务

火灾损失统计的任务就是对发生的每起火灾，通过详细认真的调查了解，如实准确地填好报表，汇总审查后及时上报，进行统计分析，提供统计资料，实行统计监督。这项工作是取得火灾损失统计成果的基础，是具体火灾损失统计的重要环节，所以对火灾损失统计人员还应有严格的要求。

2. 对火灾损失统计人员的要求

（1）熟悉文件，认真填报。在填表前必须先阅读和熟悉有关文件、规定及填表说明，填写报表必须认真细致、实事求是，必须严格按照《中华人民共和国统计法》以及其他有关法规，如实提供火灾统计资料，及时填写并上报。

（2）认真核对，纠正错误。在填写时，不清楚的问题要及时请示汇报，不要凭想象任意填写，要认真核对，发现错误及时更正。

（3）认真分析，提供数据。要做好报表的汇总工作，进行全面而认真的分析，为领导决策提供所需数据。

（4）字迹要工整清晰。填写报表，字迹要工整清晰，不能马虎潦草，不能

用铅笔和圆珠笔填写。

（5）不得虚报、瞒报、拒报、迟报，不得伪造、篡改。对各种火灾损失统计报表，要妥善保管，不得丢失或损坏。

（三）火灾损失统计的范围和内容

1. 火灾损失统计的范围

所有火灾不论何种原因都要全部列入火灾统计范围：

（1）刑事放火；

（2）发生在生产或经营场所的生产性火灾事故；

（3）车辆静止状态下发生的火灾或车辆在通行过程中因电气、供油系统故障，司乘人员在车内使用明火不慎，违法携带易燃、易爆等危险物品乘车，外界明火引燃车辆的火灾；

（4）易燃易爆危险品起火爆炸引起的火灾；

（5）破坏性试验中引起非实验体燃烧的火灾；

（6）机电设备因内部故障导致外部明火燃烧或者由此引起其他物件燃烧的火灾；

（7）车辆、船舶、飞机以及其他交通工具的燃烧（飞机因飞行事故而导致本身燃烧的除外），或者由此引起其他物件燃烧的火灾。

2. 火灾损失统计的内容

火灾损失统计的内容应主要包括以下几个方面。

（1）火灾种类

按火灾发生的地点和部位分为建筑火灾、露天火灾、交通运输工具火灾、山林火灾、其他火灾等。

（2）火灾时间

火灾时间主要包括起火时间、发现时间、消防队接警时间、到达火场时间、扑灭时间等。

（3）火灾地点

火灾地点即发生火灾的单位、系统、行业、部位等。

（4）火灾原因

火灾原因即起火原因和灾害成因等。

（5）人员伤亡

人员伤亡主要是指在火灾发生后和扑救过程中因烧、摔、砸、炸、窒息、中毒、触电、高温辐射等原因所致的人员伤亡。

（6）火灾损失

火灾损失主要包括火灾的直接财产损失和间接经济损失。

3. 火灾损失统计工作的分工

我国的火灾损失统计工作，按照“谁监督、谁统计”的原则，实行统一领导，分级、分部门负责的制度。全国的统计工作由应急管理部统一归口管理，负责掌握全国的火灾情况，汇总和公布火灾损失统计资料，实施火灾损失统计的监督。对火灾损失统计表的格式、内容、计算方法和统计编码，均由应急管理部负责制订，并报国家统计局备案或者审批。火灾损失统计工作具体分工如下：

（1）省（自治区、直辖市）、市（地、盟）、县（区、旗）、乡镇的火灾统计工作，分别由各级应急管理部门负责，行使相应的管理监督职能。

（2）火灾统计表的格式、内容、计算方法和统计编码，由公安部负责制定并报国家统计局备案。

（3）接受地方应急管理部门监督的单位发生火灾，由所在地应急管理部门负责统计。

（4）跨区域的油田、管道、交通工具等发生火灾，由起火地应急管理部门负责统计。

（5）由铁道、交通、民航应急管理部门实施消防监督的单位，其火灾统计分别由铁道、交通、民航应急管理部门负责。

（6）军队、矿井地下部分、森林发生的火灾，分别由其主管部门负责统计。

（7）一起火灾如果涉及几个独立的统计调查单位，其火灾统计工作由主管起火单位监督工作的应急管理部门负责。

二、火灾损失统计的方法和程序

（一）人员伤亡的统计方法

关于重伤的标准，应当根据司法部、最高人民法院、最高人民检察院、公安部《人体重伤鉴定标准》（司法〔1990〕070号印发）的要求进行确定，这里不再赘述。

（二）财产损失的统计方法

统计火灾损失，首先要区分火灾宏观统计方法与火灾微观统计方法。火灾宏观统计方法，即火灾统计，是指消防救援机构运用定量、定性统计分析的方法，调查和研究火灾损失、规律、特征的一项行政执法活动。火灾微观统计方法，即统计火灾损失，是指消防救援机构根据火灾受损单位或个人的申报和调查核实情况，按照国家有关火灾损失统计规定对火灾直接经济损失和人员伤亡情况进行的数据核实、统计活动。统计火灾损失是火灾统计最基本的要求，也是火灾统计工作的最基本特征之一。

火灾损失的统计范围主要包括直接财产损失和间接经济损失。

1. 火灾直接财产损失的统计范围和方法

火灾直接财产损失，是指财产直接被烧毁、烧损、烟熏、辐射和在灭火中破拆、水渍以及因火灾引起的污染等所造成的损失，如房屋、文物建筑、机器设备、运输工具等固定资产，古董、字画、古籍善本、美术工艺品、珠宝、金银制品及收藏品等可移动文物，商品、购入货物等流动资产，生活用品和农副产品等因火灾烧毁、烧损、烟熏和灭火中破拆、水渍等所造成的损失都属于火灾直接财产损失统计的范围。

火灾直接财产损失大小是衡量火灾严重程度的主要标志之一。科学的统计方法是准确地计算火灾直接财产损失的重要保证。火灾直接财产损失统计方法，应当按照中华人民共和国公共安全行业标准《火灾直接财产损失统计方法》（GA 185—1998）进行统计。

2. 火灾间接经济损失的统计范围和方法

火灾间接经济损失，是指因火灾而停工、停产、停业（即“三停”）所造成的损失，以及现场施救、善后处理的费用。

（1）因火灾造成的“三停”经济损失

这些损失主要包括：火灾发生单位的“三停”经济损失；由于使用火灾发生单位所供的能源、原材料、中间产品等所造成的相关单位的“三停”经济损失；为扑救火灾所采取的“三停”及其他必要的紧急措施而直接造成的有关单位经济损失；其他相关原因所造成的“三停”经济损失。

（2）因火灾致人伤亡造成的经济损失

这些损失主要包括：因人员伤亡所支付的医疗费，死者生前的住院费（含抢救费），死亡者直系亲属的抚恤金，死亡者家属的奔丧费、丧葬费及其他相关费用等处置费，养伤期间的歇工工资（含护理人员），伤亡者伤亡前从事的创造性劳动的间断或终止工作所造成的经济损失（含护理人员），接替死亡者生前工作岗位的职工的培训费用等工作损失费。

（3）火灾现场施救及清理现场的费用

这些费用主要包括：各种消防车、船、泵等消防器材及装备的损耗费用以及燃料费用（含非消防部门）；各种类型的灭火剂和物资的损耗费用；清理火灾现场所需的全部人力、财力、物力的损耗费用等施救和清理费用。

火灾间接经济损失额计算方法，应当按照《火灾间接经济损失额计算方法》（公通字〔1992〕151号）进行统计。

3. 直接财产损失的统计程序

（1）火灾发生后，受灾单位或个人应当向公安消防机构填报《火灾直接财产损失申报表》，提供有关原始票据和火灾直接财产损失真实情况。

（2）市、县级公安消防机构填写《火灾直接财产损失核定表》，对火灾直接财产损失进行统计、核定，并逐级上报。

（3）对情况复杂或初步判定为重大、特别重大火灾的，市、县级公安消防机构可邀请其他部门有关专业技术人员参加对火灾直接财产损失的统计、核定。

（4）受灾单位或个人对火灾直接财产损失核定结果有异议的，可提请上一级公安消防机构进行复核，复核结果为最终结果。

三、火灾损失统计的时限和要求

火灾发生后，起火单位或者主管部门必须如实提供统计资料，经当地公安机关逐级审核，统计上报。

（一）火灾损失统计报告的时限

1. 一般火灾的报告时间

每起火灾扑救后，各地市消防救援机构都要迅速将最基本的火灾信息录入全国火灾统计管理系统，火灾调查结束后要尽快将人员伤亡、财产损失和起火原因等信息进行更正。对火灾报告表中的起火场所、行业类别和经济类型等选填指标，要根据实际情况如实填报；发现重复录入的数据及时报告总队进行删除处理，避免出现报告表项目填报不全、漏填、错填和重复录入的问题。

火灾报告表应当在火灾发生后 72 小时内录入，按时录入率应达到 85% 以上，审核率达到 95% 以上；接警出动报告表的录入时限应当为归队后 48 小时内，按时录入率应达到 95% 以上，审核率达到 95% 以上。各地市消防救援机构，要严格按照时限要求进行火灾和出动数据录入审核，确保数据的及时、完整、准确。总队将按照部局对火灾统计系统数据录入时限及审核率要求，每月进行系统录入审核检查。各地级、县级的消防救援机构，应当于每月的 5 日前将所辖区域内上月所发生的火灾损失统计情况（各种火灾损失统计报表）上报至省级消防救援机构，省级消防救援机构经输入计算机后应于 10 日前将原始的各种火灾报表的内容传输到公安部消防局。重大火灾应填报《重大火灾报告表》及时上报。

中国人民解放军各单位，煤矿和其他矿井地下部分以及国家海洋局科学考察船主管部门的火灾损失统计情况，对公安部不按月报的要求执行，只报半年和全年的火灾损失统计数字。要求于当年的 8 月和次年的 2 月，向应急管理部报告所辖单位的半年和全年的火灾损失统计数字。

2. 重要火灾的报告时间

为保证上级领导机关制定决策和指导工作，根据《关于认真落实重要火灾报告制度的通知》的要求，凡发生下列重要火灾，各省、自治区和直辖市的消防救援机构必须立即上报应急管理部。

（1）死亡 30 人以上（含本数，下同）；重伤 100 人以上；直接财产损失 1 亿元以上的特大火灾事故。

（2）死亡 10 人以上；重伤 50 人以上；直接财产损失 5000 万元以上的重大火灾事故。

（3）死亡 3 人以上；重伤 10 人以上；直接财产损失 1000 万元以上的较大火灾事故。

（4）死亡 1 至 2 人；受灾 30 户以上；直接财产损失 100 万至 1000 万元的

火灾事故。

（5）发生在国家级、省级、县级重点文物保护单位的火灾事故（包括新建、修复的古建筑）。

（6）发生在党政首脑机关，金融、通信、广播、电视等要害部门，水、电、燃气等公用设施单位的规模较大，有可能造成重大经济、政治和社会影响的火灾事故。

（7）发生在人员密集场所、易燃易爆场所、旅游景点及重大活动、庆祝场所的有可能造成人员伤亡或重大社会影响的火灾事故。

（8）正在发生的规模较大、有可能造成人员伤亡或重大社会影响的火灾事故。

（9）北京市发生在重要场所或部位的火灾事故。

（10）其他可能造成重大社会影响、引起群众广泛关注的重要火灾信息。

（二）火灾损失的统计要求

1. 消防救援机构应当明确专职或兼职人员

为了加强对火灾损失统计工作的领导和管理，各级消防救援机构应当根据火灾损失统计工作的实际需要，配备专职或兼职统计人员，建立健全科学的火灾损失统计管理制度，加强统计计算和数据传输技术的现代化建设，保证统计资料的准确性和及时性。

2. 受灾单位应当如实提供统计资料，报当地消防救援机构审核

火灾发生后，受灾单位及其主管部门应当统计好火灾造成的经济损失和人员伤亡情况，如实提供统计资料，报当地消防救援机构审核。各项经济损失和人员伤亡的统计，不论是直接的还是间接的，失火单位都应当按照要求认真清理、如实上报，绝不能因怕追究责任而少报，也不能为求保险公司的赔偿而多报。在统计火灾损失过程中，如果受损单位和个人不按规定申报，消防救援机构应当根据火灾现场调查和核实的情况，进行火灾直接财产损失统计。

3. 依法设立的价格鉴定机构出具的鉴定结论，可以作为统计火灾损失的依据

对于依法设立的价格鉴证机构出具的火灾直接财产损失鉴定结论，可以作为消防救援机构统计火灾直接财产损失的依据。受损单位和个人有民事赔偿或

保险理赔等需要的，可以自行收集有关火灾的直接财产损失证据，或者委托依法设立的鉴证机构对火灾直接财产损失进行鉴定。

4. 失火罪、消防责任事故罪案件需要的火灾损失数额应当委托依法设立的价格鉴证机构进行鉴定

消防救援机构办理失火罪、消防责任事故罪案件需要火灾直接财产损失数额的，应当委托政府价格主管部门设立的价格鉴证机构进行鉴定，以其出具的鉴定结论作为刑事案件立案依据，而不能直接引用消防救援机构统计的火灾直接财产损失结果。

5. 消防救援机构应当对鉴定结果进行审查

消防救援机构应当根据受损单位和个人的申报，依法设立的价格鉴证机构出具的火灾直接经济损失鉴定报告，以及调查核实情况，按照有关火灾损失统计规定，对火灾直接财产损失和人员伤亡情况如实进行统计，填写《火灾损失统计表》。

消防救援机构应当对鉴定结果进行审查，对符合规定的，可以作为证据使用；对不符合规定的，应当要求价格鉴证机构重新出具鉴定报告，或者不予采信。

第七节　火灾事故原因的分析与认定

一、起火原因的分析与认定

（一）起火原因分析的基本方法

通过对火灾现场的实地勘查和调查询问，获得了大量与火灾有关的材料、物证，这就为客观地分析火灾原因、揭示事件真相提供了物质基础。但要由此得出正确结论，还必须运用唯物辩证的观点和方法，进行从现象到本质的综合分析和推理判断。查明火灾原因是一个判断分析的复杂过程，不能设想根据火灾的某些现象就能得出现成的答案。因此，在分析造成火灾的各种情况时，往往是在调查、勘查的各有关材料中，做出一些有根据的假设，然后用大量的客观事实来肯定或否定这些假设。在具体运用时，常采用的方法有排除法、归纳

法、演绎法等。

1. 排除法

排除法，是指根据客观存在的可能性，先提出几种假设，然后逐个审查，一一排除，在剩下的不可推翻的假设中寻找结论的逻辑推理分析方法。

排除法在逻辑上叫作“剩余法”，实际上是选言推理与假言推理的综合运用。在火灾原因的分析推理中，选言部分即有几种着火的可能，假言部分即对其中若干可能的否定。这种推理成功的关键是选言部分一定要将真正的起火原因逃避，并弄清各起火因素“与”和“或”的关系。为了能将真正的起火原因逃避，则应将各种起火因素选尽，即将各种因素都考虑到。

各种起火因素之间是什么关系也很重要。凡两种因素可以独立成为着火致因的因素，它们之间的关系为“或”的关系，否定一个则成立另一个。若两种因素必须结合在一起才能成为着火致因的，那么这两种因素的关系为“与”的关系，它们之间没有选言判断的关系。为掌握这种分析方法，需要学习形式逻辑和事故树分析技术知识。

2. 归纳法

归纳法，是指对事件某一问题有关的各种情况一一加以研究，审查它们是否都指向一个问题，从而得出一个无可辩驳的结论的分析方法。如果起火时间、起火地点、起火物质、起火特征及烧毁对象都说明是故意行为，那么就可以做出肯定是放火的判断。

3. 演绎法

演绎法，是指针对某一假设逐步深入地提出一系列事实材料，从纵的方面证明这个假设现实的必然性的分析问题的方法。如某火灾的原因，我们认为自燃的可能性较大，为证实这一假设就应逐步地审查以下一系列的情况：首先查明起火点原来是否存在能够自燃的物质；当这一情况查实肯定后，就要进一步查明是否有足以引起自燃的客观条件（如数量、空气、温度等）；当这一情况也肯定时，还要进一步查明起火物质燃烧的痕迹是否符合自燃的特征。这样一步步深入下去，当所有问题都是肯定结论时，便可最后确认为是自燃所致的火灾。

值得注意的是，上述几种方法往往是综合使用的，它们适用于火灾原因的分析研究，也适用于现场勘查过程中的具体环节。必须强调的是，采用这几种分析方法的客观基础是事物本身的有机联系，正确运用辩证唯物主义的观点是正确分析认识问题的前提，必须在此基础上才能有效地利用这些方法得出符合客观实际的判断。

（二）火灾性质的分析

火灾的性质按是否有人的作用以及人的作用如何来分，有放火、自然起火和失火三种。因为放火和自然起火两种火灾发生的概率较小，而且这两种火灾的特征又较容易识别，所以在分析火灾性质时，宜先从放火和自然起火这两种性质的火灾入手。如果能够排除这两种火灾的可能性，当然就属于失火，这样就能缩小工作范围，提高火灾原因调查的效率。

1. 放火的分析与判别

放火的火灾现场具有许多有别于失火和自然起火现场的特点，其特征是：放火动机比较明显，有预谋、有准备，现场破坏程度大、犯罪痕迹少等。在放火的现场大多具有以下特点：多起火点，起火点附近有引火物；有阻碍受灾人员逃难的迹象；灭火器材或设施被破坏；起火点位置奇特，不具备发生不慎失火的可能，易燃的液体、气体孔盖或开关打开，发热或发火用具放在可燃物上且又都不是主人所为；火场有生人进入的痕迹，门窗玻璃被破坏、公私财物被盗、账册单据被烧；火场内有被捆绑、杀害的尸体；一个地域或一个单位连续多次发生火灾，或者同一时间内多处起火，火灾突发、地点偏僻、发生在无人之地；等等。我们可以根据这些特征和特点，从火场起火点的数量、位置，外来的引火物、物品缺少、门窗破坏、阻碍逃生和扑救的迹象，火场尸体及群众的反映等方面收集放火的依据。

确定为放火案件，一定要有充分的证据，慎重从事。案件性质一时定不下来，就不要轻易下结论。当根据火场特点确认为放火或怀疑为放火案件时，应迅速通知刑侦部门到达火场，根据现场情况和有关领导的指示，移交情况并撤出或协同刑侦部门共同进行现场勘查。

2. 自然起火的分析与判断

自然起火，是指由于自然力而引起的火灾，如物质自燃、雷击起火等均属自然火灾。是否是自然起火，应主要根据以下三点判断：

（1）起火点必须存在自燃性物质；

（2）具备自然起火的客观条件；

（3）具有自然起火的特征。

能够发生自燃的物质比较多，它们发生自燃的条件和自燃前后的特征也不尽相同，所以火灾调查人员只有掌握好必需的燃烧知识、危险化学品知识和电气防火知识，才能相应解决好这些问题。

以上火灾性质的分类只是为了方便查明火灾原因而设的分类方法，与火灾的责任性质是不同的。例如，由于物质的自燃引起的火灾，按燃烧原理和过程来说属于自然火灾，但按火灾责任来说就不完全属于这样。如果管理这类物品的部门或个人由于知识技术水平的限制，不知道这类物品具有自燃的危险性，那么这种火灾应属于自然起火。如果管理这类物品的部门或个人，已经知道或应当知道这类物品具有自燃的危险性，但是存在侥幸心理，麻痹大意，没有采取相应的防止自燃的措施而发生了自燃火灾，那么这就不能属于自然起火，而应属于失火一类。

另外，有些狡猾的人放火时也会利用失火、自燃起火的某些特征制造假象来掩盖自己的罪行。例如，将燃着的烟火、碎布等暗火藏在可能自燃物品的堆垛中进行放火，以诱使人们做出自燃起火的错误判断等。因此，在现场勘查中要仔细观察和发现、收集具有不同特征的各种痕迹和残留物，并进行深入的社会调查，进行全面、科学、辩证的分析，从而得出正确的结论。

3. 起火特征的分析

起火特征应属燃烧特征，是指火源与可燃物质接触后至刚刚起火之时，或自燃物质从显著发热到出现明火时的一般时间内燃烧现象的特征。不同的可燃物质或不同的火源作用会有不同的起火特征。对起火特征的分析，是为了进一步缩小现场勘查工作的范围，明确下一步的调查方向。

（1）阴燃起火

阴燃，是指物质无可见光的缓慢燃烧，通常产生烟和高温的迹象。这种起火形式从着火源接触可燃物开始，或由于蓄热自燃开始，到起火苗燃烧时止，要经历一段时间的阴燃过程，其经历时间为几十分钟到几个小时，甚至十几个小时。这种起火形式在现场上具有以下明显特征：燃烧烟熏痕迹明显；有一个以起火点为中心的炭化区（由于着火物质和环绕的不同，炭化区有大有小、有深有浅，但都明显可见）；在发出有可见光的燃烧前，有白气冒出，有异味，接着冒浓烟，等等。

根据以上特征分析，阴燃起火大致在以下三种情况下出现：

①由弱火源缓慢引燃可燃物，即主要是由非明火源，如香烟、烟囱火星、热煤渣、热木炭、炉火烘烤等直接或间接将可燃物引燃而造成的火灾；

②各种火源引燃不易发生明火燃烧的物质，经过缓慢的阴燃过程，在供氧充足时才引起明火燃烧，如锯末，胶末，紧捆的棉、麻及其制品等的燃烧；

③植物产品、浸有植物油或动物油的棉丝、油布等含油物质蓄热引起的自燃。

（2）明火引燃

这是一种可燃物质在明火源的作用下迅速发生燃烧的起火形式。其特征是，烟熏比较轻，甚至没有烟熏，现场可燃物燃烧得比较均匀，火点处炭化区小，往往难以辨认，但有较明显的蔓延迹象。这种起火形式的火灾，应从蔓延迹象来寻找起火点，从小孩玩火、用火不慎、电气短路、坏人用明火放火等方面去追查。

（3）爆炸起火

这是指由于物质急剧氧化或分解反应产生温度和压力增加或两者同时增加的燃烧现象。爆炸的实质是一种瞬间的燃烧现象，它不仅能使设备、建筑遭到破坏，而且其热能还可引起周围的可燃物起火。这种火灾的特征是有爆炸的声响，炸点明显，来势迅猛，破坏力强，人员伤亡多，机器设备和建筑物往往被摧毁，爆炸中心和火场中心比较明显。

（三）起火时间的分析判定

起火时间是火灾的结论之一。准确判定起火时间是分析起火原因的一个重要条件。因为确定了起火时间，就可以调查、分析此时间内有关人员的活动范围和活动内容，有关设备运行的状况及各种有关的现象。所以，确定起火时间是查清绝大多数火灾原因的关键。

虽然确定起火时间一般应是火场分析中首先进行的工作，但是有的火灾现场不能首先确定较确切的起火时间，可在分析火灾原因之后再分析或反推出起火时间。

起火时间的确定，主要是根据调查询问获得的材料以及现场发现的能够证明起火时间的各种痕迹、物证来判断的。具体分析、判断的根据有以下几个方面。

1. 根据火灾发现人、报警人及周围群众反映的情况分析确定

火灾发现人及报警人因为急于报警或进行扑救，往往忽视了记下发现起火的时间，可以从其日常生活活动及其他有关现象中进行推算。

2. 根据相关事物的反应确定

火灾的发生与某些事物的变化有关。同时，火灾发生后也能引起某些有关联的事物发生变化。我们可以通过了解有关人员，查阅有关的生产记录，根据火灾前后某些事物的变化特征来判定起火的时间。例如，某个化工厂的某个反应器爆炸起火，可根据控制室有关仪表记录下来的这个反应器温度或压力的突变推算出起火时间；又如，火灾与照明线路有关，那么可根据人们发现的灯泡熄灭、电视机停电等现象推算起火时间。此外，还可以从送电、送气、送水、停电、停气、停火等关联现象中推算出有关设备发生火灾的时间。

3. 根据建筑类型和火灾发展程度确定

不同类型的建筑火灾，从起火、发展、猛烈到倒塌、衰减、熄灭的全过程所用的时间是不同的，所以，可以根据对建筑火灾发展程度的观察推算出起火时间。

4. 根据建筑构件的耐火极限及其在火场被烧坏的程度判定

不同的建筑构件具有不同的耐火极限时间。根据火场中建筑构件被火烧毁的程度，我们可以判断火灾的基本起火时间。

5. 根据物质燃烧速度推算

根据实验得知，红松的径向燃烧速度为 0.6 毫米 / 分钟，汽油向下的燃速为 1.75 毫米 / 分钟，所以，可据此推算出基本的起火时间。但由于物质的燃烧速度还与其他许多因素有关，条件改变了燃烧速度就要改变，因此，不能只依据现成的燃速数据，或指望一个简单的公式就能计算出准确的起火时间，而应根据现场情况修正这些数据，必要时可通过模拟试验，测定某些物质的燃烧速度以确定起火时间。

6. 根据通电时间判定

如果火灾是电热器具引起的，可以通过通电时间、电热器具的种类、被烤着物质的种类来分析判断起火的时间。

7. 根据起火物质所受的辐射强度推算

一般的干燥木材在无风条件下：辐射强度为 4000 ～ 9000 千卡 / 平方米•小时，12 分钟起火；辐射强度为 9000 ～ 11000 千卡 / 平方米•小时，8 分钟起火；辐射强度为 13000 ～ 21000 千卡 / 平方米•小时，4 分钟起火。所以，可以根据热源的辐射强度、温度和与可燃物的距离，计算被引燃物所受的辐射强度，并根据所受辐射强度的大小推算出被引燃的时间。

（四）起火部位和起火点的分析判定

正确分析和判定起火部位与起火点，是查明火灾原因的关键。在火灾调查工作中，经过一定程度的调查和勘验工作后，必须首先分析确定起火部位，进而确定起火点，以防止把与火灾原因无关的现象、物品误认为是火灾原因的物证、痕迹，使现场勘查工作误入歧途。

起火部位和起火点分析判断的方法是由远到近、由宽到窄地把起火部位的范围逐步缩小。如果火场范围较大，则应在确定火场范围的基础上，逐步确定起火点在哪个区域、哪栋建筑物、哪一层楼、哪个房间、在房间的哪个方位，最后确定是哪个具体位置。

1. 判定起火部位和起火点的基本依据

（1）根据群众提供的情况分析判断

最先发现起火的人和报警人以及最早参加扑救的人，对初起火灾的燃烧部位、范围、蔓延方向、速度及燃烧现象等了解得最具体。所以，确定起火部位和起火点，必须首先根据这些人的所见情况分析判断。另外，火场逃出来的人提供的情况也是很重要的。可询问他们在疏散过程中的什么地方看到了什么样的烟火，在通过走廊时，脚下是否感到热，在哪个地方感到烤脸，什么地方往下落火等。通过分析这些情况，可以判断起火点位于哪一方。

（2）根据火灾蔓延的方向和烟雾冒出的先后次序进行判定

例如，在无风情况下，火场的燃烧比较均匀，那么起火点应该是燃烧面积的几何中心；如果有风，则起火点应沿上风向去找；若火灾蔓延到某一方面遇有障碍物，起火点就不一定在燃烧面积的几何中心，也可能就在障碍物之下。另外，在无风的情况下明火焰冒出的烟雾可以指出起火点，在有风的情况下烟雾和起火点则有一定位差。

（3）根据不同物质燃烧时产生的不同气味、回声和火焰、烟雾的不同颜色进行判断

因为不同的物质燃烧会有不同的气味与声响，同时其火焰与烟雾也有不同的颜色。例如，木材有树脂味，石油产品有蜡味，毛丝制品有烧毛味，白磷有蒜味，有机玻璃有香味，粮食有“噼啪”声，木材有“嘶”“啪”声，天然纤维为灰褐色烟雾，聚氨酯为浓黑色烟雾，含硝基的化合物为棕黄色烟雾，磷、镁、砷、钾及绵纶为白烟。含有金属元素锂和银的为深红色火焰、钙为砖红色火焰、钠为黄色火焰、铜为绿蓝色火焰、钾为紫色火焰、镁和铝为白色火焰。我们可以根据这些特征分析判明最初的燃烧物，再查明这些物质的存在位置，从而判明起火部位或起火点。

（4）根据火焰的色泽、亮度判断

因为火焰的色泽和亮度是随着火场温度的升高而发生由暗到亮、由白到红的变化的。所以对于可燃物分布均匀的初起火灾，起火部位由于先行发生燃烧，有可能首先达到较高的温度。这时可根据火场某部位火焰的色泽和辐射强度判断哪个地方先着起来。但这只能限制在燃烧物相同且分布均匀的火灾初起的条件下。

（5）根据蔓延痕迹判断

这主要是依据燃烧的痕迹，物品被烧而变形、变位程度进行判断的。例如，可根据建筑的倒塌形式，燃烧物的烟迹形状、位置，房架、门、窗、框、木柱的烧毁程度，室内家具的倾倒方向，堆积物的层次等，判断起火部位和起火点。还可根据燃烧物在燃烧前后和燃烧过程中的形态变化，判断火场不同位置的温度，进而判明起火部位。所以，可根据它们在火场上的这些变化判明火场不同位置的温度，进而判明起火部位。同理，火场上的不燃物质的熔化情况也可作为判断起火部位的根据。

（6）根据引火物所在的位置确定

在尚未成灾或者烧毁不太严重的火场，往往保留有比较完整的引火物或

发火物。在烧毁比较严重的火场，有时也会有引火物体的残体发现，或其他碎片、灰烬等，这些物品在现场的所在位置，或者着火前的所在位置一般即是起火点。例如，在火场发现家具下面有电炉子的残体，桌上有忘关电源的电熨斗，着火床铺上发现通过电的电梳子、电褥子，衣物灰烬中有汽油等都可以用来确定引火物的所在位置。当断定这些物品是造成火灾的原因时，它们的所在位置就是起火点。但是，当根据引火物判定起火部位和起火点时，还必须查明这些物品是否是火场原有，火灾发生后是否被人为移动等情况。若这些物品并非火场原有，则有可能是放火，若着火后被人移动过，那么就不能把发现的位置定为起火点。

（7）根据火场尸体姿态判断

实践得知，在火灾中受火焰威胁的人们，大多数都向背离起火的方向逃难。可根据这一特征和火场的具体情况确定起火部位和起火点。

另外，由于爆炸现场的人很难逃离，所以可从尸体的即在位置及爆炸前此人工作的常处位置，判断被气浪推移的方向，从而推断出爆炸中心。

2. 起火部位和起火点的验证

根据以上方法，在初步分析确定起火部位和起火点之后，还必须将这个初步定论与周围存在的痕迹等情况进行对比分析，使之与相关的方面都吻合，从而使起火部位和起火点得以确切认定。

当能够在初步确定的起火部位的某一位置发现发火物、引火物或其他起火痕迹，并且有足够证据和理论说明火灾就是由这个发火物引起的时，那么这个位置就可确定是起火点。但当在火场没有发现这种引火物时，就需要耐心地继续详细勘查和深入分析，在设定的起火部位或起火点周围仔细寻找不同位置物体上的燃烧痕迹，分析这些痕迹形成的客观条件，正确解释火灾蔓延的途径。为了对初步确定的起火部位或起火点进行进一步验证，一般应从以下几个方面进行比较分析。

（1）将设定的起火部位与全部环境进行对比

这是将群众的反映和通过现场初步勘查所确定的起火部位与整个火场进行仔细对比，判明其是否属于燃烧最重、毁坏程度最大的部位，找出以此为中心向四周蔓延的痕迹。

（2）将不相邻的物体进行对比

这是将不相邻的两个以上的物体在火场留下的痕迹进行相向、背向、顺向的对比，以查明火势蔓延的方向，判断起火部位。

在火场勘查中，将火场中处于火点中心相对位置的物体相向（相对应的内侧）的烧损情况进行对比的方法称为相向对比法；将它们背向的一侧（外侧）进行对比的方法，称为逆向对比法；将火点某一方向上不相邻物体同向的一侧进行对比的方法，称为顺向对比法。例如，将一栋房子内东西两侧的柱子进行比较，如果东端的柱子西侧烧损较重、东侧较轻，而西端的柱子东侧烧损较重、西侧较轻，这就可以证明起火部位位于两柱中间。这就是相向与背向的对比。同样可观察两柱相同方向一侧的烧损情况。如果均系比他侧烧损较重，则烧损较重的一面共同朝向的方向正是指向起火部位，这就是顺向对比。

（3）毗邻对比

毗邻对比就是把火场中彼此相连接的物体进行对比，找出并分析物体的燃烧和烧毁程度由重到轻的方向，以验证火势蔓延的方向与起火部位是否一致。

（4）同一物体各部分之间的对比

这是对同一物体的内部与外表前后、左右、上下各方面的对比分析。这种方法可以突出重点，细致地认定火的来龙去脉，从而判明起火点。

（五）起火原因的判定

由于任何一起火灾的形成，必然是失去控制的燃烧所致，所以，分析起火原因，必须首先根据燃烧的要素和条件进行分析。火灾燃烧的原理告诉我们，可燃物和氧化剂是燃烧得以发生的两个要素，要使这两个要素相互作用并达到一定的数量比例，并且使温度达到自燃点时燃烧才会发生。所以，在生产和生活中具备了其中两个要素的条件下，其中任何一个要素都可能成为引起燃烧的主要因素。例如，一超过物料自燃点的负压生产装置，一旦进入空气就可能导致爆炸或者起火，这里空气就成了导致起火的重要因素；某些在爆炸下限边缘的高温（温度大于等于自燃点）下氧化的化工过程，若可燃气体比例增大，就可能立即爆炸或起火，这里可燃物就成了导致火灾发生的重要因素。但通常情况下可燃物都是在大气的环境条件下生产、使用、存放和运输的，燃烧的致因都是来自激发能（或热能）这个要素，因此，通常对起火原因的分析，重点都是查找激发能的来源，即查找着火源。

着火源是供给激发能的有形物体，是看得见、摸得着的实物。而激发能只是一种能量或叫热能，所以激发能只能是构成起火燃烧的原因，无法取之作为判断起火原因的证据。我们平常所说的能够作为证据的着火源主要有炉具、灯具、电器、高温物体、火种（烟头、火柴、爆竹残壳、电气焊熔渣等），以及植物堆垛中形成的炭化块、自燃物品的残渣、包装和带有自然火源（如雷击）形成的痕迹物体等。

找到了着火源，是否就可以判定起火原因呢？否！还要综合现场情况进行分析：着火源在起火前是否发热或发火，发热的温度或能量能否点燃或引燃其附近的可燃物；这种热能是经过怎样的途径、用何种方式形成的，等等。总之，必须查明激发能与着火源的必然联系，才能把这种着火源作为起火原因的证据。

判定该着火源是否是引起该火灾的直接原因，一般应从以下两个方面分析判断。

1. 分析着火源的使用状态

例如，一服装加工车间起火，在燃烧的废墟上发现了被烧毁的电熨斗。电熨斗可能是引起火灾的原因，但是若该电熨斗所处位置的起火点特征不明显，或者起火点特征被严重破坏，则不能立即判定电熨斗就是起火原因。如果没有充分的证据说明这只电熨斗在火灾前是通电的，那么就不能肯定火灾是由这只电熨斗造成的。所以，要根据电熨斗内外受热情况，以及电熨斗使用情况做进一步的分析。只有证明这只电熨斗在火灾前没有断电，或者用过较长时间未冷却就放在了可燃的案板上，才可以证明此电熨斗是起火原因。

2. 分析着火源产生的激发能量（点火能量）

明火源和火焰、电弧、蒸汽管等高温物体，都具有足够的能量点燃一般可燃物，尤其是火焰和电弧，不仅具有很高的温度，而且还可以提供大量的游离基，绝大部分可燃物都可被点燃，所以，这些着火源的能量一般无须再做分析。但对香烟头、静电火花、烟囱火星等温度不太高的微弱火源，其放出的能量能否构成一起火灾的着火源，需分析判明以下两点：

（1）单位时间内能否提供足够的点火能量，即一个着火源，不仅能够提供足够的点火能量，而且还应在单位时间内保证提供的热量。例如，一杯开水从沸点冷却至室温时，能放出数万焦耳的能量，但绝不能成为一般物质的点火源。因此，当一能量以缓慢的速度放出时，则这种能量大部分散失在空气中，不能同时作用于燃烧物，故不能成为着火源。

（2）温度能否达到或超过被引燃物质的自燃点。在分析着火源的能量时，不仅要考虑火源本身，而且必须结合被引燃的对象进行分析。具有同等能量的同一种火源，可能是某种物质的着火源，而对另一些物质却可能不是。若在室温下，将擦燃的火柴投入汽油盆内，汽油会瞬时燃烧起来，但若把燃着的火柴投入柴油盆内，柴油根本不能被点燃。

另外，同一个微弱的火源，对同一种物质，在不同的自然条件下也有不同。如在气温高、湿度小和有风的条件下可能成为火源；而在气温低、湿度大和无风的条件下则可能不是火源。因此，在分析火源的激发能量时，要结合被点燃对象以及气象等条件进行综合分析才能得出正确的结论。

二、灾害成因的分析与认定

灾害成因认定也称致灾原因认定，是指通过法律法规许可的各种调查手段，科学查明影响火灾孕育、发生、发展、蔓延、扩大和火灾结果的各因素及其与火灾关系的一种调查活动。它是火灾调查工作的重要内容，对造成严重后果的火灾，必须进行灾害成因调查。

（一）灾害成因调查的意义

灾害成因调查对揭示火灾的发生、发展规律，总结经验教训，最终实现预防和控制火灾、减小火灾危害具有重要意义。

1. 为做好防火工作提供科学依据

（1）依照灾害成因调查的结论性成果，可以及时地、有针对性地对法律、法规、技术规范加以完善和修订，使之更加科学有效地发挥安全作用。

（2）通过调查和总结危险作业中某些操作的危险性，可以提出相应的避险措施，进而通过完善与修订操作规程来规范操作者的行为，实现更加科学的安全管理。

（3）灾害成因调查结论可以为消防安全监督检查提供可靠依据，有利于火灾隐患的提出以及相应改正措施的制定。

（4）灾害成因调查得出的关于人对火灾作用的结论，可为消防安全教育提供有针对性的教材。

2. 为提高灭火救援能力，改进灭火方法、手段和装备提供技术支持

（1）通过关于火灾中救援方面的调查研究，能够发现并总结各种灭火救援力量在人员与物资疏散、救助行动中的成功经验和失败教训，可为加强救援装备、改进救援方法和提高救援能力提供依据。

（2）通过灭火救援环节中人员、装备、方法对火灾控制效果的总结，可以发现灭火方法、手段和力量配备等方面存在的优劣，为提高灭火能力提供借鉴。

3. 为火灾风险评估提供可靠的依据

通过具体的灾害成因调查实践，可为火灾风险评估提供可靠的基础资料，使火灾风险评估更具有可靠的现实依据。

4. 为检验起火原因调查结论提供可能

通过科学认真的灾害成因调查，在实现成因调查目的的同时，将从火灾孕育、发生、发展、蔓延和扩大等成灾机理的系统上加以多方面的综合分析，可检验起火原因认定的结论是否正确，使原因认定结论更加客观、准确，从而避免可能的失误。

5. 为消防科研工作提出新的研究课题

由于灾害成因调查是围绕火灾事件展开多层面、深层次的调查和分析，必然会遇到从前所忽视的问题或不被人所知的新问题。这就为科研工作者研究如何解决这些新问题提供了新课题。

（二）灾害成因调查的内容

对灾害成因进行调查，应当听取起火原因调查情况介绍，查阅火灾案卷、资料，询问有关人员，掌握有关信息；勘查火灾现场，认定火灾蔓延、扩大方式、途径和成灾原因，提取物证；根据需要进行技术鉴定或调查实验，得出科学的结论；提出调查报告。具体内容包括以下几个方面。

1. 火灾报警、初起火灾扑救和人员疏散情况

调查人员通过火灾孕育、发生、发展、蔓延、扩大和火灾结果的影响情况

分析人对火灾影响的积极因素和消极因素，查明火灾报警、初起火灾扑救和人员疏散情况。

2. 火灾蔓延、损失情况

（1）通过勘查火灾场所建筑物平面、立面及空间布置情况，确定火灾中的烟、气、热、火焰等的蔓延途径、速度和蔓延原因。

（2）通过勘查在火灾热和荷载作用下结构构件全部或部分失去力学性能，从而造成建筑物倒塌、变形的建筑构件，分析其耐火性能。

（3）通过勘查火灾时安全疏散通道和安全出口情况，分析认定人员、物资疏散受损原因。

3. 与火灾蔓延、损失扩大存在直接因果关系的违反消防法律法规、消防技术标准的事实

（1）通过勘查火灾场所中火灾自动报警系统、自动灭火系统、消火栓系统、防火分隔设施、防排烟设施、通风系统、消防电源、应急照明、疏散指示标志灯、灭火器材等消防设施在火灾过程中的表现，确认其是否发挥了预期的作用，找出未能发挥作用的原因。

（2）通过勘查火灾场所过火区域内存放可燃物种类、数量、状态、位置等情况，认定它们对火灾蔓延、扩大和火灾结果所起到的影响作用。

（3）通过调查火灾场所内易燃易爆危险品的种类、数量、状态和位置等情况，认定其对火灾现象和火灾结果产生的影响。

（4）调查阻燃剂、阻燃圈（包）等阻燃措施情况，以及它们在火灾中的表现。

4. 其他对火灾产生重要影响的有关情况

（三）灾害成因调查的方法

灾害成因调查工作是一项涉及专业学科多、科学技术性强的复杂调查活动，必须运用科学的思维方法来开展。根据因果理论，灾害成因调查的方法主要有事故树分析法、灾害成因事件树分析法、故障假设 / 安全检查表分析法、失效模式与影响分析法等。常用的主要是事故树分析法和灾害成因事件树分析法。

1. 事故树分析法

事故树分析法，又称为故障树分析法，是指从结果到原因找出与火灾有关

的各种因素之间的因果关系和逻辑关系的分析方法。这种方法是把火灾结果放在图的最上面，称为顶上事件，然后按照构成影响结果因素之间的关系，找到与火灾结果有关的原因事件，这些原因可能又同时是其他一些原因的结果，故称为中间原因事件（或中间事件），直到找出不能进一步往下分析的原因为止，这些最末端原因称为基本原因事件（或基本事件）。把各因果关系用逻辑符号连接起来，就会形成一颗倒置的树状图形，所以把这种调查分析的方法称为事故树分析法。

（1）事故树分析法的特点

事故树分析法通常采用演绎方法分析火灾的因果关系。该方法能详细地找出系统中各种固有的影响因素，简洁、形象地描绘出火灾结果与影响因素之间的因果关系和逻辑关系，有利于调查、分析和判断致灾原因；可用于定性分析，求出各因素对火灾结果的大概影响度，用于定量分析，求出各因素对火灾结果影响的大小，但这必须依赖于基本事件已发生的统计概率。该方法要求分析人员必须具有丰富的实践经验，如若不熟悉研究对象就很难进行正确的分析。

（2）事故树分析法在灾害成因调查中应用的基本步骤

在灾害成因调查中应用事故树分析法，可按“收集和调查火灾相关信息→对中间事件加以逻辑排列→绘制事件数→综合分析得出结论”的步骤依次进行。

①熟悉调查对象

灾害成因调查首先应详细了解和掌握有关火灾情况的信息，包括火灾发生的时间、地点、火灾场所建筑物情况、消防设施情况、可燃物情况、场所的使用情况、火灾蔓延扩大情况、扑救情况、人员伤亡情况等。同时，还应当广泛收集类似火灾情况，以便确定影响火灾结果的可能因素。

②确定要分析的火灾结果（顶上事件）

灾害成因调查所要分析的火灾结果可能是重大人员伤亡、重大财产损失、大面积火烧连营、着火建筑意外垮塌、同类建筑多次发生火灾、火灾发生和发展存在特殊性等。

③确定分析边界

在分析前要明确分析的范围和边界，灾害成因调查对与火灾有直接关系的人、事、物和环境等都应划在分析边界的范围内。

④确定影响因素

确定顶上事件和分析边界后，就要分析哪些因素（原因事件）与火灾有关，哪些因素无关，或虽然有关，但可以不予考虑。比如，当把某火灾造成重大人员伤亡结果作为顶上事件时，人员疏散逃生受阻（出口被封锁）很可能成为中间原因事件。在确定基本事件时，我们会发现，尽管人员可能有着性别、体力上的差异，但这些可能对疏散逃生影响甚微，可以不予考虑。但在病房、幼儿园等特殊人群火灾场所，这些就必须予以考虑。

⑤编制事故树

从顶上事件（火灾的某结果）开始，逐级向下找出所有影响因素，直到最基本事件为止，按其逻辑关系画出事故树。

⑥系统分析

根据火灾具体情况，结合询问、勘验、鉴定、调查实验等情况，综合分析各个因素对火灾的影响度，并按照影响度的大小加以排序。

⑦得出结论

最终得到致灾因素及其对火灾影响度的情况，从而实现灾害成因调查分析的目的。

2. 灾害成因事件树分析法

灾害成因事件树分析法是从原因推论出结果的（归纳的）系统的分析方法。该方法按照事故从发生到结束的时间顺序，把对火灾有影响的各个因素（事件）和它们发生的先后次序按照逻辑关系组合起来，每一事件的后续事件只能取成功或失败、正常或故障、是或否、对或错、有或无等完全对立的两种状态分析，逐步向火灾结果发展，直至到达结果。通过绘制事件树，并结合调查信息进行综合分析，从而找到影响火灾的关键因素链。

灾害成因事件树分析法适用于多种环节事件或多重保护系统的事故结果分析，既可进行定性分析，也可进行定量分析。目前，灾害成因调查还缺乏大量的统计数据来确定中间事件发生的概率，因此定量分析依然要依赖调查者的经验。灾害成因事件树分析法在灾害成因调查中应用的基本步骤如下。

（1）收集和调查火灾相关信息

这些信息主要包括建筑物基本情况、消防设施情况、使用情况、火灾基本情况、内部人员情况等，还要找出主要的火灾中间事件。

（2）对中间事件加以逻辑排列

所谓逻辑排列，就是指根据火灾过程的时间顺序，按照中间事件发生的先后关系来排列组合，直到得出火由分析图。人若及时发现火灾并成功疏散则伤亡最小，当在人们没有发现火灾的情况下，火灾探测系统又不能正常工作，火灾扩大造成人员疏散阻力，如果外部救援力量又救助失败，则伤亡就会加剧。

（四）灾害成因调查的要求

火灾过程具有复杂物理化学作用的本质，其孕育、发生和发展是多因素在复杂变化的环境下相互作用的结果。研究人、场所环境、外部环境等诸因素与火灾的关系，找到造成灾害的关键性因素，必须依赖于灾害成因调查工作的有效开展。

1. 灾害成因调查工作必须由一定的主体来实施

灾害成因调查是火灾原因调查的一项重要内容，也是消防救援机构的一项职责。所以，灾害成因调查必须由消防救援机构来实施。同时，考虑到调查工作具有涉及学科门类广、专业性强的鲜明特点，在消防救援机构的技术力量不足时，可借助与火灾研究相关的教学、科研等单位及依法设立的中介服务机构等社会力量的支持。

2. 灾害成因调查工作必须依法开展

灾害成因调查工作，不可避免地要围绕火灾现场，以及与火灾有关联的人、事、物等来开展。这样，势必对火灾当事人的某些权益产生干扰。所以，必须依据《火灾事故调查规定》规定的程序和要求进行。

3. 灾害成因调查工作必须坚持科学的精神

同其他调查研究工作一样，灾害成因调查工作必须以科学的态度，运用科学的方法，才能得到客观科学的结论。在整个灾害成因调查工作过程中，询问、勘查、鉴定、调查实验等各个调查环节或手段，都必须以科学的态度进行，决不可主观臆断和靠想当然行事。

4. 灾害成因调查工作要有其独特的目的性

应当以查明影响火灾孕育、发生、发展、蔓延、扩大和火灾结果的各因素及其与火灾的关系，把握客观规律，总结经验教训，最终实现预防和控制火灾、减小火灾危害为目的。

第八节　火灾事故责任的查处

一、火灾事故查处的法律文书

在起火原因和灾害成因查清后，公安消防监督机构应当出具《火灾原因鉴定书》或《火灾原因认定书》和《火灾事故责任书》，这是最后确定火灾原因的法律文书。所以，只有消防救援机构或消防救援机构聘请的专家才能出具。其他单位或个人出具的相关文书是没有法律效力的。

（一）《火灾原因鉴定书》

《火灾原因鉴定书》是在确立的火灾原因证据充分或有直接证据时出具的一种法律文书。这种文书虽然规定只有消防救援机构才能出具，但对难以认定的火灾原因，也可聘请有关的技术专家鉴定出具。由于这种文书是具有法律效力的，所以不论是消防救援机构，还是被聘请的专家，都必须遵循只对样品负责的精神，鉴定结论必须客观、肯定，不应有任何主观分析的成分。例如，对导线熔痕的鉴定结论应为“一次短路熔痕”“二次短路熔痕”或“火烧熔痕”，而不能主观地根据“一次短路熔痕”出具“短路引起火灾”的结论。是否是短路引起的火灾，应由消防救援机构的火灾调查人员根据调查情况和勘查情况综合分析认定，在鉴定结论中不能有火灾结论。如果有在火灾痕迹、物证检测、检验报告或鉴定书中做出火灾原因结论时，当地消防救援机构应签署“无效”的字样，加盖公章后存档，并复印一份送原鉴定单位，请其做出客观的检测、检验、鉴定结论。这里需要说明一点，《火灾原因鉴定书》（存根）中的鉴定名称应同时说明鉴定物名称，如“铜导线金相检测”，鉴定过程应说明鉴定时的环境条件（温度、湿度等）和鉴定设备等。

（二）《火灾原因认定书》

火灾原因查明后，消防救援机构要根据对火灾痕迹、物证进行检测、检验或直观鉴定出的检测、检验报告，或《火灾原因鉴定书》的结论和其他调查情况，进行综合分析认定，做出火灾原因结论，并出具《火灾原因认定书》。《火灾原因认定书》是在起火原因和灾害成因都有结论时出具的一种法律文书。它不同于《火灾原因鉴定书》，所以在出具这些文书时，要严格注意二者的区别，防止随便出具。

（三）《火灾事故责任书》

在查清火灾原因并确定责任后，应当写出专题报告，并向起火单位及其上级主管部门填发《火灾事故责任书》。

《火灾事故责任书》的正文应包括被通知单位名称，通知内容、意见和要求，抄送、抄报单位等。其主要内容应包括火灾发生的时间、地点、单位及损失、伤亡情况，起火原因、灾害成因、火灾性质和认定依据，单位和有关人员的责任，依据的事实和有关法律、法规、规章及处理意见等。《火灾事故责任书》发出后，如发现有必要进行补充调查的情由时，应及时追回，并应在30日内补充调查完毕。

二、火灾责任者的处理

（一）应当分别做出处理的火灾事故

消防救援机构在火灾事故调查过程中，应当根据下列情况分别做出处理：

（1）涉嫌失火罪、消防责任事故罪的，应当按照公安机关办理刑事案件有关规定立案侦查；涉嫌其他犯罪的，要及时移送公安机关其他部门办理。

（2）涉嫌违反消防行政法律、法规行为的，应当按照公安机关办理行政案件有关规定调查处理；涉嫌其他违法行为的，要及时移送有关部门调查处理。

（3）应当给予行政处分的，要交有关主管部门处理。

（4）消防救援机构经过调查发现不属于火灾事故的，应当告知当事人处理途径并记录在案。

（二）案件移送需要附送的材料

消防救援机构在向有关主管部门移送案件时，应当在本级消防救援机构负责人批准后的24小时内移送，并根据案件需要附送《案件移送通知书》，案件调查情况，涉案物品清单，询问笔录，现场勘验笔录，检验、鉴定意见以及照相、录像、录音等资料。

构成放火罪需要移送公安机关刑侦部门处理的，火灾现场应当一并移交。

（三）火灾事故做出处理的要求

公安机关其他部门应当自接受消防救援机构移送的涉嫌犯罪案件之日起 10 日内，进行审查并做出决定。依法决定立案的，应当书面通知移送案件的消防救援机构；依法不予立案的，应当说明理由，并书面通知移送案件的消防救援机构，退回案卷材料。

（四）消防救援机构及其工作人员的法律责任

消防救援机构及其工作人员应当认真履行自己的职责。对于指使他人错误认定或者故意错误认定起火原因、灾害成因的；瞒报火灾、火灾直接经济损失、人员伤亡情况的；利用职务上的便利，索取或者非法收受他人财物的，及其他滥用职权、玩忽职守、徇私舞弊的行为，应当依照有关规定给予责任人员处分。构成犯罪的，应依法追究刑事责任。

第七章　消防监督技术装备

为确保消防监督检查工作的科学性和准确性，规范执法行为，提高消防监督执法水平和工作效率，消防监督执法人员在依法履行消防监督检查职责时不能完全凭借经验，要充分利用消防监督技术装备开展消防执法工作。

第一节　消防监督技术装备的种类

消防监督技术装备，是指用于建设工程消防验收和竣工验收检查、消防监督检查、火灾事故调查、消防宣传教育业务的技术装备的总称。

消防监督技术装备按其用途可分为：办公、通信和信息处理类装备，建筑消防设施检测类装备，消防安全检测类装备，消防产品现场检测类装备，火灾现场勘查类装备，消防宣传教育类装备和个人防护类装备七大类。

一、办公、通信和信息处理类装备

办公、通信和信息处理类装备，主要用于消防行政审批信息公开、公安信息网络工程、电子政务等业务，主要包括以下仪器设备：台式计算机、打印机、扫描仪、复印机、传真机、投影仪、掌上电脑、笔记本电脑、照相机、录音机、摄像机、多媒体触摸屏查询系统、无线演示控制器、档案密集柜以及信访工作数字监控系统等。

二、建筑消防设施检测类装备

建筑消防设施检测类装备，主要用于建设工程消防验收、竣工验收检查和消防监督检查业务，主要包括以下仪器设备：消火栓测压接头、喷水末端试水接头、数字照度计、数字声级计、数字测距仪、数字风速计、数字微压计、点型感烟探测器功能试验器、点型感温探测器功能试验器、线型光束感烟探测器滤光片、火焰探测器功能试验器、超声波流量计、防火涂料测厚仪、漏电电流检测仪、红外测温仪、便携式可燃气体检测仪、防爆静电电压表、接地电阻测量仪、绝缘电阻测量仪、数字万用表、钳型电流表、秒表、卷尺以及消防设施检测专用车等。

三、消防安全检测类装备

消防安全检测类装备用于大型群众性活动消防安全检查业务，主要包括以下仪器设备：漏电电流检测仪、红外测温仪、数字测距仪、便携式可燃气体检测仪、防爆静电电压表以及红外热像仪等。

四、消防产品现场检测类装备

消防产品现场检测类装备，主要用于消防产品现场检测业务，主要包括以下仪器设备：点型感烟火灾探测器功能试验器、点型感温火灾探测器功能试验器、线型光束感烟火灾探测器功能试验器（滤光片）、火焰探测器功能试验器、数字照度计、数字声级计、超声波流量计、防火涂料测厚仪、数字万用表、专用燃气喷枪以及消防产品身份证监督检查类装备等。

五、火灾现场勘查类装备

火灾原因调查类装备，主要用于火灾事故现场清理、提取物证和现场分析鉴定等工作，主要包括以下仪器设备：便携式气相色谱仪、便携式红外光谱仪、微量易燃液体探测仪、可燃气体探测仪、可燃气体检测管、薄层色谱分析装置、炭化深度测定仪、金属硬度检验仪、数字温度计、现场勘查工具箱、现场勘查灯、碘钨灯、金属探测器、便携式金相显微镜、照相机、照相冲洗设备、火灾现场物证提取装置、物证存放柜、火场痕迹演示系统、火灾调查知识查询系统以及火灾现场勘查专用车等。

六、消防宣传教育类装备

消防宣传教育类装备，主要用于消防宣传业务，配合社会媒体进行消防宣传报道，对社会进行消防知识教育和培训，主要包括以下仪器设备：数字电视摄像机、电视无线采访传声器、摄像机电视新闻灯具、数字采访录音机、有线传声器、照相机三脚架、编辑录像机、录像带、摄像机电池、非线性视频编辑器、非线性音频编辑器、电视图形字幕机、电视图像监视器、数字调音台、消防宣传设备专用车以及消防安全教育专用车等。

七、个人防护类装备

个人防护类装备，主要用于建设工程消防验收、消防监督检查、消防产品监督检查和火灾事故调查等人员的个人防护，主要包括以下仪器设备：火场勘查头盔、消防手套、消防胶靴、防毒面具、毒性气体探测仪、火场勘查服、火场勘查鞋、个人剂量报警仪、急救药箱、防护眼镜、防静电工作服、强光手电筒、口罩等。

第二节　消防监督技术装备的配备

一、消防监督技术装备配备的依据

各级公安机关消防机构防火监督部门和具有消防监督职责的公安派出所，应依据《消防监督技术装备配备》（GB 25203—2010）进行消防监督技术装备配备。

二、消防监督技术装备配备的级别及其原则

（一）消防监督技术装备配备级别

消防技术装备配备级别分为一、二、三、四、五级。

（二）消防监督技术装备配备原则

（1）直辖市、省会市、副省级市公安机关消防机构的防火监督部门配备级别不应低于一级。

（2）省、自治区公安机关消防机构的防火监督部门，编制员额400人以上的地级市公安机关消防机构的防火监督部门，配备级别不应低于二级。

（3）直辖市所属区、县公安机关消防机构，编制员额200～400人的地级市公安机关消防机构防火监督部门，编制员额250人以上的地、州、盟公安机关消防机构的防火监督部门，配备级别不应低于三级。

（4）编制员额不足200人的地级市公安机关消防机构的防火监督部门，编制员额不足250人的地、州、盟公安机关消防机构的防火监督部门，其他区、县、旗公安机关消防机构配备级别不应低于四级。

（5）公安派出所配备级别不应低于五级，并按照以下分类进行配备：城市公安派出所，包括直辖市、省会市、副省级市、地级市和县级市的派出所；县镇公安派出所；农村公安派出所。

（6）装备的配置应保障公安机关消防机构的内设职能部门能够独立开展消防监督业务。

（7）装备购置应遵循相互配套、操作简便、易于携带的原则，宜采用车载型装备。

三、消防监督技术装备配备的要求

办公、通信和信息处理类装备，消防监督专用设备，以及个人防护类装备配备的种类和数量应符合《消防监督技术装备配备》（GB 25203—2010）的有关规定。

消防产品身份证监督检查类装备是实施消防产品身份证管理制度必不可少的保障条件。其配备的最低要求是：各公安消防总队、公安消防支队、公安消防大队以及具有消防监督职责的公安派出所均至少配置1套检查仪器（包括消防产品身份信息管理客户端软件、专用识别作业设备、电子密钥及蓝牙适配器）和1台专用手提电脑。